MARK TERKESSIDIS

WESSEN ERINNERUNG ZÄHLT?

Koloniale Vergangenheit und Rassismus heute

Hoffmann und Campe

1. Auflage 2019

www.hoffmann-und-campe.de
Umschlaggestaltung: © Natalie Bayer, Berlin
Umschlagabbildung: Wilhelm Scholz, Die Südsee ist das Mittelmeer der Zukunft (publiziert in: Kladderadatsch, 1884, S. 159)/akg-images
Satz: Pinkuin Satz und Datentechnik, Berlin
Gesetzt aus der Adobe Garamond Pro
Druck und Bindung: GGP Media GmbH, Pößneck
Printed in Germany
ISBN 978-3-455-00578-3

HOFFMANN UND CAMPE

Ein Unternehmen der
GANSKE VERLAGSGRUPPE

Inhalt

The privileged few, they never remember
Dr. Alimantado

Vorwort

In kaum einem anderen Land spielen Fragen der Erinnerung eine so große Rolle wie in Deutschland. Das gigantische Ausmaß der nationalsozialistischen Verbrechen hat dafür gesorgt, dass es keinen Weg um das Erinnern herum gibt. Die Fragen, wie erinnert werden soll, wer sich dazu äußern darf und in welcher Form Erinnerung überhaupt sinnvoll ist, werden in Deutschland mit manchmal qualvoller Ausführlichkeit diskutiert. Die verständliche Konzentration auf die Shoah hat dazu geführt, dass Debatten über Erinnerung selten andere historische Ereignisse oder Perioden berühren. Häufig wird die deutsche Geschichte unter dem Gesichtspunkt betrachtet, inwiefern sie etwas mit der Vorbereitung und Durchführung des Holocaust zu tun hatte. Das war im Hinblick auf die Dimension des Völkermords nachvollziehbar und gerechtfertigt. International jedoch spielen und spielten auch andere Phänomene und Perspektiven eine Rolle. In manchen europäischen Staaten steht der Erste Weltkrieg mit seinen Folgen mehr im Vordergrund. In den USA ist in den letzten Jahren viel über den transatlantischen Sklavenhandel diskutiert worden. Dabei ging es auch darum, wie heute mit den Denkmälern etwa von Generälen der Südstaaten umzugehen ist, die für den Erhalt der Sklaverei kämpften. Stimmen aus ehemals kolonisierten Ländern sowie Initiativen und Forschende im Westen haben die Verbrechen und die Nachwirkungen des Kolonialismus wieder auf die Agenda gesetzt. Und im Hinblick auf die Nazizeit tauchen die Erinnerungen von »vergessenen Opfern« auf, jenen etwa, die in Polen oder Griechenland vom Nazi-Terror gegen die Zivilbevölkerung betroffen waren.

Mittlerweile wird auch in Deutschland der Raum der Erinnerung erweitert. So ist es auch in der Bundesrepublik vielen hartnäckigen Initiativen gelungen, das Thema Kolonialismus dem Vergessen zu entreißen. Bis vor kurzem erinnerte sich kaum jemand daran, dass das Deutsche Reich überseeische »Schutzgebiete« besaß, in Afrika (die heutigen Staaten Tansania, Ruanda, Burundi, Kamerun, Togo, Namibia sowie Teile einer ganzen Reihe anderer Staaten), im pazifischen Raum (etwa Samoa, Teile von Papua-Neuguinea oder Inselgruppen wie die Marianen) oder in China (Kiautschou). Diese Initiativen haben sich nicht nur für die Anerkennung des Völkermordes an den Herero und Nama im heutigen Namibia eingesetzt, sondern sie haben auch dafür gesorgt, dass über Straßennamen gesprochen wird, die ehemalige Kolonial-»Helden« ehren, oder über die Bestände von Museen, die aus der Kolonialzeit stammen. Auch über das »Humboldt-Forum«, das derzeit größte Museumsprojekt der Republik in der Mitte Berlins, wird unter (post-)kolonialen Aspekten heftig diskutiert. Im Koalitionsvertrag der CDU-SPD-Regierung von 2018 kommt das Thema Kolonialismus erstmals vor. Dort heißt es, zum »demokratischen Grundkonsens« gehöre neben der »Aufarbeitung der NS-Terrorherrschaft und der SED-Diktatur« auch die Beschäftigung mit »der deutschen Kolonialgeschichte«. Hingewiesen wird in dem Zusammenhang auch auf die größere Relevanz der Erinnerung an »weniger beachtete Opfergruppen des Nationalsozialismus«: »Wir stärken in der Hauptstadt das Gedenken an die Opfer des deutschen Vernichtungskrieges im Osten im Dialog mit den osteuropäischen Nachbarn.«

Aus dieser erneuerten erinnerungspolitischen Perspektive lassen sich das Ende des Ersten Weltkriegs und der darauf folgende Vertrag von Versailles noch einmal neu betrachten. Gewöhnlich wird dieser Vertrag im Hinblick auf die Entstehung des Nationalsozialismus gelesen: »Versailles« war das harte Diktat der Siegermächte, insbesondere Frankreichs, das am die Ende die Kräfte des Revanchismus gegen die noch schwache deutsche Demokratie gestärkt hatte. Doch der Vertrag besiegelte auch das Ende des deutschen Kolonialismus, denn das

Deutsche Reich musste seinen überseeischen Besitz dem Mandat des neu gegründeten Völkerbundes unterstellen. Zudem wurde Elsass-Lothringen Frankreich zugesprochen, das Gebiet Eupen-Malmedy ging an Belgien, Nordschleswig an Dänemark. Auf Druck der Vereinigten Staaten entstand das erste Mal seit über 120 Jahren wieder ein tatsächlich unabhängiger polnischer Staat, die sogenannte Zweite Republik. Dafür wiederum musste Deutschland fast ganz Westpreußen, die Provinz Posen und kleine Teile Niederschlesiens abgeben. Die meisten Gebietsverluste lösten in der Bevölkerung keine nachhaltigen Reaktionen aus. Die Ausnahme bildeten die Territorien im Osten – sie spielten vor allem in der konservativen und später nationalsozialistischen Propaganda eine enorme Rolle. Die Forderung nach Rückgabe der überseeischen Kolonien wurde in der Weimarer Republik zwar pro forma aufrechterhalten, aber auf wirtschaftlicher Ebene gab es nur wenig Aktivitäten. Richtung Osten hingegen, zumal in Südost-Europa, arbeiteten die politische Klasse und die Wirtschaft weiter Hand in Hand an einer imperialistischen Ausdehnung.

Wenn nun in der aktuellen Diskussion über Kolonialismus gesprochen wird, dann geht es gewöhnlich um die Besitzungen des Reiches in Afrika. Dieses Erinnern folgt, wie der kanadische Historiker Robert L. Nelson sagt, der sogenannten Salzwasser-Theorie: Hier gibt es das Mutterland, dort die Kolonie, und dazwischen befindet sich sehr viel Wasser. Daher scheint klar: Tansania oder Namibia sind als ehemalige Kolonien zu bezeichnen. Doch während die deutsche Herrschaft dort drei Jahrzehnte währte, waren Gebiete des heutigen Polen (Gebiete mit einer deutlichen polnischsprachigen Mehrheit) 150 Jahre entweder von Preußen oder später vom Deutschen Reich besetzt. In diesem Fall aber spricht niemand von Kolonialismus. Ebenso wenig werden die imperialen Bestrebungen in Südosteuropa und dem damaligen Osmanischen Reich in die Debatte um Erinnerung einbezogen, obwohl alles auf eine postkoloniale Beziehung hindeutet: Bemühungen um (ökonomische und kulturelle) Dominanz; die Aufbewahrung von erheblichen Teilen des kulturellen Erbes in Deutschland; brutale Besatzung in der Nazizeit und nach dem Zweiten Weltkrieg die Arbeitsmigration aus diesen Gebieten in die Bundesrepublik.

Tatsächlich ähnelte sich die imperiale Betrachtungsweise der überseeischen und der europäischen Gebiete. In der postkolonialen Diskussion wird oft darauf hingewiesen, dass einer der wichtigsten deutschen Philosophen, Georg Wilhelm Friedrich Hegel, in seinen *Vorlesungen über die Philosophie der Geschichte* (1822–1831) behauptete, der afrikanische Kontinent sei »kein geschichtlicher Weltteil«, er habe »keine Bewegung und Entwicklung aufzuweisen«. »Was wir eigentlich unter Afrika verstehen«, so Hegel weiter, »das ist das Geschichtslose und Unaufgeschlossene, das noch ganz im natürlichen Geiste befangen ist und das hier bloß an der Schwelle der Weltgeschichte vorgeführt werden mußte«. Allerdings klammerte Hegel in den gleichen Vorlesungen auch die »slawischen Nation« im Osten von jeder Geschichtlichkeit aus: »Dennoch aber bleibt diese ganze Masse aus unserer Betrachtung ausgeschlossen, weil sie bisher nicht als ein selbständiges Moment in der Reihe der Gestaltungen der Vernunft in der Welt aufgetreten ist.« Der »Geist« herrscht nach Hegel nur im Westen.

Postkolonialismus war ein neues Konzept in den 1990er Jahren, um die westliche Hegemonie zu hinterfragen. Es ging darum, die verflochtenen Geschichten von Kolonisatoren und Kolonisierten zu beschreiben und über die Konsequenzen des imperialen Systems in der Globalisierung und der Migration zu sprechen. Die Geschichte, meinte der Literaturwissenschaftler Edward Said in seinem Buch *Kultur und Imperialismus*, ließ sich eben nicht nur vom Westen her erzählen. Ebenso wenig aber reichte es, die Geschichte als Befreiung vom Westen (in der Entkolonisierung) zu betrachten. Es ginge, so Said, um »sich überschneidende Territorien«. Ohne Deutschland lässt sich also keine Geschichte Ostafrikas, Polens oder des Balkans schreiben, aber ohne Ostafrika, Polen oder den Balkan auch keine Geschichte Deutschlands. Die deutsche Kolonialgeschichte ist anders verlaufen als jene Spaniens, Portugals, Frankreichs oder Englands. Sie ist widersprüchlicher, beinhaltet viele Phantasien und niemals ausgeführte Pläne und lässt sich nicht linear erzählen. Aber diese Geschichte beginnt bereits mit den »Entdeckungen« im 15. Jahrhundert.

Heute existiert zu vielen Staaten ein Verhältnis, das als postkolonial oder postimperial bezeichnet werden kann. Die Migration aus solchen Staaten hat dazu geführt, dass Erinnerungen aus anderen Kontexten mehr und mehr eine Rolle bei »uns« spielen. In Sachen Kolonialismus waren es häufig – mit Rückenwind aus den Vereinigten Staaten – schwarze Menschen in Deutschland oder »People of Color«, die die jüngsten Debatten angestoßen haben. Zugleich hat die »Flüchtlingskrise« gezeigt, wie sehr der »Export-Europameister« mittendrin in den Konflikten der Welt ist. Die meisten dieser Konflikte sind keineswegs einfach nach Deutschland »importiert« worden, wie oft behauptet wird, sondern »wir« waren an deren Entstehung häufig beteiligt.

Mit der Debatte über die koloniale Vergangenheit geht auch eine Debatte über Rassismus einher. Das haben nicht zuletzt die Reaktionen auf den Hashtag »#MeTwo« 2018 gezeigt. Der war initiiert worden, nachdem der Fußballspieler Mesut Özil dem Deutschen Fußballbund Rassismus vorgeworfen hatte. Unter diesem Hashtag berichteten dann viele Personen über ihre alltäglichen Ausgrenzungserlebnisse. Früher wurde das Wort »Rassismus« in Deutschland ungern verwendet, weil es zu sehr an die Zeit des Nationalsozialismus erinnerte. Doch Begriffe wie »Ausländerfeindlichkeit« oder »Fremdenfeindlichkeit«, die als Behelfskonstruktionen dienten, erscheinen heute kaum noch angemessen. Ich erinnere mich daran, wie ich 2013 von einer Presseagentur zum Thema Rassismus angerufen wurde. Es ging um einen Streit in der FDP, um Bemerkungen des FDP-Fraktionschefs im Bundestag und des Landesvorsitzenden der FDP Hessen über den Parteikollegen Philipp Rösler. Beide hatten die vietnamesische Herkunft Röslers in abwertender Weise ins Spiel gebracht. Nun war die Frage, ob das als Rassismus bezeichnet werden könne. Meine Antwort lautete Ja. Zu jenem Zeitpunkt war Philipp Rösler der deutsche Vizekanzler, und der deutsche Vizekanzler kann per se weder Ausländer noch Fremder sein. Wie also sollte das Phänomen anders bezeichnet werden? Rassismus hat heute nicht mehr zwangsläufig etwas mit Biologie oder »Rasse« zu tun. In diesem Buch wird dafür plädiert, über ein strukturelles Problem zu sprechen, das Rassismus heißt. Imperiale Ausdehnung und Kolonialherrschaft gehören zur Geschichte des Rassismus, und ebenso haben diese historischen Herrschaftsformen immer noch Auswirkungen darauf, wie Rassismus heute funktioniert.

Das Thema Postkolonialismus beschäftigt mich seit den 1990er Jahren. Die englischsprachige Theorie jener Jahre erschien uns in Deutschland sehr avanciert und gleichzeitig auch nützlich für eine deutsche Gesellschaft im Umbruch. Ich habe damals die wichtigen Werke dieser Theorie wie etwa Edward Saids *Kultur und Imperialismus* oder Homi Bhabhas *Die Verortung der Kultur* für Zeitungen wie die *Die Zeit* oder *die tageszeitung* besprochen. 1998 erschien mein erstes Buch über Rassismus, damals in Deutschland noch ein extrem kontroverser Begriff, in dem die Kolonialgeschichte eine große Rolle spielte. Im gleichen Jahr habe ich mit der Amerikanistin Ruth Mayer den Sammelband *Globalkolorit. Multikulturalismus und Populärkultur* herausgegeben. Darin ging es um den »kolonialistischen Blick«, aber auch um die öffentliche Wahrnehmung der ehemaligen deutschen Kolonien in Übersee. Ich habe in diversen Texten versucht, postkoloniale Ideen für die Diskussion über die deutsche Einwanderungsgesellschaft in Deutschland nutzbar zu machen. In späteren Arbeiten ging es auch schon um die Frage, warum postkoloniale Theorie immer nur in Bezug auf Übersee eine Rolle spielen muss.

In den späten 1990er Jahren war ich Mitgründer und Aktivist bei einer Gruppe mit dem Namen »Kanak Attak«. Die nahm eine rassistische Beschimpfung auf und drehte sie selbstbewusst ins Positive. Die Aktiven zumal aus der »zweiten Generation« wollten die Frage der Repräsentation auf die Tagesordnung setzen, denn damals galten Eingewanderte und ihre Nachfahren noch als »Ausländer«: Sie durften weder ernsthaft mitbestimmen noch im öffentlichen Gespräch überhaupt mitreden. In Köln, wo ich zu der Zeit lebte, arbeitete ein Teil des Netzwerks an einem Filmprojekt namens *Kanak TV*. Damals war ein Geflüchteter aus der ehemaligen Kolonie Kamerun zur Gruppe gestoßen, und unser Anliegen wurde es, einen Zusammenhang herzustellen zwischen der Kolonialperiode und den aktuellen Formen der Migration. Unseren Filmen über Themen wie *Weißes Ghetto* oder das *Märchen von der Integration* folgte 2005 eine längere Doku mit dem Titel *Recolonize Cologne*, die sich mit der Geschichte und den Folgen des deutschen Kolonialismus beschäftigte.

Allerdings war das Thema zu der Zeit noch sehr marginal. Dritte-Welt-Gruppen befassten sich damit oder Leute aus entwicklungspolitischen Zusammenhängen – aus diesen Kreisen hatte es bereits in den 1980er Jahren Proteste gegen bestimmte Denkmäler oder Straßennamen gegeben. In der westdeutschen historischen Forschung war Kolonialismus ein Randphänomen (wenige Personen wie Horst Gründer oder Henning Melber arbeiteten kontinuierlich dazu). In der DDR hatte es eindrucksvolle Arbeiten zum Thema gegeben, doch die entsprechenden Lehrstühle und Institute ware nach der »Wende« ohne Rücksicht auf ihre Qualität abgewickelt worden. In der Öffentlichkeit spielte das Thema gar keine Rolle. In der Folge habe ich mich mehr auf Rassismus generell und die Konsequenzen der Migration in Deutschland konzentriert. An den Universitäten machten postkoloniale Ideen aber eine ziemliche Karriere – in einer ganzen Reihe von Disziplinen, von den Sozial- bis zu den Geschichtswissenschaften. Derweil hat die jüngere deutsche Historikergeneration um Jürgen Zimmerer, Birthe Kundrus, Ulrich von der Heydt, Joachim Zeller oder Sebastian Conrad die Forschungslage dramatisch verbessert. Und die Aktiven haben dafür gesorgt, dass das Thema wieder auf der öffentlichen Agenda angekommen ist.

Während der Arbeit an diesem Buch ist meine Mutter gestorben. Sie war 1924 im rheinländischen Eschweiler auf die Welt gekommen und hatte die Zeit des Nationalsozialismus als Kind und Jugendliche erlebt. Meine Mutter hatte immer ihre eigene Form der »Vergangenheitsbewältigung«. Während andere verschämt behaupteten, sie hätten nichts gewusst vom Holocaust, sprach meine Mutter offen darüber.

Alle hätten es doch mitbekommen, meinte sie, wie die Juden zunächst immer mehr verschwanden und dann, im letzten Kriegsjahr, vor dem Abtransport interniert wurden. Sie erzählte auch, dass meine Oma – viele andere Familien machten es mit ihren Minderjährigen ähnlich – sie nach der Internierung losschickte, um den hungernden Menschen über den Zaun Brot zuzuwerfen. Ihre Großmutter und ihre Mutter hatten vor dem Krieg ein kleines Nähstudio besessen und vor allem für Textilgeschäfte mit jüdischen Inhabern gearbeitet. Trude war sicher keine Widerständlerin. Sie konnte plötzlich etwas »entartet« nennen, weil man das Wort halt in ihrer Kindheit verwendet hatte. Aber es blieb ihr das ganze Leben lang ein Rätsel, wie Leute auf die Idee hatten kommen können, systematisch die Nachbarn umzubringen. Sie entschuldigte sich bei den ansässigen Roma-Familien, die sie gut kannte und die nach dem Krieg wieder nach Eschweiler zurückgekehrt waren. Ihr Willen, über alles zu sprechen, ging ziemlich weit. Als ich mich als Jugendlicher brennend für die Nazi-Zeit interessierte und mehr über die SS wissen wollte, meinte sie, sie könne da nicht viel zu sagen, aber sie kenne da einen. Einige Tage später saß ein ehemaliger SS-Mann bei mir im Zimmer und fragte mich, was ich denn wissen wollte. Er war keiner von den »Schlimmeren«, wie sie meinte, aber es reichte, dass ich zur Salzsäule erstarrte.

In meiner Familie wurde oft gestritten. Innerfamiliär dominierte meine Mutter mit ihren Erinnerungen an den Krieg, aber mein Vater, der aus Griechenland eingewandert war und die Deutschen als Besatzer erlebt hatte, konterte passiv-aggressiv. Wenn meine Mutter davon sprach, wie schlimm es gewesen sei, dass meine Großmutter und sie in der Evakuierung hätten hungern müssen, knurrte mein Vater nur, sie hätten doch nur ein paar Wochen Hunger gehabt. Sie wüsste ja gar nicht, wie das wäre, wenn es jahrelang nicht genug zu essen gäbe. Oder wie es ausgesehen habe, als auf den Straßen von Athen die Leichen der Hungertoten gelegen hätten. Der familiäre Raum war stets ein Schlachtfeld der Erinnerung, von konkurrierenden Erinnerungen. Aber immerhin hat die Ehe meiner Eltern, eine große Liebe, über fünfzig Jahre bis zum Tod meiner Mutter gehalten. Vielleicht gibt mir das eine gewisse Zuversicht im Hinblick darauf, dass eine Gesellschaft mit Verantwortung für vergangenes Unrecht und mit unterschiedlichen und gar konkurrierenden Erinnerungen umgehen kann, ohne dabei auseinanderzufallen. Die Voraussetzung aber ist ein offener Umgang mit vergangenen und aktuellen Ungerechtigkeiten, ein Umgang, der nicht für schlechtes Gewissen sorgt, sondern für echten Wandel. Stolz können wir dann sein, wenn unsere Gesellschaft morgen demokratischer ist als heute.

Kapitel 1
Auf den Spuren von Kolumbus

Deutsche Kaufleute erobern Amerika

Wenn in der Öffentlichkeit über die deutsche Kolonialgeschichte gesprochen wird, dann erscheint als Ausgangspunkt gewöhnlich das späte 19. Jahrhundert; der Zeitpunkt, als das Deutsche Reich begann, Gebiete in Übersee in Besitz zu nehmen. Doch die Beteiligung von Deutschen an der europäischen Expansion geht viel weiter zurück, bis ins Zeitalter der sogenannten Entdeckungen im 15. und 16. Jahrhundert. Im Geschichtsunterricht werden die Familien Fugger und Welser aus Augsburg als Kaufleute und Finanziers präsentiert, die bereits zu jener Zeit mit ihren zahlreichen Geschäften in der ganzen Welt agierten. Im Jahr 2014 eröffnete in Augsburg erstmals ein Museum zu den beiden Dynastien. Im Flyer des Hauses wird ein »Erlebnis« von Augsburgs »goldener Zeit« versprochen, einer Zeit, in der die Kaufleute »Waren nach Indien und Amerika schickten und die große Politik beeinflussten«. Im Augsburger Unternehmensmagazin *Tatendrang*, das sich 2015 dem Museum widmete, werden Fugger und Welser im Neusprech für Globalisierung vorgestellt: Bei ihnen war schon alles »Global Market«, »Networking«, »Wireless Communication« etc. In einem Beitrag werden sie als »Handelsgenies« gepriesen, und das Gespräch mit einem Wirtschaftshistoriker trägt die Überschrift: »Prädikat: Unbedingt nachahmenswert!« Nun schauten insbesondere die Welser zweifellos mutig auf Handelsrouten weit über ihre Stadt hinaus. Sie hatten eine erstaunlich globale Perspektive in einer Zeit, als die buntscheckige Ansammlung von Fürsten- und Bistümern, die locker vereint das Heilige Römische Reich deutscher Nation bildete, überwiegend mit sich selbst und der Reichsreform beschäftigt war.

Allerdings haben zeitgenössische Darstellungen über manche der überseeischen Unternehmungen der Welser weniger Angenehmes zu sagen. In seinem berühmten *Bericht von der Verwüstung der westindischen Länder* von 1542 erwähnt der Dominikanermönch und spätere Bischof von Chiapas, Bartholomé de Las Casas, auch die nahezu dreißig Jahre währende Anwesenheit der Welser im heutigen Venezuela. Er nennt die Deutschen »eingefleischte Teufel«: »Sie wüteten weit grausamer unter ihnen (den Ureinwohnern; MT), als alle bereits erwähnten Barbaren; ja noch viehischer und rasender, als die blutgierigsten Tiger und wütigsten Wölfe und Löwen. Vor Geiz und Habsucht handelten sie weit toller und verblendeter, als alle ihre Vorgänger, ersannen noch abscheulichere Mittel und Wege, Gold und Silber zu erpressen, setzten alle Furcht vor Gott und dem Könige, und alle Scham vor Menschen hintenan; und da sie so große Freiheiten genossen, und die Jurisdiktion des ganzen Landes in Händen hatten, so vergaßen sie beinahe, daß sie Sterbliche waren.«

Las Casas nennt eine Reihe von besonders grausamen Beispielen und spricht von vier bis fünf Millionen Opfern. Nun war er für seinen Furor bekannt, und sicher können die Zahlen übertrieben sein. Doch selbst wenn sie massiv heruntergerechnet werden, bliebe die Anzahl der Opfer immer noch bedeutend. Umso erstaunlicher ist, dass davon in der Bundesrepublik kaum etwas bekannt ist. Die Kaufleute der Welser hatten sich sogleich für die Möglichkeiten des überseeischen Handels interessiert, als die Kunde von Vasco da Gamas und Christoph Kolumbus' Reisen zu ihnen nach Augsburg drang. Sie knüpften zunächst Kontakte mit Lissabon und durften sich bereits 1505 mit drei Schiffen an einer portugiesischen Plündertour an die heutigen Küsten von Kenia und Tansania beteiligen. Bald darauf aber war Portugal nicht mehr bereit, Ausländer an solchen Expeditionen teilhaben zu lassen, und so wandten sich die Welser an die gerade in Madrid an die Macht gekommenen Habsburger. Dort erhielten sie 1525 ein Privileg, das sie im überseeischen Handel mit spanischen Untertanen gleichstellte. 1528 dann bekamen zwei deutsche Kaufleute, ausgestattet mit dem finanziellen Rückhalt der Welser, das Recht dazu, viertausend Sklaven zu handeln. Zudem sollten sie mit der Hilfe von deutschen Kolonisten einen Ausschnitt des heutigen Venezuela besiedeln. Das Territorium, das dann in Anlehnung an die spanische Bezeichnung als »Klein-Venedig« bezeichnete wurde, war primär deswegen von Interesse, weil es reich an Menschen war, die als Sklaven gefangen genommen werden konnten.

Deutsche Siedelnde mitzubringen, erwies sich als schwierig, weil niemand so recht in ein derart unbekanntes Land umziehen mochte. Immerhin fünfhundert Personen landeten 1529 mit drei Schiffen in Coro, das die Hauptstadt der Welser-Niederlassung wurde und fortan Neu-Augsburg heißen sollte. Das heutige Maracaibo war auch eine Gründung der Welser (Neu-Nürnberg), aber es blieb ein winziger Ort ohne Rathaus und Stadtrechte. Von Beginn an litt die ganze Unternehmung unter erheblichen Zwistigkeiten bei den Deutschen – in Coro herrschte zeitweilig regelrechte Anarchie. Streit gab es auch mit den zahlreichen Spaniern vor Ort wie mit den Vertretern der spanischen Krone, die wiederholt intervenierten. Da die Mittel für eine organisierte Besiedlung niemals aufgewendet wurden, verlegten sich die Deutschen auf Expeditionen ins Landesinnere. Diese Expeditionen gingen meist von Gerüchten aus, von allerlei Erzählungen über unerschlossene Handelswege oder irgendwelche reichen Regionen, die erobert werden sollten. Teilweise wurde buchstäblich nach dem legendären »Dorado« gesucht. Selbst krasse Misserfolge hinderten nicht an einer nächsten Tour, wenn irgendwoher Nachricht von Reichtümern kam, etwa die Kunde von Francisco Pizarros »Erfolg« bei der Eroberung des Inkareichs im heutigen Peru. Die Expeditionen, zumal jene des Ulmers Nikolaus Federmann, gingen oft mit einer solchen Brutalität gegenüber den Einwohnern einher, dass sich selbst die freundlich gesinnten Indigenen aus der Gegend um Coro weitgehend zurückzogen und es zu mehreren Aufständen gegen die Deutschen kam. Nach 28 Jahren, im Jahr 1546, kündigte Karl V. den Vertrag mit den Welsern. Die hatten wenig investiert und doch zumal am Handel mit Menschen nicht schlecht verdient. Offiziell aber galt das Unternehmen als Misserfolg. Einige der Familienmitglieder hatte die Kündigung geärgert (Bartholomäus V. Welser prozessierte noch erfolglos gegen die Krone), doch insgesamt handelte es sich in finanzieller Hinsicht nicht um einen Fehlschlag.

In den einschlägigen politischen Gruppen ist die koloniale Episode der Welser selbstverständlich bekannt. Auf einem »Infoblatt« des auf Unterricht spezialisierten Verlags Klett von 2012 allerdings fehlt jede Erinnerung an die Opfer. Das Engagement in Venezuela erscheint als neutrale Suche einer Händlerfamilie nach neuen Märkten: »1528 erhielt Bartholomäus V. Welser von Karl V. als Preis für eine neue Anleihe die Statthalterschaft über die südamerikanische Provinz Venezuela, wodurch die Welser einen sicheren Stützpunkt für den Amerikahandel gewannen.« Die Geschehnisse spielten auch eine Rolle auf dem Symposium »Bayern und Lateinamerika vom 16. bis zum 20. Jahrhundert«, das 2011 anlässlich des 200-jährigen Jubiläums einiger lateinamerikanischer Länder im Bayerischen Hauptstaatsarchiv stattfand. In einem Beitrag in *Akademie Aktuell* (Magazin der Bayerischen Akademie der Wissenschaften) wurde das Referat über die »Lateinamerika-Mission« der Welser anlässlich des Erscheinens der zugehörigen Publikation so paraphrasiert: »Die risiko- und verlustreichen Expeditionen ins Landesinnere zwecks Ökonomisierung und Urbanisierung des Landes zeitigten zwiespältige Ergebnisse. Das traurige Schicksal des Bartholomäus VI. Welser, der 1546 auf dem Marktplatz von El Tocuyo hingerichtet wurde, steht symptomatisch für die letztendlich wenig glückliche Rolle, die die 28 Jahre währende Überseemission in der Geschichte des Augsburger Handelshauses spielte.«

Es waren also nicht die Welser, die für die Einheimischen eine verhängnisvolle Rolle spielten, sondern umgekehrt wurde den Kaufleuten das unendlich große Land zum Verhängnis. Die Welser werden als Individuen betrachtet, deren Erinnerung zählt, die Einheimischen bleiben anonym. Die Expeditionen dienten offenbar auch nicht der Ausplünderung des Landes, sondern seiner zivilisatorischen Erschließung, der »Ökonomisierung und Urbanisierung«. Im Fugger-Welser-Erlebnismuseum in Augsburg hatte es 2014 Streitigkeiten um Tendenzen der »Reinwaschung« gegeben, die kurz vor Eröffnung sogar zu einem kompletten Wechsel im Kurationsteam führten. Doch in dem Raum, in dem es im Museum um »Die Welser in Venezuela« geht, kann von einer Aufarbeitung der Kolonialgeschichte nicht die Rede sein. Der Raum wird dominiert von einer Schiffsinstallation, von Frachttonnen und nautischen Geräten. Den Gästen wird die Perspektive des modernen europäischen Reisenden angeboten. Demgegenüber sind die »Eingeborenen« von der Reling des Schiffes aus als naiv gezeichnetes Wandbild zu sehen: Nackt winken sie ihren »Entdeckern« freudig zu. Ein reflektierterer Umgang ist vielleicht auch von einem Museum nicht zu erwarten, das auf der Startseite seiner Homepage folgendes Zitat des Historikers und Fuggerpreisträgers Maximilian Kalus in Dauerschleife einblendet: »Die europäische Expansion ist (...) wohl die wichtigste Entwicklung (...) der frühen Neuzeit. Kaum ein anderer historischer Prozess prägt die Welt langfristig stärker als das sogenannte ›Zeitalter der Entdeckungen‹.«

»Entdeckung«: Gewalt und Monolog

Mittlerweile wird der Ausdruck »Entdeckungen« auch in Deutschland fast überall in Anführungszeichen verwendet, weil die Perspektive unverhohlen eurozentrisch ist. Zudem dürfte »Entdeckung« kaum das richtige Wort sein für jenen seltsamen Vorgang, der sich im Jahr 1492 abspielte, als die drei Schiffe Santa Maria, Nina und Pinta auf die kleine Insel Guanahani trafen, die heute zu dem Bahamas gehört.

Es handelte sich um eine Expedition, die der Italiener Christoph Kolumbus im Auftrag der spanischen Krone leitete. Die damals einflussreichsten europäischen Königreiche Portugal und Spanien sahen sich im Handel mit Indien und China durch das immer mächtiger werdende Osmanische Reich blockiert, das für die Durchquerung hohe Zölle verlangte. Und so waren jene Schiffe auf der Suche nach einer Seeroute nach Ostasien, um den Osmanen auszuweichen. Am Ufer von Guanahani sahen die Seefahrer dort ansässige Menschen. Was die Menschen vor Ort beim Anblick der Europäer dachten, wissen wir nicht, aber Kolumbus hat seine Gedanken in ein »Bordbuch« eingetragen, von dem Teile überliefert sind. »Dort«, schreibt er prosaisch, »erblickten wir sogleich nackte Eingeborene.« Die Reise bis dahin muss für damalige Verhältnisse geradezu phantastische Dimensionen gehabt haben: vom spanischen Huelva nach Teneriffa und dann über den kompletten Atlantik, zweieinhalb Monate lang, wochenlang nichts als Wasser und Ungewissheit. Niemand wusste, ob die Annahmen des Kolumbus wirklich zutrafen, nicht einmal er selbst – es war buchstäblich eine Reise ins Nichts. Kolumbus schildert ausführlich die Probleme mit der Überfahrt, die Phasen der Windstille, die Unzufriedenheit der Besatzung, die vor lauter Angst jedes Ereignis auf der Reise als schlechtes Omen sah. Umso verwunderlicher die prosaische Reaktion: Die Meldung, es sei Land in Sicht, führt noch zu einer gewissen Aufregung, das Sichten von Menschen kaum. Warum lässt es den Seefahrer kalt?

Kolumbus zeigte gar kein Interesse an einem Dialog mit den Personen, sein Ziel war die schiere Besitzergreifung. Im Vertrag von Santa Fe hatte er sich von der Krone das Recht zusichern lassen, ein Zehntel einbehalten zu dürfen »von allen Perlen, Edelsteinen, Gold, Silber, Spezereien sowie allen anderen Kauf- und Handelswaren, die in seinem Bereich gefunden, gebrochen, gehandelt oder gewonnen werden«. Die »Entdecker« und die Eroberer waren keine Aristokraten, die mit Ehren und Titeln belohnt wurden, sie begehrten materielle Güter, Land, Anteile, Geld. Gerade angekommen, fährt Kolumbus mit einem bewaffneten Boot an Land und entfaltet dort die königliche Flagge. Dann ruft er seine Begleiter zusammen, damit sie die Besitzergreifung bezeugen können, die mit einer urkundlichen Unterschrift besiegelt wird. Derweil haben sich Menschen, die auf der Insel wohnen, um das Spektakel versammelt. Sie sehen die Fahne der katholischen Könige, sie hören die unverständliche Verlesung der Urkunde, die eine seltsame Form von Einbeziehung verkündet. Das Ziel der Besitzergreifung ist angeblich die »Rettung« jener Menschen durch ihre Bekehrung zu »unserem Heiligen Glauben«. Diese Rettung will Kolumbus angeblich durch Liebe und nicht durch das Schwert bewerkstelligen. So verschenkt er »rote Kappen und Halsketten aus Glas und noch andere Kleinigkeiten von geringem Wert«. Die Freude der Anwesenden über die friedliche Geste zeigt ihm ihre kindliche Unbedarftheit und die eigene Überlegenheit.

Der Akt der Besitznahme wurde ab 1513 mit einem festgelegten Text, dem *Requerimento,* durchgeführt, das von einem königlichen Beamten verlesen werden musste. Eigentlich sollte es übersetzt werden, aber es ist davon auszugehen, dass das in den seltensten Fällen geschah. In den ersten Zeilen wurden die Einheimischen mit freundlichen Worten dazu aufgefordert, zum christlichen Glauben überzuwechseln. Im Falle der Zustimmung konnten sie freie Untertanen der kastilischen Krone werden. Wenn sie sich aber nicht äußerten, was aufgrund der Sprachbarriere wahrscheinlich erschien, gab es für die Konquistadoren keine Grenzen mehr: Nicht nur das Eindringen mit Gewalt und die Unterwerfung waren dann legitim, sondern die Versklavung und die Plünderung und das Antun von jedem Schaden und Bösen. Der Text besagte, die Menschen hätten diese Behandlung selbst über sich gebracht, sodass »die Tötungen und Schäden, die sich daraus ergeben werden, zu euren Schulden gehen und nicht zu denen seiner Hoheit«.

Diese Urszene der Begegnung mit den überseeischen Anderen verdeutlicht, wie Rassismus funktioniert. Ein Dialog soll gar nicht stattfinden. Während noch Geschenke verteilt werden und die »Entdecker« Süßholz raspeln, verwandeln sich die Ansässigen im besten Fall in Untertanen der Krone, in unreife, falschgläubige Untertanen, die eigentlich noch zu Untertanen gemacht werden müssen. Im schlimmsten Fall sind sie einfach Aussätzige, denen gegenüber jede Grausamkeit der neuen Herren per se gerechtfertigt erscheint. Mit Rassismus ist daher etwas anderes gemeint als das Verhältnis zwischen Gruppen, die an die Grenzen ihres Sprach- oder Verständnisraums stoßen. Das wäre in etwa so wie das Verhältnis der antiken Griechen zu jenen, die sie als Barbaren bezeichneten. Der Begriff Barbar, obwohl man das Wort natürlich heute vollkommen anders verwendet, bedeutete damals nichts anderes als eine Person, deren Sprache man nicht verstand. Der Begriff hatte etwas Abwertendes, aber nur in dem Sinne, dass die Anderen unverständliche Laute ausstießen. Mit dem modernen Rassismus, sagt der Sozialwissenschaftler Immanuel Wallerstein, sei ein vollkommen neues Beziehungsgeflecht in die Welt gekommen. Das Besondere an Rassismus zeige sich in einem paradoxen Verhältnis: Rassismus schließe Menschen aus, indem es sie einbeziehe.

Die Menschen der neuen Territorien in Übersee sind nicht einmal mehr »Barbaren«, die in fremder Zunge brabbeln, sie sind gar keine »Fremden«, die Neugier oder auch Angst hervorrufen. Es gibt keine Begegnung, die Spanier scheinen bereits alles über diese anderen Menschen zu wissen, die für sie gar keinen Subjektstatus haben, sondern nur Besitz sind. Als Nicht-Christen werden sie zu zukünftigen Objekten von Erziehungsmaßnahmen – ihre Sprache und ihr Sprechen sind den Eroberern völlig gleichgültig. Nun *wollten* die Einheimischen kein Besitz werden, sie begannen, sich zu wehren. 1525 berichtete ein anderer Dominikanermönch, Tomas Ortiz, über die Indigenen Folgendes: »Sie sind mehr als irgendein anderes Volk unzüchtig. Gerechtigkeit gibt es bei ihnen nicht. Sie gehen ganz nackt, haben keine Achtung vor wahrer Liebe und Jungfräulichkeit und sind dumm und leichtfertig. Wahrheitsliebe kennen sie nicht, außer wenn sie ihnen selbst nützt. Sie sind unbeständig, glauben nicht an die Vorsehung, sind undankbar und umstürzlerisch. (...) Sie sind gewalttätig, und verschlimmern dadurch noch die ihnen angeborenen Fehler.«

Zweifellos handelt es sich bei diesen Aussagen um hanebüchene Klischees, doch diese Klischees haben eine Funktion: Sie erklären etwas, und sie rechtfertigen auch etwas. Die Einheimischen Amerikas auf diese Weise wahrzunehmen, gab den spanischen Konquistadoren und Missionaren die Möglichkeit, die Eroberung zu einer regelrechten Notwenigkeit zu machen. Dabei erklären die Klischees von den »angeborenen Fehlern« einen Unterschied, den eigentlich die Spanier erst hergestellt haben – mit ihren Besitzansprüchen, mit ihren Waffen, mit ihrer Perspektive, die sie absolut setzen. Im Grunde tun die Erobernden ständig so, als hätten sie keine andere Wahl gehabt. Sie finden, sie erfinden Gründe, warum sie die Anderen unterdrücken mussten, und diese Gründe liegen in der »Natur« derer, denen man Gewalt antut. Wir mussten »sie« fesseln, weil sie so wild waren oder weil sie wie Kinder waren oder weil sie nicht arbeiten wollten.

Wenn ich die Bemerkungen von Ortiz auf ihre Essenz reduziere und etwas aktueller formuliere, dann klingt das in etwa so: »Sie« kleiden sich auf eine Weise, die unseren Ordnungsvorstellungen widerspricht; sie verstoßen gegen unseren Glauben und unsere Moralcodices, es mangelt ihnen (genetisch) an Intelligenz und Beständigkeit, sie stören die Ordnung und machen ständig Ärger. Das wirkt plötzlich bekannt. Unschwer lassen sich Vorstellungen erkennen, die auch heutzutage verbreitet sind etwa über »Ausländer«, Geflüchtete oder über »die Muslime«. Offenbar gibt es bei aller Variation auch eine ziemliche Konstanz des Wissens über die jeweiligen Anderen. Im Ausschluss durch Einbeziehung muss der Unterschied immer wieder untermauert werden, wobei die angeblich natürlichen Fehler ähnlich bleiben.

Dass die Differenz aber überhaupt begründet werden muss, ist ein Phänomen der Moderne. In der Antike mussten die Eroberungen und die Sklaverei nicht legitimiert werden – sie waren selbstverständlich. In der Moderne schon. Es gab nicht nur den Widerstand derer, die unterdrückt wurden, sondern von Beginn an auch in Europa Kritik an Sklaverei und Kolonialismus. Weil die Eroberungen mit dem christlichen Glauben begründet wurden, konnte das christliche Menschenbild auch eine Basis von Kritik bilden – an den Gewaltexzessen, an der Sklaverei. Die »Entdeckungen« stellten von Anfang an ein Kuddelmuddel von nackter Gewalt, Anklagen, Rückzügen, Wissensprozessen, Verteidigungsreden und Kämpfen dar. Der Westen war immer schon ein widersprüchlicher Ort. Seine Errungenschaften sind ein Januskopf: Auf der einen Seite entwickeln sich Fortschritt, Wohlstand, Freiheit und Demokratie, während auf der anderen Unterdrückung, Ausbeutung und Ausgrenzung zu Buche stehen. Rassismus lässt sich als »Apparat« verstehen, in dem die Praxis der Unterdrückung mit einer Wissensbildung einhergeht, welche die Unterdrückung erklärt und legitimiert. Es handelt sich um ein dauerhaftes Ungleichheitsverhältnis, ähnlich wie Klassenunterschiede oder Sexismus.

Die Bilanz der »Entdeckungen«

In Deutschland ist das Image des Kolumbus und seiner Expedition erstaunlich positiv geblieben. Im deutschsprachigen Wikipedia-Eintrag werden seine Unternehmungen weiter als »Entdeckungsreisen« bezeichnet, als habe niemand die betreffenden Inseln zuvor gekannt, geschweige denn bewohnt. In einem Unterkapitel ist von ihm als einem »umstrittenen Helden« die Rede (immer noch Held), aber die Kritik bleibt doch milde. Dabei fällt die Bilanz der »Entdeckungen« durchaus dramatisch aus, denn die Ankunft der Spanier erweist sich als regelrecht toxisch. Für diese Epoche ist jede Statistik sicher nur grobe Schätzung, doch es ist davon auszugehen, dass sich die Bevölkerung des amerikanischen Kontinents in den hundert Jahren nach der Ankunft des Kolumbus von 50–80 Millionen auf etwa 8–10 Millionen reduzierte. Viele starben, als die Spanier mit der angekündigten Grausamkeit den teilweise erbitterten Widerstand niederschlugen. Manche überlebten die harten Arbeitsbedingungen in der Landwirtschaft oder beim Goldwaschen nicht; andere raffte die Verschleppung in die

Sklaverei etwa auf die Antillen dahin. Doch der ganz überwiegende Teil fiel dem »Mikrobenschock« zum Opfer, dem Einschleppen von Krankheiten, die in diesen Breiten nicht vorgekommen und zugleich tödlich waren.

Die verbliebenen Menschen begegneten den Spaniern kaum noch mit Freundlichkeit, was ihnen zu allem Überfluss den Ruf eintrug, wankelmütig und heimtückisch zu sein. Je mehr die Spanier ihre Herrschaft in der Karibik und in Mittel- und Südamerika festigten, desto mehr Arbeitskräfte wurden etwa für die Bewirtschaftung der Plantagen benötigt. Bald galten afrikanische Sklaven als belastbarer und zuverlässiger. Die lokalen Kolonisten drängten die Krone angesichts der »Verknappung« der Arbeitskraft zum »Import« von Arbeitskräften durch Sklavenhandel. Spanien stieg aber erst im 16. Jahrhundert in den Sklavenhandel ein, zuvor waren es die Portugiesen, die das Geschäft beherrschten. Bereits seit Mitte des 15. Jahrhunderts unterhielt Portugal Niederlassungen etwa an der Küste des heutigen Mauretanien, um dort von lokalen Händlern Sklaven zu kaufen. Bei den Menschen handelte es sich um »Beutegut« aus Kriegen zwischen den innerafrikanischen Königreichen, sie wurden von arabischen Händlern über lange Distanzen an die Küste gebracht. Von dort aus ging es zunächst hauptsächlich auf die Iberische Halbinsel. Dieser Handel hatte lange Zeit den Segen des Papstes. Lissabon hatte beim Vatikan um die Zustimmung zur Gründung von Handelsposten an der afrikanischen Küste (sowie zur Annexion Madeiras und der Azoren) nachgesucht und diese auch erhalten. Zwei päpstliche Bullen übertrugen dem portugiesischen Infanten Henrique die Aufgabe, durch die Handelsaktivitäten den christlichen Glauben zu verbreiten, was das Leiden der geraubten Menschen in ein freundlicheres Licht tauchte.

In den überseeischen Territorien Spaniens entwickelte sich ein gewaltiger sozialer Abstand zwischen den weißen Herren und den »Indios« und schwarzen Sklaven, während gleichzeitig alle eng zusammenlebten. Eine Barriere wurde geschaffen, die in erster Linie sozialer Natur war, doch die Grenzlinien verliefen entlang äußerer, sofort ins Auge springender, körperlicher Unterschiede, primär der Pigmentierung der Haut. Nun glaubt man heute allenthalben, die Hautfarbe, manche sprechen gar immer noch von »Rasse«, hätte eine Art natürliche Bedeutung, eine Bedeutung, die zugleich mit bestimmten Eigenschaften oder Verhaltensweisen gekoppelt sei. Doch für die Antike und das Mittelalter lässt sich sagen, dass Unterschiede in der Hautfarbe vielleicht aufgefallen sind, aber keineswegs als besonders relevant erachtet wurden – die wichtigeren Grenzen verliefen entlang der Sprache oder der Position im sozialen Gefüge. Auch die zuvor in Europa existierenden Formen der Sklaverei hatten nichts mit Hautfarbe zu tun. Der Begriff Sklave leitet sich aus dem altgriechischen Wort für Kriegsbeute ab, aber direkter noch aus der Latinisierung der Bezeichnung Slawe. Im Hochmittelalter setzte schließlich die Christianisierung dem Handel mit Menschen in Europa ein Ende – getaufte Personen durften nicht mehr zu Sklaven gemacht werden.

Für die karibischen, arawakischen oder anderen Bewohner Amerikas spielte die Hautfarbe der eintreffenden Spanier auch kaum eine Rolle. Die Spanier dagegen machten sich schamlos die Tatsache zunutze, dass die Indigenen keine Christen waren. Sie instrumentalisierten die Religion und etablierten eine Praxis der Unterdrückung. Durch den Ausschluss durch Einbeziehung wurden »weiß« und »schwarz« überhaupt erst zu relevanten Unterscheidungskriterien, denn soziale Unterschiede schlugen sich nun in (graduellen) Abstufungen der Hautfarbe nieder. In diesem Prozess, das hat der Kulturtheoretiker Tzvetan Todorov 1982 in seinem Buch über das *Problem des Anderen* bei der Eroberung Amerikas geschrieben, verkommt »die Verschiedenheit zu Ungleichheit, die Gleichheit zur Identität; dies sind die beiden großen Figuren, die den Raum der Beziehung zum anderen untrennbar eingrenzen«.

Humboldt »entdeckt« Amerika noch mal

Nach dem Rückzug der Welser nahmen die Deutschen allerdings fast 250 Jahre nicht mehr an der europäischen Expansion in Lateinamerika teil. Das hatte seinen Grund vor allem in der strikten Abschottungspolitik, die Madrid über die überseeischen Besitztümer verhängt hatte. Im 17. und 18. Jahrhundert hatte das spanische Weltreich mit Frankreich und England mächtige Konkurrenten bekommen, die ihre kolonialen Begehrlichkeiten nur zu gerne auf den südlichen Teil des amerikanischen Kontinents ausgeweitet hätten. So durfte niemand die Kolonien ohne eine Vollmacht des Königs betreten, die Verwaltungsgeschäfte waren in der Hand »blutsreiner« Beamter von der Halbinsel, und selbst die Kommunikation zwischen den einzelnen Teilen des Reiches wurde penibel überwacht. Doch im letzten Jahr des 18. Jahrhunderts gelang es dem Deutschen Alexander von Humboldt, durch stetiges Antichambrieren in Madrid die Erlaubnis zu einer wissenschaftlichen »Entdeckungsreise« zu erhalten. Er war der Spross einer wohlhabenden Familie aus Berlin und konnte seine Reise – vermutlich am spanischen Hofe ein schlagendes Argument – selbst finanzieren. Humboldt wollte unbedingt auf »Expeditionsreise« gehen. Seine Vorbereitungen waren penibel, was die Auswahl der Instrumente betraf, die er für seine geologischen, botanischen oder zoologischen Forschungen benötigte. Das Ziel dagegen war ihm relativ egal: Griechenland war zunächst im Gespräch, aber auch Lappland und die Westindischen Inseln. Bald interessierte er sich brennend für Ägypten. Zunächst wollte er den Earl of Bristol dorthin begleiten. Dann aber sprach er in Paris vor – mit dem Wunsch, sich jenen zweihundert Gelehrten anzuschließen, die zusammen mit der napoleonischen Armee in Ägypten einfielen.

Diese zweihundert Gelehrten waren im Übrigen eines der Beispiele, die Edward Said in seinem Buch *Orientalismus* erwähnt, um zu erklären, wie sehr die europäische Wissensbildung ein Teil des Eroberungsvorgangs war. Schon Kolumbus hatte sich auf seiner zweiten Reise von einem Missionar begleiten lassen, der die Indigenen studieren sollte. Stets brachten die Europäer ihre Forscher mit, um das Land und die gerade unterworfenen Völker genauestens unter die Lupe zu nehmen – die natürlichen Bedingungen, die kulturellen Errungenschaften, die Mentalität etc. Da diese Völker gerade besiegt worden waren und sich im Prozess der kolonialen Aneignung befanden, konnte nur festgestellt werden, dass sie zwar in der Vergangenheit beachtliche Leistungen erbracht hatten, nun aber unterlegen waren. Gerade in der Zeit der Aufklärung gab es zugleich das Bedürfnis, »Objekte« aus den Kolonien – seien es nun Kunstgegenstände oder auch Menschen – in die Metropole zu bringen, damit sie dort untersucht oder auch besichtigt werden konnten. Wiederum ist es bereits Kolumbus, der selbst berichtet, er habe sechs »Indianer« mit nach Spanien genommen.

Im Juni 1799 liefen Humboldt, sein französischer Partner Aimé Bonpland, deren Entourage sowie fünfzig der modernsten Messinstrumente schließlich in La Coruña aus – auf einer Fregatte, die ausgerechnet den Namen eines Konquistadoren trug: Pizarro. Über Teneriffa erreichte das Schiff schließlich Cumaná an der Küste ausgerechnet von Venezuela. Humboldt nutzt die koloniale Infrastruktur für seine Reisen, und all seine Beobachtungen finden in einem kolonialen Kontext statt.

In ihrem Buch *Imperial Eyes* (»Imperiale Blicke«) von 1992 nennt die Hispanistin Mary Louise Pratt die Schilderungen, die Humboldt über seine Aufenthalte verfasst, eine »Neuerfindung Amerikas«. Sein Buch *Ansichten der Natur* erschien 1808 und setzte den Tonfall für all die Schriften, die sich in den folgenden dreißig Jahren mit der Natur des südamerikanischen Kontinents befassten. Humboldt betrachtete in den venezolanischen Ebenen, den Llanos, in erster Linie ein »Naturgemälde«. »Das Interesse«, schrieb er, »welches dies Gemälde dem Beobachter gewähren kann, ist ein reines Naturinteresse. Keine Oase erinnert hier an frühe Bewohner, kein behauener Stein, kein verwilderter Frachtbaum an den Fleiſs untergegangener Geschlechter.

Schicksalen der Menschen fremd, allein an die Gegenwart fesselnd, liegt dieser Erdwinkel da, ein wilder Schauplatz des freien Thier- und Pflanzenlebens.« Auf diesem Schauplatz ließ Humboldt in durchaus ermüdender Weise ein endloses Naturdrama stattfinden, Kämpfe zwischen Erde und Himmel, Wasser und Trockenheit, Pferden und Krokodilen etc. Er inszenierte jenes harmonisch-ästhetische Naturganze, das er später dann zum »Kosmos« vereinheitlichte.

Wenn überhaupt Menschen auftauchten, dann nur als Vertreter von »Menschenarten«. Die außereuropäische Welt teilte sich in »Negerhorden, die auf mannigfaltigen Stufen der Civilisation gefunden werden«, in »mongolische Steppe, sibirische Barbarei« und in das südamerikanische »Gebiet europäischer Halbkultur«, wo Humboldt in den Städten bereits »Kunstsinn und wissenschaftliche Bildung« erwachen sah. Die Menschentypen konnten aber auch als Kuriosum auftreten, den Tieren nicht unähnlich. Jede noch beiläufige Begegnung fand ihren Weg in die Bücher. Gerade mal einen Tag verbrachte Humboldt bei Missionaren am Orinoco, konnte danach aber volle zehn Seiten seines Buches füllen mit dem, was ihm diese Weißen über eine ansässige Ethnie erzählten, die sie die »erdfressenden Otomaken« nannten. Insgesamt hat Humboldt über seine Reisen in Südamerika dreißig Bände zusammengetragen. In den letzten Jahren haben Neuausgaben seiner Werke, Bestseller wie *Die Vermessung der Welt* (Daniel Kehlmann), Sachbücher über Humboldt aus dem Bereich der Romanistik (Ottmar Ette) sowie erfolgreiche neue Biographien (Andrea Wulf) Alexander von Humboldt zum Vordenker von allem und jedem erklärt – einer »anderen Moderne«, der Globalisierung, des kulturvergleichenden Denkens, der interdisziplinären Forschung, einer neuen vernetzten Betrachtungsweise der Natur und der Ökologie. Allerdings ist Humboldts Einfluss auf die Naturwissenschaften – abgesehen von einigen seiner geologischen Beschreibungen – nüchtern betrachtet kaum der Rede wert.

Antikolonial auf der Weltkugel sitzen

In den meisten jüngeren Darstellungen wird vor allem darauf hinwiesen, Humboldt sei ein Gegner der Sklaverei und des Kolonialismus gewesen. Allerdings lässt sich diese Gegnerschaft primär aus seinen Tagebüchern extrahieren, politisch geäußert hat er sich zur Sklaverei sehr spät, etwa in seinem *Versuch über den politischen Zustand der Insel Kuba* 1826. Zu diesem Zeitpunkt hatte England die Sklaverei aber bereits fast zwanzig Jahre abgeschafft und versuchte zugleich, den Handel bei den imperialen Konkurrenten weltweit zu unterbinden. Als kritisches Werk wird auch sein *Versuch über den politischen Zustand des Königreichs Neu-Spanien* von 1811 gelesen, in dem es um das heutige Mexiko ging. Das Werk war Karl IV. von Spanien gewidmet, dem er überschwänglich für die Reiseerlaubnis und sein großes Interesse an der Vermehrung von Wissen über die überseeischen Besitztümer dankte. Humboldts Haltung war durchweg die eines humanistisch inspirierten königlichen Beraters: »Wie könnte man einem guten Könige missfallen, wenn man zu ihm von dem Interesse des Staats, von der Vervollkommnung bürgerlicher Verfassung und von den ewigen Wahrheiten spricht, auf denen das Wohl der Menschheit beruht?«

Aus vielen Bemerkungen lässt sich ableiten, dass Humboldt für eine bessere Behandlung von Indigenen und afrikanischen Sklaven plädierte, direkte Aussagen finden sich aber kaum. Seine Plädoyers haben gewöhnlich instrumentellen Charakter. Nachdem er die zahlreichen Aufstände der Indigenen erwähnt hat, empfahl er dem König: »Es ist daher von gröſster Wichtigkeit, selbst für die Ruhe der seit Jahrhunderten auf dem Continent der neuen Welt angesessenen Familien, daſs man sich mit den Indianern beschäftigte, und sie dem gegenwärtigen Zustand von Barbarei, Verworfenheit und Elend, in welchem sie sich befinden, entreiſst.« Was die Sklaverei betraf, so zeigte sich Humboldt über die Situation in Neu-Spanien gar nicht unzufrieden: »Uebrigens werden die Sclaven, welche glücklicherweise in geringer Anzahl in

Mexico sind, hier, wie in allen spanischen Besitzungen, etwas mehr von den Gesetzen beschützt, als die N**** in den Colonien andrer europäischen Nationen.«

Auch in diesen Werken kommen die Ureinwohner nur als Typen vor. Während er seine Reisegefährten, Missionare, Vertreter der Krone oder kreolische Aristokraten als Individuen schilderte, tauchten »die« Ureinwohner nur im Kollektiv auf. Im Gegensatz zu den weißen Kasten Neu-Spaniens, bei deren Beschreibung Humboldt moderne Errungenschaften erwähnte, vegetierten »sie« ausschließlich im Zustand der Verworfenheit dahin. Daher wandte sich der deutsche Reisende auch »ihren« kulturellen Leistungen in der Vergangenheit zu, die, »wenn sie auch schon noch die Kindheit der Kunst verrathen, dennoch auffallende Aehnlichkeiten mit mehrern Denkmalen der civilisirtesten Völker zeigen.« Wie bereits bei Las Casas wird das Unfertige, das Noch-nicht-Zivilisierte der Indigenen herausgestrichen. Deren Kultur existiert niemals in einer eigenen Logik, sondern nur im Vergleich zu den europäischen Hervorbringungen. 1812 veröffentlicht Humboldt ein Buch über *Pittoreske Ansichten der Cordilleren und Monumente americanischer Völker*, das in seiner Mischung aus Objekt- und Naturbeschreibungen wie eine Art Reiseführer wirkt. Und zwar wie einer jener traditionellen *Guide Bleu*, die der Semiotiker Roland Barthes in seinen *Mythen des Alltags* von 1958 beschrieben hat, eben wie ein Reiseführer, der durch seine Konzentration auf Monumente, Natur und »typische Vertreter« der Einwohnerschaft förmlich die Geschichte aus dem Land saugt. »Die Auswahl der Denkmäler«, betonte Barthes, »unterdrückt zugleich die Realität des Landes und der Menschen, sie berücksichtigt nichts Gegenwärtiges, das heißt Historisches, und damit wird das Denkmal selbst unentzifferbar, also dumm.«

Tatsächlich befanden sich Humboldts Naturbetrachtungen, seine anthropologischen Beobachtungen ebenso wie seine liberale, »antikoloniale« Haltung keineswegs in Opposition zur spanischen Krone, deren Infrastruktur er ja unentwegt nutzte. Die Jahre, in denen der Deutsche den Kontinent bereiste, waren ungeheuer turbulent. In den spanischen Kolonien hatten sich Unabhängigkeitsbewegungen entwickelt, die zumeist von weißen Abkömmlingen der Aristokratie getragen wurden. Die ganze Situation war hochgradig kompliziert, weil die spanische Krone teilweise liberale Reformen gegen diese Bewegung einsetzte, sich also quasi mit den unteren Kasten gegen die bürgerliche Revolution zu verbünden versuchte. Es wäre ungerecht, Humboldts Haltungen im Rahmen der Zeit nicht auch als fortschrittlich zu bezeichnen, aber ebenso wäre es beschönigend, angesichts der europäischen Expansion und des rassistischen Weltsystems nicht auf seine Verstrickung hinzuweisen. Das ist vor allem dann zu bedenken, wenn Humboldt zusammen mit seinem Bruder Wilhelm als Namensgeber für eine der Universitäten der deutschen Hauptstadt sowie ein repräsentatives Museumsprojekt im neu errichteten Stadtschloss in der Mitte Berlins fungiert. Tatsächlich lässt sich die Ambivalenz Humboldts jeden Tag in Berlin besichtigen, wenn etwa Studierende die Humboldt-Universität von Unter den Linden aus betreten. Dort thront Alexander drei Meter über der Erde auf seinem Denkmal, 1883 enthüllt, und er sitzt auf nichts Geringerem als der Weltkugel selbst. Was könnte eine imperiale/koloniale Haltung deutlicher veranschaulichen?

Humboldt war eine flamboyante, grenzüberschreitend agierende Persönlichkeit, und seine »Reiseführer« mit ihrer spezifischen Mischung aus Abenteuer, dramatischen Naturschilderungen und Landeskunde hatten in ganz Europa außergewöhnlichen Erfolg. Zudem weckten sie eine ungeheure Neugier auf Südamerika, die keineswegs nur bildungsbürgerlichen Charakter hatte. Zu Beginn des 19. Jahrhunderts war klar, dass die Spanier (ebenso wie die Portugiesen in Brasilien) die Kontrolle über den Kontinent verloren hatten und zugleich die neuen, unabhängigen Staaten chronisch schwach und instabil blieben. Das rief Begehrlichkeiten bei den imperialen Mächten der alten Welt hervor. Allerdings gab es mit den USA eine neue Großmacht. Im Dezember 1823 erklärte der damalige Präsident James Monroe den Europäern, dass es ab jetzt zwei politische Sphären gebe und die Zeit des Kolonialismus in der amerikanischen Sphäre, im Norden wie im Süden, vorüber sei. Bei Zuwiderhandlung drohte der US-Präsident den europäischen Mächten mit militärischen Antworten. So konnten die USA gleichzeitig antikolonial und imperial auftreten – sie stellten sich zum einen an die Seite der Unabhängigkeitsbewegungen, zum anderen begründeten sie eine eigene Sphäre des Einflusses. Das eigene Eingreifen in Südamerika ließ sich legitimieren mit der Abwehr der Europäer. Bis zum Ende des 19. Jahrhunderts wurden insbesondere England und Frankreich in dieser Hinsicht als Problem gesehen, doch spätestens mit der sogenannten Venezuela-Krise war hauptsächlich die Rede von der »deutschen Gefahr«.

Deutsche Ansprüche auf Amerika

In Deutschland hatte die Neuerfindung Lateinamerikas als quasi unberührte Natur im 19. Jahrhundert in Bildungskreisen eine erhebliche Entdeckerenergie freigesetzt. Die Germanistin Susanne M. Zantop hat in einem Buch von 1999 von »Kolonialphantasien« gesprochen, von einem teilweise gar nicht bewussten »Kolonialkult«, der sich im Drang nach der »Verfügungsgewalt über fremde Ländereien, Bodenschätze und nicht zuletzt Menschenkörper und Menschenarbeit« ausdrückte. Im Rahmen dieser Phantasien wurde Christoph Kolumbus zum Stoff von Gedichten und Dramen, bei Friedrich Schiller, August Klingemann, Heinrich Bulthaupt oder Friedrich Rückert (Letzterer im Übrigen einer der Begründer deutschen Orientalistik). Kolumbus wurde darin durchweg als Einzelgänger, unverstandenes Genie und eben Entdecker gefeiert. Dabei wird der Stoff mit der Zeit immer »deutscher«. Plötzlich wird Kolumbus ein deutscher Begleiter beigegeben, der sich als der eigentliche Tatmensch entpuppt. Oder Kolumbus erscheint als eine Art Vorläufer der personalisierten deutschen Nation, die sich mit quasi jugendlichem Drang an ihre eigenen Entdeckungen macht. In der Vorrede zu seinem Kolumbus-Stück beschreibt der Wiesbadener Dramatiker Karl Kösting 1863 »sein« deutsches Volk als »Volk ohne Gegenwart«, das »flehend wandelnd durch den Völkerreigen, verkannt, geschmäht, auf die Erlaubniß harrt, die Welt, die es im Geiste trägt, zu gebären«. Deutschland soll sich im »Dulder« Kolumbus erkennen und mutig seinem Weg folgen: »Dein Indien, deine deutsche Freiheit suchend, durchsegle kühn den Zeitenocean, der Menschenfreiheit ewig grüne Jugend winkt, ein Amerika, am Ende deiner Bahn.«

Interessant ist die Ambivalenz des bürgerlichen Konzepts von Freiheit, die sich hier zeigt. Freiheit ist hier nicht mehr die Freiheit von feudalen Abhängigkeiten oder absolutistischen Übergriffen, es ist nicht die Freiheit der Wahl, der Versammlung oder der Meinung, sondern Freiheit – auf die Ebene der Nation transferiert – bedeutet die Freiheit, sich Zugänge zur Welt erschließen zu können (»Indien«) und »am Ende« etwas zu erobern und in Besitz zu nehmen (»Amerika«), so wie es Kolumbus vorgemacht hat. Die »Entdeckung« setzt stets voraus, dass das Land leer ist, quasi unbewohnte Natur – die dort lebenden Kollektive zählen nicht, weil sie nicht die Reife besitzen, um über ihren Wohnort tatsächlich zu bestimmen. Diese Personen werden einbezogen und zugleich ausgeschlossen. In dem angeblich leeren Land, das aber doch bewohnt ist, gelten ganz andere Regeln, ganz andere Vorstellungen von Freiheit und Moral, hier kann alles Mögliche geschehen: Mission, Assimilation, Penetration, Erziehung, aber auch einfach Ausrottung. Das leere Land kann überall da sein, wo der Blick der »Entdecker« hinfällt.

Die »Kolonialphantasien« im Hinblick auf Südamerika wurden mit der Gründung des Deutschen Reiches 1871 virulent. Dabei war die Kolonialfrage von Beginn an verknüpft mit verschiedenen Gesichtspunkten: der Rolle und vor allem der Geltung des neuen Reiches in der Welt, der Beschaffung von Rohstoffen und der Schaffung von Absatzmärkten für die deutschen Industrieprodukte sowie der Frage des ausreichenden »Lebensraums« für die deutsche Bevölkerung. 1879 verfasste Friedrich Fabri, damals leitender Inspektor der evangelischen

Rheinischen Missionsgesellschaft in Barmen, eine vieldiskutierte Broschüre mit dem Titel »Bedarf Deutschland der Kolonien?«. Fabri griff die genannten Punkte auf und bescheinigte dem Reich einen »Bedarf« – Kolonien seien eben Ausdruck des Unternehmergeistes und Fleißes eines aufstrebenden Volkes. Ihr Besitz war für Fabri so normal, dass er seine instrumentelle Argumentation im Sinne der genannten Punkte nicht einmal mit einer humanistischen Legitimation bemäntelte. Eine »Kulturmission« wurde erst am Ende des Buches erwähnt, aber nur in einem zirkulären Schluss: Wer mächtig sei, der sei »Träger eine Kulturmission«, und diese Mission helfe, dass Macht nicht zu Barbarei werde.

Die Frage war nur, wo die Kolonien sein sollten. »Ist nicht bereits alles besetzt und vergeben?«, fragt Fabri. Hier kam Südamerika ins Spiel, vor allem der südliche Teil Brasiliens, aber auch Uruguay, Argentinien und Chile wurden erwähnt.

Fabri differenzierte zwei Arten von Kolonien. Die »Ackerbau-Kolonien« sollten eine millionenfache Auswanderung ermöglichen. Im Rahmen der Industrialisierung hatte sich die Bevölkerung der deutschen Städte fast verdoppelt, und die Armut war enorm – vielen bürgerlichen Deutschen schien von dieser Entwicklung eine immense Gefahr auszugehen. In diesem Sinne empfahl Fabri eine solche Auswanderung auch als Mittel im Kampf gegen das Erstarken der Sozialdemokratie. Solche Kolonien, meinte Fabri, bedürften nicht der gewaltsamen Aneignung, sondern nur der Gründung eigener Distrikte, die in Sprache und Konfession deutsch sein und mit dem Reich in Verbindung stehen sollten beziehungsweise von Berlin aus beeinflusst werden konnten. Die zweite Version von Kolonien waren nach Fabri die »Handels-Kolonien«, die gar keine Landnahme beinhalteten, sondern nur die Gründung von Stütz- und Knotenpunkten zur Erschließung von Investitionsmöglichkeiten und Absatzmärkten.

Nun war der Imperialismus des Kaiserreichs alles andere als ein homogener Block. Der erste Reichskanzler Otto von Bismarck vertrat nach der Reichsgründung eine Position der »Saturiertheit« (das Reich hat vorerst genug Territorium) und predigte eher Zurückhaltung. Auch innerhalb der Kolonialbefürworter existierten unterschiedliche Fraktionen, und es gab auch ausgesprochene Gegner einer imperialen »Weltpolitik« wie etwa die Sozialdemokraten und alle Gruppierungen links der SPD. Dennoch versuchte das Deutsche Reich, unterstützt durch die aufgerüstete neue Kriegsflotte, sowohl durch »Kolonisten« als auch durch Kaufleute an Einfluss zu gewinnen. Das zog auch Abenteurer und Geschäftemacher aller Art an. Emil Witte, deutscher Botschaftsrat in den Vereinigten Staaten, berichtete in seinen Erinnerungen eine interessante Episode. Baron Herbert de Reuter, erfolgloser Sohn des Gründers der Presseagentur Reuters, ließ der Botschaft Ende des 19. Jahrhunderts einen Brief überbringen, in dem er behauptete, eine Konzession für 1 600 000 Morgen Land in Kolumbien zu besitzen. Er habe bereits mit dem Gesandten des Landes über die Ansiedlung von deutschen Kolonisten gesprochen. Bald bot er dem Reich ganz Kolumbien als »Protektorat« an. Nun war de Reuter eine zu windige Person – das Auswärtige Amt zeigte sich nicht interessiert. Aber die Episode zeigt, wie verfügbar die Welt für die europäischen Regierungen und Kaufleute in jener Zeit erschien.

Deutsche Kolonisten, Händler und Kriegsschiffe in den Tropen

Ursprünglich waren es aber die Regierungen der südamerikanischen Länder, die bereits zu Beginn der 19. Jahrhunderts um deutsche Kolonisten geworben hatten. Zwischen 1824 und 1830 entstanden vier solche »Kolonien« im Süden Brasiliens. Arbeitskräfte aus dem Ausland waren begehrt, weil der Sklavenhandel immer schwieriger wurde. Zudem versprach sich das brasilianische Kaiserreich von dieser Einwanderung im Sinne der damals herrschenden »Rassen«-Theorien eine »Aufweißung« der eigenen Bevölkerung. Im Großen und Ganzen verlief die deutsche Auswanderung aber völlig ungeregelt. Berichte über die bedauernswerte Armut der Deutschen in Brasilien veranlassten die preußische Regierung 1859 sogar zu einem Verbot weiterer Emigration. Erst 1897 hob dann die Reichsregierung den Bann wieder auf.

Auf Reiseblogs kursieren heute Bilder von deutschen Fachwerksiedlungen in Lateinamerika, von Blumenau in Brasilien, von Puerto Varas in Chile oder Colonia Tovar in Venezuela, die suggerieren, dort würde es ungebrochen »deutsch« zugehen. Doch die charmanten Dörfer sind heute wenig mehr als touristische Kulisse. Trotz zahlreicher Versuche der Einflussnahme aus Berlin begannen die deutschen Ausgewanderten schnell, sich als Bürger des jeweiligen Landes zu verstehen – und zwar sowohl jene, die Landwirtschaft betrieben, als auch jene, die sich als Kaufleute ansiedelten. Insbesondere die 220000 Deutschsprachigen, die (bis 1929) in Brasilien gezählt wurden, erwiesen sich, von kleineren, durchaus radikalen Gruppen einmal abgesehen, als für die Werbung des zweiten und später des dritten Reiches wenig anfällig.

Insofern wollten die Ergebnisse der deutschen »Kulturmission« so gar nicht den Träumen der ultrakonservativen und expansionistischen Agitationsvereine entsprechen, allen voran des »Alldeutschen Verbandes«. In der Broschüren-Reihe *Das Deutschtum im Ausland* erschien 1900 ein Pamphlet über »Die Deutschen im tropischen Amerika« von Wilhelm Wintzer, Herausgeber der extrem nationalistischen, aber von den Wirtschaftseliten des Reiches gelesenen *Rheinisch Westfälischen Zeitung.* Wintzer schwadronierte über die »Weltaufgabe der germanischen Rasse«, die er in der Verpflichtung sah, »zielbewußte Ausdehnungspolitik zu treiben«. Zu diesem Zwecke müsse die Regierung alles tun, um »die Deutschen in der Ferne an die Heimat anzugliedern, ihr deutsches Gefühl zu stärken, um sie auch in weiteren Generationen dem deutschen Volkstum zu erhalten.« Eine solche Politik, die heute von Rechtspopulisten im Hinblick auf einige Gruppen von Eingewanderten unterstellt und scharf kritisiert wird, war im Deutschen Reich im Dienste der Expansion also einmal hoffähig. Und sie rief nicht überall so wenig Reaktion hervor wie in Südamerika, sondern fand während des Nationalsozialismus bei den »Volksdeutschen« im europäischen Osten durchaus ihren Widerhall.

Wintzer sprach auch davon, wie die Ausdehnungswünsche des Reiches in Lateinamerika notwendig einen Konflikt mit den USA heraufbeschwören würden. Zu diesem Konflikt kam es 1902 in Venezuela. Deutsche Unternehmer waren im Land enorm engagiert, international rangierten ihre Investitionen mit über 50 Millionen Mark an erster Stelle. Im ganzen karibischen Raum waren Unternehmer aus dem Deutschen Reich sogar mit astronomischen 1000 Millionen beteiligt. In Venezuela taten sich besonders die hamburgischen Kaufleute in Maracaibo im Kaffeehandel hervor. Zudem kamen Industrieprodukte »Made in Germany« ins Land, während Rohstoffe wie Schwefel nach Deutschland exportiert wurden. Ein Paradeprojekt der deutschen »Handels-Kolonisierung« war die große venezolanische Eisenbahn, von deutschen Banken finanziert, von deutschen Ingenieuren geplant und mit deutschen industriellen Erzeugnissen gebaut. 1894 wurde das erste Teilstück zwischen Caracas und Valencia feierlich eröffnet. Doch zu diesem Zeitpunkt war bereits klar, dass das Projekt viel mehr Geld verschlingen würde als geplant. Zudem weigerte sich die venezolanische Regierung, die für ihre Beteiligung zu ungünstigen Bedingungen einen Kredit aufgenommen hatte, unter dem Autokraten Cipriano Castro den Schuldendienst zu bedienen. 1901 zeigte sich die deutsche Flotte an der Küste Venezuelas. Gemeinsam mit den ebenfalls von der Zahlungsverweigerung betroffenen Engländern wurde der Einsatz bis hin zu einer Blockade ausgeweitet. 1903 kam es dann in Washington zu Verhandlungen.

Allerdings war die Reaktion des Deutschen Reiches weniger von klaren Interessen als vielmehr von so etwas wie beleidigter Selbstbehauptung geprägt. Reichskanzler von Bülow, der ja bereits 1897 als Staatssekretär des Äußeren Deutschlands »Platz an der Sonne« eingefordert hatte, sprach im März 1903 im Reichstag davon, Castro habe dem Reich keine andere Wahl gelassen, niemand dürfe mit dem Prestige und der Ehre Deutschlands spielen. Im Ergebnis jedoch gelang es den USA, den deutschen Einfluss massiv zurückzudrängen. Im ökonomischen Sinne erwies sich die Blockade als Desaster, der Handel mit Venezuela kam danach praktisch zum Erliegen. Die Ziele des Eingreifens blieben in Berlin umstritten und unklar. Ganz ähnlich war es bei einer anderen Konfrontation mit den Vereinigten Staaten 1898 vor Manila. Nach der Annexion von Kiautschou in China hatte der Kaiser auch die philippinische Hauptstadt als Stützpunkt ins Auge gefasst und ließ zwischenzeitlich das gesamte Ostasiengeschwader in der Bucht von Manila auflaufen. Dort lag es und wartete hauptsächlich untätig ab, bis die USA im spanisch-amerikanischen Krieg die Philippinen schließlich besetzten und letztlich kolonialisierten.

Berlin als tropische Metropole

Solche Episoden machen auch deutlich, dass der Expansionsdrang und der Kolonialismus nicht im Rückblick als funktionierende Systeme betrachtet werden können – gerade das deutsche imperiale Streben wirkt manchmal eher wie eine permanente Abfolge von Unklarheiten, Profilierungssucht, Pannen und Katastrophen. Das ist allerdings kein Grund, dieses Streben kleinzureden oder zu verharmlosen. Selbst die Unklarheiten und Pannen haben erhebliche Opfer gefordert, Opfer, die vergessen wurden. Die lateinamerikanische Seite des deutschen Imperialismus wurde hauptsächlich in der DDR erforscht, an den Universitäten Berlin, Rostock und Leipzig. Durch die Abwicklung der Institute nach der Wende wurden viele der interessanten Arbeiten von Walter Markov, Manfred Kossok, Max Zeuske oder die des heute in Chicago lehrenden Top-Mexikanisten Friedrich Katz einfach vergessen. Diese Lücke macht sich bemerkbar, wenn – zurück zu Humboldt – im nationalen Rahmen prestigeträchtige Projekte entstehen, die sich über die Namensgebung und die Art ihrer Sammlung in die imperiale Geschichte verwickeln – gemeint ist das sogenannte

Humboldt-Forum in der Mitte Berlins. Das Forum residiert in den Räumen des neu errichteten Stadtschlosses, der ehemaligen Residenz des Hauses Hohenzollern.

1950 hatte die DDR-Führung beschlossen, das im Weltkrieg beschädigte Schloss nicht zu restaurieren. Einige Fassadenteile wurden in das Staatsratsgebäude integriert (heute European School of Management and Technology) und auf dem Rest des Geländes der »Palast der Republik« gebaut. Bereits 2002 empfahl eine Expertenkommission, dem neuen Schloss eine auf Preußen zurückweisende Weltläufigkeit beizumischen. Ein Forum sollte hier einziehen, dem die beiden Brüder Humboldt, Wilhelm und Alexander, als Namensgeber dienten. Die Idee bestand daraus, die Sammlungen des »Ethnologischen Museums« und des »Museums für asiatische Kunst« (beide gehören zur »Stiftung Preußischer Kulturbesitz«) hier unterzubringen. Von Beginn an haben sowohl der Wiederaufbau des Stadtschlosses als auch die Konzeption des Humboldt-Forums für heftige Kontroversen gesorgt. Die Planierung des DDR-»Palastes« hatte eine durchaus revanchistische Note, das Stadtschloss erweckte den Eindruck, es würde eine teilweise fragwürdige Vergangenheit glorifizieren, und die Idee des Humboldt-Forums wirkte ebenfalls problematisch.

Da das Forum die Vielfalt des weltkulturellen Erbes zeigen sollte, erschien Alexander als der eigentliche Pate des Projekts. »Einer der geistigen Väter für einen solchen ›Weltort der Kunst und Kultur‹«, hatte der damalige Goethe-Instituts-Leiter Klaus-Dieter Lehmann 2008 im Rahmen der auf das Forum hinleitenden Ausstellung *Die Tropen* geschrieben, »ist Alexander von Humboldt, der uns die fernen Kulturen nahegebracht hat und uns deren Gleichwertigkeit belegt hat.« Hermann Parzinger, Präsident des »Preußischen Kulturbesitzes«, betonte 2011: »Alexander symbolisiert die Neugier auf die Welt, eine weltoffene Beschreibung fremder Kulturen, eine Disziplinen überschreitende Erforschung Amerikas.« Schon damals stellte sich die Frage, ob das eigentlich zutrifft. Weder hatte Humboldt in erster Linie über Kultur geforscht, noch hatten seine im kolonialen Kontext entstandenen Beschreibungen eine »Gleichwertigkeit« belegt. Zudem blieb unklar, was mit »fernen« oder »fremden« Kulturen gemeint war.

Diese Unklarheit des Kulturbegriffs wurde zum Problem, denn das Forum schrieb sich auf die Fahnen, es stehe für den »Dialog der Kulturen«. Wie genau sprechen Kulturen miteinander? In Anthropologie, Ethnologie, Kulturwissenschaften oder auch in der Pädagogik wird seit Jahrzehnten die Vorstellung kritisiert, Kulturen seien abgrenzbare, über die Zeit konstante und verhaltensleitende Einheiten. Miteinander sprechen tun immer Individuen. Die mögen in einer bestimmten Organisation von Alltagsleben, Werten, Erinnerungen und Ritualen leben und sich als Mitglieder von Gruppen wahrnehmen, doch der Kontext wird immer von den Einzelnen interpretiert und über die Zeit verändert. Die unreflektierte Rede vom Dialog lässt sich in vielen Zusammenhängen finden, aber im Fall des Forums stammt sie auch aus dem Kontext des großen Vorbilds am Ufer der Seine in Paris. Dort war 2006 das »Musée du Quai Branly« als Museum für außereuropäische Kunst eröffnet worden – ein Prestigeprojekt des damaligen Präsidenten Jacques Chirac. In Paris hätte die außereuropäische Kunst »eine noble Adresse« erhalten, meinte Alfons Hug, einer der Kuratoren von *Die Tropen*, nun sei »auch Berlin gefordert, das seine zu tun. Seine überragenden Sammlungen machen aus Berlin eine ›tropische Metropole‹.«

Die Herkunft der Sammlungen warf offenbar keine Fragen auf, im Gegenteil, mit den Objekten hatte Berlin sich auch die Tropen selbst einverleibt. Nun war das Museum am Quasi Branly massiv kritisiert worden, weil es die Objekte in einem »exotischen« Ambiente präsentierte und sie fast ausschließlich von westlichen Sammlern oder Wissenschaftlern beschreiben ließ. Dabei wurde der Kolonialismus kaum thematisiert. In Paris tat man einfach so, als seien die Objekte nun globale Kunst, doch damit kam den Skulpturen, Masken, Thronen oder Schmuckstücken jeder Kontext abhanden. Eine Einbeziehung von Personen, die aus den Regionen stammten, aus denen die Objekte nach Paris gekommen waren, fand nicht statt, obwohl solche Personen in oft nicht geringer Zahl in Paris leben. Was taugte dieses Museum als Vorbild? Offenbar ging es vor allem um den großen Erfolg beim touristischen Publikum.

Auf einem großformatigen Foto in einem englischsprachigen »Humboldt Mag« von 2017 posierte Hermann Parzinger als einer der Gründungsdirektoren des Forums mit einer indigenen Maske, die von der westkanadischen Küste stammte. Dass die Präsentation eines solchen Objektes durch einen bärtigen weißen Mann in Anbetracht der Geschichte der nordamerikanischen »Indianer« ein unangenehmes Odeur von Raub und Paternalismus haben könnte, kam Parzinger dabei offenbar nicht in den Sinn. Die Maske, erklärte er, symbolisiere Großzügigkeit, und er hoffe, das Humboldt-Forum werde als ein Geschenk gesehen. Die Idee des Geschenks (an die Berlin-Besuchenden) entbehrt nicht einer erheblichen Arroganz. In einer Sitzung des Berliner Kulturausschusses, in dem über das Forum gesprochen wurde, erklärte der damalige Leiter des »Museums für asiatische Kunst«, die Museen in China, Korea, Indonesien seien doch oft recht gleichförmig, weil sie die Museen im Westen nachahmen würden. Insofern sei das Humboldt-Forum eine neue Idee, die dann wieder nachgeahmt werden könnte: »Berlin makes, the world takes.«

Die Selbstverständlichkeit, mit der die häufig international eher traditionell wirkende deutsche Museologie hier zur Avantgarde erklärt wird und die asiatischen Länder – zum Klischee passend – zu simplen Nachahmern, ist atemberaubend. Und wer sind die »Gäste«, denen hier etwas geschenkt wird? Ist es nicht seltsam, die Geschichte von »fernen Kulturen« zu verschenken? Die erwähnte Maske, so Parzinger, stehe auch für eine enge Kooperation mit »indigenen Partnern, die Nachfahren von denen, die diese Objekte ursprünglich schufen«. Wie diese Kooperation aussieht, kann man einer Image-Broschüre (»So viel Welt mit sich verbinden als möglich«) aus dem Jahr 2013 entnehmen. Dort meinte Parzinger: »Ob Amazonas-Indianer oder Yup'ik-Eskimo: In einer Art Perspektivwechsel werden ihre Kenntnisse über die Objekte und ihre Vorstellungen von einer angemessenen Präsentation unsere Formen des Umgang mit den Exponaten bereichern.« Nun wirkt es schon befremdlich, wenn Parzinger und auch Viola König, die damalige Leiterin des Ethnologischen Museums in Berlin, im Kulturausschuss 2013 fortwährend von »Indianern« sprechen. Die Bezeichnung »Indianer« ist ja keine Selbstbezeichnung, sondern eine der Europäer, und dazu noch eine absurde, denn der Begriff leitet sich von jenem Indien an, zu dem Kolumbus sich aufgemacht hatte. In den USA hat sich der Begriff »Native Americans« durchgesetzt. Und warum sollten die »Indianer« eigentlich damit zufrieden sein, »uns« zu bereichern, obwohl die Objekte von ihren Vorfahren geschaffen wurden? Und wie kommen »sie« nach Berlin, wenn sie die kulturellen Hervorbringungen der Vorfahren betrachten möchten?

Große Entdecker im Humboldt-Forum

Kann überhaupt ein Dialog stattfinden, wenn die zutiefst antidialogische Geschichte von »Entdeckung«, Sklaverei, Kolonialismus, also die Geschichte des Rassismus nicht reflektiert wird? Und wer ist eigentlich heute in Deutschland dieses »wir«, dem Alexander von Humboldt angeblich etwas nahegebracht hat? In einem Malbuch mit dem Titel »Komm mit in die Wunderwelten. Eine Entdeckungsreise zum zukünftigen Humboldt-Forum« aus dem Jahr 2009 wird den lesenden Kindern unverhohlen die Position der europäischen (männlichen) Besitzergreifung angeboten: »In diesem Buch kannst Du auf den Spuren großer Naturforscher, Entdecker und Sammler um die ganze Welt reisen und viele interessante Orte und Dinge erkunden. In der Vergangenheit haben wissbegierige, mutige Menschen gefährliche Reisen in ferne Länder unternommen, um andere Menschen und ihre Kultur kennenzulernen. Sie haben auf diesen Reisen beeindruckende Objekte und Kunstwerke gesammelt und diese mit nach Berlin gebracht.«

Die »Naturforscher, Entdecker und Sammler« erscheinen vollkommen unschuldig – sie bleiben »groß«, »mutig«, Identifikationsfiguren, es gibt weder ein Problem mit der Legitimität der »Reisen in ferne Länder« noch mit der Anwesenheit der Objekte in Berlin. Die Kritik entzündete sich vor allem am afrikanischen Teil der ethnologischen Sammlung, der fast ausschließlich in der Kolonialperiode erworben wurde. Dazu hatten sich die erwähnten Nachfahren zu Wort gemeldet, schwarze Menschen in Deutschland, und ihren eigenen »Perspektivwechsel« organisiert. Der fiel nicht positiv aus. Nachdem die Initiative »No Humboldt 21!« mit namhaften Forschenden viele Aspekten des Forums untersucht hatte, forderte sie zu Recht ein Moratorium für das Projekt. Die Frage, wie Dinge, die in Berliner Museen gehortet werden, eigentlich in eine deutsche Metropole gekommen sind, diese Frage liegt an vielen Orten regelrecht auf der Hand. Kurz nachdem 2015 viele Geflüchtete aus Syrien nach Deutschland eingewandert waren, hatte das »Museum für islamische Kunst« auf der Museumsinsel ein Projekt namens »Multaka« ins Leben gerufen, in dem Geflüchtete anderen Geflüchteten das Museum erklärten. Im Rahmen dieser Führung, so war in der *Berliner Zeitung* zu lesen, hätten viele gefragt, warum und seit wann all diese Dinge in Berlin wären. Muss diese Frage nicht absolut ernst genommen werden? War es immer noch möglich, sich auf einen Unterschied zwischen imperialer oder kolonialer Aneignung auf der einen Seite und Entdeckung, Reisen, Forschung auf der anderen zu berufen?

Heute muss die Legitimität von Aufbewahrungsorten zweifellos begründet werden, wenn dort Objekte aus »fremden« Ländern residieren. Überall in den europäischen Ländern sind in den letzten Jahren erneut Forderungen nach Rückgabe von Objekten an die ehemals kolonisierten Länder laut geworden – diese Debatte existiert aber schon seit Jahrzehnten. Noch 2013 prallten alle Probleme an den Verantwortlichen des Humboldt-Forums ab. Was Hermann Parzinger zu diesem Zeitpunkt im Kulturausschuss zur Herkunft und zum Kontext der Akquise von Objekten äußerte, erwies sich als Mischung aus Ahnungslosigkeit, Behauptungen und Formen von wohlwollender Kolonialität. Quittungen habe man natürlich nicht immer, meinte der Präsident des »Preußischen Kulturbesitzes«, aber »da gibt es Einträge im Inventarbuch, so stelle ich es mir vor«. Wissen tat er es offenbar nicht. Er dekretierte einfach, »dass die Dinge wirklich rechtmäßig nach Berlin gekommen« seien.

Ansonsten bemühte er – ohne es zu bemerken – ein eingeübtes Argument in Sachen Restitution. Er sei in Vanuatu gewesen, einer Inselrepublik im Pazifik, erklärte er, deren Sammlungen gerade mal ein paar Jahrzehnte alt seien. »Die haben gesagt: Gott sei Dank habt ihr in Europa das gesammelt! – Und dann hat er mir erklärt, wie das bei denen eigentlich läuft. Die stellen die Kunstwerke her. Das sind ja keine Kunstwerke, das sind sie nur für uns, sondern das sind Ritualobjekte. Die stehen da irgendwo im Regenwald, fangen von unten – feuchtes Biotop – zu faulen an, und wenn sie umkippen, werden die wirklich entsorgt, und man macht sich neue.« Die Aufbewahrung von Objekten in Europa gewinnt also ihre Rechtmäßigkeit daraus, dass »die« offenbar nicht in der Lage sind, für die Objekte entsprechend Sorge zu tragen, was »die« sogar selbst zugeben.

Das könnte als verspäteter »Elginismus« bezeichnet werden, aber auch mit Lord Elgin und seiner Geschichte schien der Archäologe Parzinger nicht vertraut zu sein.

Zu Beginn des 19. Jahrhunderts hatte der Philhellene Thomas Bruce, 7. Earl of Elgin durch Fürsprechen, Druck und Bestechung die Erlaubnis erhalten, auf der Akropolis in Athen Ausgrabungen vorzunehmen, einer Akropolis, die damals als Heerlager der Osmanischen Armee diente. Zehn Jahre lang lösten die Mitarbeiter Elgins die wertvollsten Verzierungen und Skulpturen des Phidias aus dem Parthenon und schickten sie nach England – mit höchster Wahrscheinlichkeit unrechtmäßig, denn Elgin konnte die Erlaubnis zum Abtransport (den »Firman« des Sultans) nie im Original beibringen. Auf der Insel angekommen, gelangten sie durch Verkauf ins Britische Museum. Die Ansprüche auf Rückgabe durch das unabhängig gewordene Griechenland werden bis heute mit Argumenten abgewiegelt, die selbst moderate Forscher wie der Anglist William St. Clair als imperialistisch bezeichnen: »Wir« hatten das Recht, »wir« mussten das Erbe retten vor Chaos und Barbarentum, »wir« können das Erbe besser betreuen.

Eigentlich handelt es sich ohnehin um »unser« Erbe, um »unsere« Vorgeschichte, egal an welchem Ort diese Objekte geschaffen wurden. Im 19. Jahrhundert waren Thesen verbreitet, die besagten, die antiken Griechen seien blond und blauäugig gewesen und daher seien die Nordeuropäer die eigentlichen Nachfolger der antiken Kultur. Dieses Denken illustriert etwa die Eingangsszene von Leni Riefenstahls Film *Olympia.* Da tauchen die weißen Ruinen der Akropolis aus dem Nebel auf, worauf die Statuen der Athleten quasi aufwachen und lebendig werden. Diese Sequenz führt direkt ins Berliner Olympiastadion, wo die Sportler 1936 am Führer vorbeidefilieren. In dieser Erzählung wirken die Neugriechen regelrecht störend. Im Höchstfall könnte es ein »geteiltes Erbe« geben, aber warum sollte man etwas »zurückgeben«?

Stören tat im Übrigen manchmal auch die reale Antike. Die Funde wurden in den Museen der imperialen Hauptstädte Westeuropas manchmal regelrecht »entfärbt«. Zum Zeitpunkt ihrer Errichtung waren die Gebäude der Akropolis nicht etwa weiß, sondern sie leuchteten in mannigfaltigen Farben. Doch obwohl diese Farbigkeit bereits seit dem späten 18. Jahrhundert bekannt war, hielten die Archäologen und Kunsthistoriker, wie William St. Clair betont, einen »Kult des Weißseins« aufrecht. Waren die Stücke nicht weiß genug, so griffen die Restauratoren auch zu härteren Mitteln, um das entsprechende Weiß herzustellen. Als sich in England ein privater Investor anbot, dem British Museum für die von Elgin geraubten Marmorgegenstände eine neue Galerie zu finanzieren, durften seine Mitarbeiter 1937 und '38 den Objekten mit Meißeln und Scheuermitteln zu Leibe rücken, um sie weißer erscheinen zu lassen, als sie eigentlich waren. Diese »Restaurierung« in einer der zivilisierten Metropolen der westlichen Welt hat mehr Schaden an den Objekten angerichtet als die jahrhundertelange Vernachlässigung.

Vergangenheitsbewältigung im Museum

Der Besitz von bestimmten Objekten ist also zweifellos problematisch. Noch problematischer wird es, wenn es sich um menschliche Überreste handelt, um Schädel oder Gebeine. Doch Viola König, damalige Leiterin der Ethnologischen Sammlungen, fand, dass selbst diese in Berlin besser aufgehoben seien: »Ich habe mich mal mit einer Gruppe australischer Aborigines unterhalten, wie sinnvoll es ist, Human Remains zurückzugeben, und ich habe gesagt: Ihr müsst uns wirklich konkret sagen, was ihr eigentlich mit den Human Remains dann macht. Wenn die nur im Nationalmuseum in Sidney in Kisten liegen bleiben, kann es das nicht sein.« Warum sollten die Überreste von Menschen nicht in Kisten liegen? 2014 nahm eine namibische Delegation, die sich im Auftrag des »National Council of Heritage« in Berlin aufhielt, 21 Schädel in Empfang, die sich zuvor im Besitz der Berliner Charité befanden. Diese Schädel wurden nach Namibia überführt und einen Nachmittag lang im Parlament in Windhoek aufgebahrt, damit den Toten Respekt erwiesen werden konnte. Danach beschlossen Vertreter von Herero und Nama, dass die Gebeine im namibischen Nationalmuseum eingelagert, aber nicht mehr gezeigt werden sollten. Diese Vorgehensweise erscheint von Pietät geprägt angesichts der Sensibilität von »Objekten«, die eigentlich Subjekte sind, wie Thomas Schnalke, Direktor des Medizinhistorischen Museums der Charité, auf einer Tagung 2018 bekräftigte.

Die Charité hat die Rückführung selbst in die Wege geleitet. Dort wird die Anzahl der Schädel in deutschen Museen auf 7000 geschätzt. Nicht alle Leitungen der betroffenen Häuser halten es für selbstverständlich, dass diese Subjekte an die Nachfahren jener Gruppen zurückgegeben werden, aus deren Mitte sie einmal stammten. Die Museen tun sich offenbar schwer mit der Diskussion über die Legitimität der eigenen Sammlungen. Das trifft besonders für das Humboldt-Forum zu. 2017 schied die französische Kunsthistorikerin Bénédicte

Savoy im Streit aus der Expertenkommission des Forums aus – sie warf dem Projekt einen Mangel an Transparenz und eine sklerotische Struktur vor. 2018 legte sie zusammen mit dem senegalesischen Ökonomen Felwine Sarr im Auftrag des Elysées einen Bericht zur Restitution von afrikanischem Kulturerbe vor. Nun befinden sich 85 bis 90 Prozent dieses Kulturerbes außerhalb des Kontinents. In diesem Bericht wird die Anzahl der aus Afrika stammenden Objekte beziffert, die während der Kolonialzeit nach Frankreich kamen. Für das Musée du Quai Branly kommt das Duo auf die Zahl 70 000 von insgesamt 90 000 Objekten. Für das Humboldt-Forum spricht das Forscherteam von etwa 75 000 von etwa einer halben Million Objekten.

Tatsächlich ist der gesamte Kontext der »ethnologischen Sammlungen« Berlins kolonial aufgeladen.

Viele Gegenstände entstammen der »Kunstkammer« des ehemaligen preußischen Schlosses, die auf das Betreiben des Großen Kurfürsten Friedrich Wilhelm von Brandenburg zurückgeht. Nun haben die Aktivisten von »No Humboldt 21« darauf hingewiesen, dass jener Friedrich Wilhelm 1682 die Brandenburgisch-Afrikanische Compagnie (BAC) ausstattete. Diese Compagnie gründete einen Stützpunkt an der Goldküste, dem heutigen Ghana, und beteiligte sich unter anderem von dort aus über mehrere Jahrzehnte am Sklavenhandel. Zudem waren die Kunstkammern, die auch als Kuriositätenkabinette oder Wunderkammern bezeichnet wurden, letztlich Insignien eines fürstlichen Machtanspruchs: Hier konnte sich der Herrscher an der vor ihm ausgebreiteten Fülle der Welt erfreuen. Andere Objekte wiederum stammen aus dem sogenannten Neuen Museum, das zwischen 1850 und 1855 im Rahmen des imperialen Projekts Museumsinsel eröffnet wurde. Das Neue Museum war höchst ideologisch. Die kulturelle Menschheitsgeschichte entwickelte sich gemäß dem Hegelschen Ästhetikmodell nach oben, wobei im Untergeschoss die ägyptische Sammlung gezeigt wurde. In der Höhe mündete das Gebäude in einer Eisenkonstruktion, welche die Fähigkeiten deutscher Ingenieure in puncto industrielle Bauweise dokumentierte.

Der Großteil stammt aber aus dem 1886 eröffneten Museum für »Völkerkunde«. Mitgründer und erster Direktor wurde Adolf Bastian. Bastian gilt auch als Vorreiter der Ethnologie in Deutschland, die damals noch ein vergleichsweise neues Fach war und sowohl ihre Herangehensweise als auch ihre Existenzberechtigung erklären musste. Bastian verfolgte das Modell einer Menschheit, bei der sich die »Elementargedanken« (sozusagen die kulturellen Atome) je nach Beschaffenheit der »geographischen Provinz« in »Völkergedanken« aufteilten. Diese Völkergedanken konnten sich verschieden entwickeln. Manche blieben statisch in der Nähe der Natur, manche bauten ihre Kultur so aus, dass sie die ganze Menschheitsgeschichte beeinflusste. Bastians frühe Arbeiten erinnern in den Beschreibungen an Humboldt, den er auch sehr bewunderte. Alles ist »Geschichtsbewegung«, in der die Menschheit wie in einem Naturschauspiel sich »mischt und gärt«, »durchzuckt« wird und »zündet«, »wallt« und »gewaltig genug empor« wächst. In Bastians Welt gibt es keine individuellen, handelnden Subjekte, und für die Menschen der Menschheit interessiert er sich viel weniger als für ihre »Völkergedanken« und natürlich deren materielle Ausprägungen in Objekten. Und so stellt der Ethnologe Fritz W. Kramer in einem kritischen Werk über sein Fach von 1977 ernüchtert fest, in Bastians achtzig (!) Büchern finde sich »nur wenig, was von ethnographischem Interesse ist«.

Es gibt von Bastian eine etwas ironische Beschreibung, in der er erklärt, wie sich die verschiedenen Wissenschaften über ihre Gegenstände streiten und welchen »Rechtsanspruch« dabei die Ethnologie habe. Sie befasse sich nicht mit der »sorgsam und stattlich geordneten Reihe der Geschichtsvölker«, sondern mit den »Territorien der Ausgewiesenen«, also mit »richtiger Culturlosigkeit«: »Nach Ausschluss aller streitigen Punkte werden der Ethnologie zuzuerkennen sein: Oceanien ganz, Amerika aus seiner Vergangenheit, Afrika zum grössern Theil, Asien in zerstreuten Parthien und Europa unter halb oder vorgeschichtlichen Zügen«. Da sich die Ethnologie auf die angeblich »geschichtslosen« Menschengruppen konzentrierte, also auf Gruppen ohne schriftliche Dokumente, erschien das Sammeln von Objekten als wesentliche Aufgabe.

Bastians »Rechtsanspruch« für die Ethnologie deckt sich also genau mit den Ansprüchen des europäischen Imperialismus. Wenige Jahre später dient Bastian die Ethnologie diesem imperialen Projekt regelrecht an. In seinem Buch über die Kolonien in Mikronesien betont er die Nützlichkeit des ethnologischen Wissens im »kosmopolitischen Weltverkehr« in zweierlei Hinsicht. Zum einen helfe dieses Wissen bei einer »(rationell) vernunftsgemäßen Verwaltung« in den Kolonien, einer, »die dem Mutterlande finanziell zu Gute kommt, statt dasselbe mit Unkosten (an Gut und Blut) zu belasten, wenn bedauerlicherweise gezwungen, die durch Mißverständnisse (und Mißgriffe) hervorgerufenen Störungen durch Gewaltmassregeln wiederum in Ordnung bringen zu müssen«. Zum anderen hilft es aber auch, in der internationalen Konkurrenz die »Vorkämpfer der eigenen Nation« zu »Überlegenen (in Führung und Leitung)« zu machen und somit »den Siegespreis davonzutragen, kraft des (idealen) Stärkeren-Rechts (denn ›Wissen ist Macht‹)«.

Die Sammlung des Kolonialmuseums

Das »Völkerkunde«-Museum in Berlin war durch einen Bundesratsbeschluss von 21. Februar 1889 als zentrale Ankunftsstätte festgelegt worden für alle Objekte, die durch staatlich finanzierte Forschungsreisen aus den deutschen Kolonien kamen (später wurde das auf militärische »Expeditionen« erweitert). Im Beschluss hieß es, dass als Aufbewahrungsort für die Gegenstände »würdigerweise nur ein Kolonialmuseum« in Frage käme – dafür fehle aber das Geld. Der preußische Minister, so im Beschluss weiter, habe bereits zugesagt, dass Bastians Museum sich in dieser Richtung weiter ausbilden solle und so als »Ersatz für ein Kolonialmuseum des Reiches« fungieren könne. Nun war es unrealistisch, dass ein »Kolonialmuseum« seine Sammlung ohne Zwang zusammentrug. In den zeitgenössischen Darstellungen war davon auch nicht die Rede. Richard Kandt, Resident des Reiches in Ruanda, schrieb 1894 an den stellvertretenden Direktor Felix von Luschan: »Überhaupt ist es sehr schwer, einen Gegenstand zu erhalten, ohne zumindest etwas Gewalt anzuwenden. Ich glaube, dass die Hälfte Ihres Museums gestohlen ist.«

Das Ersatz-Kolonialmuseum war dann um 1900 kurz davor, ins komplette Chaos abzustützen. Das Prestigemuseum war um diese Zeit bereits so vollgestopft mit Objekten, dass kein Besucher, geschweige denn Forscher (denn an diese adressierte sich das Museum in erster Linie) noch zurechtfinden konnte. Der Eingangshof stand voll mit Riesenobjekten ohne jeden Bezug zueinander, und im ganzen Museum waren die geographischen Zuordnungen weitgehend zusammengebrochen: Preußische Keramiken standen neben Funden aus Troja, persische Metallarbeiten neben Inka-Mumien. Das Sammeln hatte sich verselbständigt. Das hatte auch mit dem »Rettungsparadigma« zu tun. Bastian und andere Ethnologen glaubten, die »Naturvölker« seien durch den »Weltverkehr« zum Verschwinden verurteilt. Gegen das Verschwinden, auch das physische Verschwinden der Menschen selbst hatten die Ethnologen eigentlich keine Einwände, aber die kulturellen Hervorbringungen bedurften der »Rettung« in einem Berliner Museum. Und während alles zusammengerafft wurde, dessen man habhaft werden konnte, verloren die Protagonisten des Sammelns schlicht den Überblick. Bis heute hat diesen Überblick niemand zurückgewonnen. Die deutschen Museen haben so viele Objekte, dass sie manchmal nur ein Prozent ihres Bestandes ausstellen können. Die ethnologische Sammlung ist selbst der große Fetisch, der insgesamt von seiner »Provenienz« her alles andere als neutral ist.

Gewöhnlich werden Bastian und Felix von Luschan, bis 1910 auch Direktor der Afrika- und Ozeanien-Abteilungen des Museums, als der liberale Teil der deutschen »Völkerkunde« betrachtet. Ab 1900 begannen die »Rassen«-Theorien zu dominieren, die von den »liberalen«

Forschern zurückgewiesen wurden. Zweifellos gingen sie im Gegensatz zu den Befürwortern der »Rassen«-Konzepte von einer Gemeinsamkeit alles Menschlichen aus, aber ihre Gedanken waren dennoch tief eingelassen in den zeitgenössischen Apparat des Rassismus und befanden sich am Übergang eines universellen zu einem superioren Modell rassistischen Wissens. Zudem verhielten sie sich als Forscher erstaunlich skrupellos. Als es während des Ersten Weltkriegs die Gelegenheit gab, anthropologische Messungen an Kriegsgefangenen vorzunehmen, zögerte Luschan als Professor keine Sekunde und sandte seine Mitarbeiter aus. Es bleibt unklar, ob er an diesen Forschungen aktiv beteiligt war, doch seine Untergebenen vermaßen ohne Skrupel die außereuropäischen Personen, die als Soldaten für Frankreich und England kämpften.

Nach dem Ersten Weltkrieg wurden die »Völkerkundler« immer extremer. Otto Kümmel, der ab 1923 das Museum für Ostasiatische Kunst (heutiger Martin-Gropius-Bau) leitete und ab 1934 den Preußischen Museen insgesamt vorstand, war glühender Anhänger des Nationalsozialismus. 1940 erstellte er im Auftrag des Reichskanzleichefs, des SS-Manns Hans-Heinrich Lammers, und des Propagandaministers Joseph Goebbels ein über dreihundert Seiten langes Gutachten über »Kunstwerke und geschichtlich bedeutsame Gegenstände, die seit 1500 ohne unseren Willen oder auf Grund zweifelhafter Rechtsgeschäfte in ausländischen Besitz gelangt sind«. Bei dieser Liste von angeblich entwendetem »arischem« Kulturgut handelte es sich de facto um eine Liste von zu plündernden Gegenständen.

Und selbstverständlich hatten die Auffassungen und Tätigkeiten solcher Personen einen Einfluss auf die Sammlung. 1935 gründete der Afrikanist Hermann Bauman als Kurator des »Museums für Völkerkunde« eine Abteilung »Eurasien« (im Übrigen trotz seiner ganz anders gelagerten Expertise). Diese Abteilung stand in Verbindung mit dem deutschen »Drang nach Osten«, also mit den Kolonialansprüchen des Deutschen Reiches etwa in Bezug auf Polen, das Baltikum und Teile der damaligen Sowjetunion – darum wird es im dritten Kapitel gehen.

Baumann war bereits vor der Machtergreifung der Nationalsozialisten Parteimitglied geworden und Mitglied im »Kampfbund für deutsche Kultur«, einer Organisation, die vom NS-Chefideologen und späteren »Reichsminister für die besetzten Ostgebiete« Alfred Rosenberg geführt wurde.

Diese eurasische Sammlung wurde in den 1990er Jahren ins »Museum Europäischer Kulturen« integriert. Dessen Sammlung basiert zudem auf dem ebenfalls 1935 gegründeten »Museum für deutsche Volkskunde«, das in die NS-Ideologie eingelassen war. Im Führer des »Ethnologischen Museums« von 2003 wird der Name Hermann Baumann völlig neutral erwähnt, und ebenso neutral wirkt auf der Homepage zur »Geschichte des Museums Europäischer Kulturen« der Gründungskontext der Sammlung. Wer mehr erfahren will, muss auf die recht kostspielige Publikation *Zwischen Politik und Kunst: Die Staatlichen Museen zu Berlin in der Zeit des Nationalsozialismus* von 2013 zurückgreifen. Baumann wechselte im Übrigen 1939 an die Universität Wien und beteiligte sich 1943 an der Arbeitsgruppe »Koloniale Völkerkunde« der »Kolonialwissenschaftlichen Abteilung« des Reichsforschungsrates. Wie so viele andere Ethnologen überlebte er die Entnazifizierung schadlos. 1951 lehrte er wieder, zunächst in Mainz und dann in München. Die ersten beiden Nachkriegsdirektoren des »Museums für Völkerkunde« stammten ebenfalls aus dem Umfeld einer ethnologischen Forschung, die dem Nationalsozialismus zugearbeitet hat.

Nicht unser Kolonialismus

Auch die Sammlungen, die nicht direkt aus kolonialen Zusammenhängen stammen, können durchaus einen problematischen Charakter haben. Das Humboldt-Form besitze, so verkündete Hermann Parzinger ganz erleichtert 2013, auch »eine der größten Nord- und

Mesoamerikasammlungen, also aus Ländern, die, wie Sie alle wissen, nie deutsche Kolonien waren«. Dass Gebiete keine Kolonien waren, bedeutet nicht, sie seien nicht Teil eines imperialen Kontextes gewesen. Und es bedeutet auch nicht, dass die Legitimität der Aufbewahrung in Berlin damit gewährleistet ist. Für Mittelamerika erschließt sich der imperiale Kontext etwa beim Lesen eines Buches wie *Germany in Central America. Competitive Imperialism, 1821–1929* des US-Historikers Thomas Schoonover. Bereits vor 1880 hatte das Deutsche Reich mit drei der fünf zentralamerikanischen Staaten Verträge geschlossen, die deutschen Kaufleuten eine kommerzielle Erschließung ermöglichte. Vor allem Hamburger Häuser begannen mit dem Import von Kaffee, einem Produkt, bei dem wir noch heute die unfairen Bedingungen in Herstellung und Handel beklagen. Das Reich hatte durchaus Interesse an einer Kolonisierung, aber solche Pläne kollidierten zu stark mit den Absichten der Vereinigten Staaten.

Dennoch ließ Berlin im Rahmen der berüchtigten Kanonenbootdiplomatie seine Muskeln spielen. Eine heute fast vergessene Episode spielte sich an der Küste von Nicaragua ab. 1877 befasste sich die deutsche Presse mit der Geschichte des Regierungsbeamten Francisco Leal, der angeblich seine Frau, eine Stieftochter des deutschen Kaufmanns Paul Eisenstück, schlecht behandelt hatte – und im Gefolge auch Eisenstück selbst und dessen Bruder. Der damalige Außenminister Bernhard von Bülow betrachtete diesen Vorgang als Beleidigung des Reiches und setzte der Regierung von Nicaragua ein Ultimatum für die Klärung der Angelegenheit. Als die Reaktionen nicht zu seiner Zufriedenheit ausfielen, beorderte Bülow 1878 sechs Kriegsschiffe vor die Küste des Landes. Deutsche Truppen landeten sogar in Corinto, um Waffen zu requirieren, die der Flotte hätten gefährlich werden können. Leal musste schließlich eine Entschädigung zahlen und vor der deutschen Fahne salutieren. 1879 wiederholte sich bei einem ähnlichen Fall in Kolumbien die gleiche Prozedur. Solche Ereignisse führten maßgeblich dazu, dass das Deutsche Reich von den USA zunehmend als Bedrohung wahrgenommen wurde.

Was Nordamerika betrifft, so lässt sich die Geschichte der Vereinigten Staaten kaum ohne die deutschen Ausgewanderten erzählen. Heute bilden Personen deutscher Herkunft die größte Herkunftsgruppe in den USA. Sicher flohen die Deutschen vor der Armut, aber sie halfen zweifellos dabei, den Westen zu erobern oder als »Kolonisten« das Land in Texas zu kultivieren. »Indianer« ebenso im Übrigen wie auch »Eskimos« wurden in Deutschland in den Völkerschauen unter anderem des »Zoos« von Carl Hagenbeck ausgestellt. Die Geschichte der »Indianer« kehrte in den Romanen Karl Mays nach Deutschland zurück – sein »Winnetou« war der »edle Wilde« par excellence. Angesichts der Geschichte wirkt es mehr als befremdlich, wenn sich der Leiter der größten Kulturstiftung Deutschlands mit einer »indianischen Maske« ablichten lässt und solche Objekte als »geteiltes Erbe« und Geschenk Deutschlands an die Welt betrachtet.

Die Gewalt von Forschungsreisen

Nun stammen viele Objekte in den »ethnologischen Sammlungen«, das wurde von den Machern des Humboldt-Forums immer wieder betont, von »Forschungsreisen«. Doch Forschungsreisen mit ethnologischem Schwerpunkt konnten sowohl kolonial als auch gewalttätig sein. Für Deutschland ist das gut dokumentierte Paradebeispiel einer solchen Reise die Hamburger »Südsee-Expedition«, die im Jahr 1907 begann und drei Jahre dauerte. Zu jener Zeit gehörten die pazifischen Inseln bereits zum deutschen Kolonialreich. Georg Thilenius, der erste Direktor des Hamburger »Museums für Völkerkunde«, betrieb diese Reise mit hartnäckiger Energie. Obwohl er ständig betonte, es gehe nicht um eine »Sammelexpedition«, erwies sich das Sammeln als wichtigstes Ergebnis: Etwa 15 000 Objekte kamen durch diese Reise nach Hamburg. Leiter der »Expedition« im ersten Jahr war der Tropenmediziner Friedrich Fülleborn, der zuvor in der Kolonie Deutsch-Ostafrika tätig war. Auf der einen Seite kämpfte er dort mit der Schutztruppe gegen die Aufstände, und zum anderen leitete er Expeditionen und ethnologische Forschungen.

Zuständig für die anthropologischen »Messungen«, die sich in erster Linie auf körperliche Merkmale bezogen, war Otto Reche. Reche hatte zuvor am »Völkerkunde«-Museum in Berlin gearbeitet. Später wurde er Professor für Anthropologie, zunächst in Hamburg und dann in Wien, wo er 1925 die »Gesellschaft für Rassenpflege« gründete. In der NS-Zeit diente sich Reche unentwegt Institutionen wie dem »Rasse- und Siedlungshauptamt« der SS an, um sich als Experte für »Rassenfragen« in den »Ostgebieten« ins Spiel zu bringen – also dem primären Kolonialprojekt des »Dritten Reiches«. Ich erwähne die Verbindungen mit dem Nationalsozialismus nicht, um die Arbeit solcher Forschungsreisen durch den Hinweis auf irregeleitete Mitglieder zu diskreditieren. Was die Ethnologie betrifft, hat die Verbindung zwischen kolonialem Engagement, dem Einsteigen in die »Rassen«-Forschung und dem Ausverkauf der Disziplin an den NS etwas Systematisches. Markus Mosen, der mit *Der koloniale Traum* eine Pionierarbeit zu diesem Thema geschrieben hat, spricht nicht umsonst von der »Bankrotterklärung einer ganzen Disziplin«.

Eigentlich hatten sich die Forscher auf die Fahnen geschrieben, nur »Belegstücke« mit einer Aussagekraft für den ganzen kulturellen Zusammenhang zu sammeln, aber häufig wurde schlicht erworben, was auffiel und als außergewöhnlich oder schön erschien. Im Großteil der Fälle wurden die Objekte gegen Tabak oder Metallwerkzeuge getauscht. An diesen Geschäften hatten auch die Einheimischen Interesse. Als diese Reise stattfand, hatten die Bewohner auch begonnen, bestimmte Gegenstände für den Tausch zu lagern oder sogar herzustellen, was den Ethnologen, die ja auf »Rettungsmission« waren, überhaupt nicht gefiel. Wenn die Bewohner Objekte nicht verkaufen wollten, wurden sie von den Forschern durch martialisches Auftreten und schlechte Behandlung »überzeugt«. Auch die anthropologischen Messungen wurden gewöhnlich ohne Einverständnis der Bevölkerung vorgenommen.

Die Forschungsgruppe der »Südsee«-Expedition war auf dem Schiff »Peiho« unterwegs, auf dem sie auch wohnte. Viele Ansässige konnten – oder wollten – die Peiho nicht von einem Kriegsschiff unterscheiden, was bedeutete, dass der Anblick des Schiffes häufig Angst und Schrecken verbreitete. Ganze Dörfer flohen vor den anrückenden Deutschen. Die Forschergruppe durchsuchte dann die Dörfer nach Objekten und praktizierte schließlich das, was von den Beteiligten als »anonymer Ankauf« bezeichnet wurde: Sie nahmen die Gegenstände einfach mit und hinterlegten als Gegenleistung eine von ihnen selbst bestimmte Menge Tabak oder Ähnliches. Obwohl mit Hans Fischer ein ehemaliger Direkter des Hamburger Völkerkundemuseums bereits 1981 ein kritisches Buch über die »Expedition« geschrieben hatte, zeigte sich das Museum 2003 im Hinblick auf diese Praxis eher milde. In der Publikation zu einer Ausstellung im Rahmen des Projekts *Der innere Reichtum des Museums* wurde das Vorgehen relativiert: »Die Expeditionsteilnehmer haben sich in jedem Fall bemüht, bei Abwesenheit der Dorfbewohner besonders wertvolle Tauschgegenstände zu hinterlegen, und es wird auch berichtet, dass man hinterher, weil sich die Gelegenheit dazu ergab, noch zu einem Einverständnis über den Preis gekommen ist.«

Es ist vielleicht angebracht, sich eine solche Situation einmal im eigenen Umfeld vorzustellen, etwa in der eigenen Nachbarschaft. Auch dass die eigenen Gegenstände dann in Übersee lagern, wo der Zwang noch nach fast einem Jahrhundert kleingeredet wird: Nachdem wir Angst und Schrecken verbreitet haben, widerrechtlich in die Häuser fremder Leute eingedrungen sind und dort Sachen entwendet haben, wurden doch jedenfalls zum Ausgleich »besonders wertvolle« Dinge dagelassen. Immerhin wird die Gewalt bei der Hamburger Ausstellung überhaupt angesprochen. Zwei Jahre später fand im »Museum für Völkerkunde« München die Ausstellung *Ozeanien. Weltbilder der Südsee* statt. Im Einleitungstext des Katalogs ist davon die Rede, wie die pazifischen Inseln »entdeckt« wurden und dass deren »europäische Erschließung« Ende des 18. Jahrhunderts so gut wie abgeschlossen gewesen sei. Von der deutschen Kolonialzeit in der »Südsee« ist nur ganz hinten im Hinblick auf die Herkunft der Sammlungen die Rede: »Die umfangreichsten der qualitätsvollen Sammlungen stammen aus der Kolonialzeit des Deutschen Reiches in Melanesien und Mikronesien und wurden zwischen 1884 und 1914 zusammengetragen.«

Die Diskussion um Rückgabe und Erinnerung

Am 28.11.2017 sprach der französische Präsident Emmanuel Macron in einem Tweet vom »afrikanische Erbe« als einem »Gefangenen der europäischen Museen«. In einer überraschenden Rede am selben Tag kündigte er in der Hauptstadt Burkina Fasos an, in den folgenden fünf Jahren die Voraussetzungen für eine Rückgabe des Kulturguts zu schaffen. Zudem hatte der Präsident wie oben erwähnt Felwine Sarr und Bénédicte Savoy mit der Erstellung eines Reports zu diesem Thema beauftragt – beide waren als klare Befürworter einer umfangreichen Restitution bekannt. Die Ankündigungen und später der Report lösten auch in Deutschland eine erneute Diskussion aus, wobei es von konservativer Seite massiven Gegenwind gab. Die Beteiligten am Humboldt-Forum jedoch lehnten sich am weitesten aus dem Fenster. Der Kunsthistoriker Horst Bredekamp, einer der Ideengeber für das Forum, meinte gegenüber dem Deutschlandfunk, im Unterschied zu den Museen der »großen kolonialen Mächte« seien ihre deutschen Pendants in einem »aufklärerischen Geist« gegründet worden, der koloniale Bestrebungen ablehnte – seine Gewährsleute waren unter anderem Alexander von Humboldt und Adolf Bastian. Selbst während des Kaiserreichs, so Bredekamp, habe in den Museen kein kolonialer Geist geherrscht. Historisch ist das regelrechter Unsinn.

Der bereits erwähnte Klaus-Dieter Lehmann kritisierte die Rückgabeforderungen von einem scheinbar radikalen Standpunkt aus: »Das hat etwas von: Ich wasche mich von meiner Schuld rein, mache einen Haken, und das ist es. Das finde ich eine neue Arroganz. Das ist wie Ablasshandel – das bringt uns nicht in die Zukunft.« Was »uns« dagegen in die Zukunft bringt, präzisierten wiederum Parzinger und der neue Generalintendant Hartmut Dogerloh: »Wir« machen einfach weiter, wobei sich die durchweg männlichen Protagonisten deutscher Herkunft mittlerweile die »Kooperation« mit den Herkunftsländern zugutehalten – die nur aufgrund massiver Kritik zustande kam und keinen Einfluss auf das Konzept hatte – und ansonsten mehr finanzielle Mittel einfordern, um die Bestände zu digitalisieren und Provenienzforschung zu betreiben.

Nun gibt es in dieser Debatte längst andere Stimmen. Das Land Baden-Württemberg gab im Rahmen einer »Namibia-Initiative« Anfang 2019 Gegenstände aus dem Besitz des Nama-»Kapteins« Hendrik Witbooi aus dem Linden-Museum in Stuttgart an den namibischen Staat zurück. Die Kultusministerkonferenz einigte sich im März 2019 auf Eckpunkte für eine Rückgabe von Objekten aus der Kolonialzeit. Tatsächlich ist es ja gar nicht so, dass ab morgen bereits Wagenladungen von Objekten ausgeschifft werden müssen, sondern zunächst geht es um Gegenstände, die konkret zurückgefordert werden. Kein Land der Welt könnte – nicht einmal in einer mittleren Perspektive – eine vollständige Rückgabe bewältigen. Bislang wurde vom Museumsbetrieb aus mit dem Verweis auf die »Komplexität« des Problems, den »differenzierten Umgang« oder das »geteilte Erbe« häufig auf Zeit gespielt. In Anbetracht der Tatsache, dass die meisten Museen ihre Bestände nicht einmal genau kennen, geschweige denn alle Objekte jemals ausgestellt haben, erscheint das Zögern und Verzögern auch als Besitzwut eines Betriebes, der an seinen Objekten geradezu klebt. Offenbar fällt jede Stufe einer Vergangenheitsbewältigung schwer.

Dabei diskreditiert die historische Rückschau nicht jede Forschungsarbeit, jede Sammlung, jedes Museum in Deutschland. Sie bildet unentwegt einen Kontext, in dem Ausstellungen heute stattfinden. Zu diesem Kontext gehört der Kolonialismus und Rassismus insgesamt. Dieser Kontext – darum wird es noch gehen – betrifft mehr als nur das afrikanische Kulturerbe, sondern auch Ost- und Südosteuropa, die Türkei, »Eurasien« etc. Es ist erstaunlich, dass die geschilderte Debatte über Rückgabe in keinen Zusammenhang mit dem »Elginism« gestellt wird. Dabei gibt es auch an Museen in der Bundesrepublik griechische Forderungen nach Rückgabe, denn von Elgin geraubte Teile des Parthenon sind auch nach Deutschland gekommen. Die Universität von Heidelberg hat 2006 ein Fragment des Nordfrieses aus ihrer Antikensammlung zurückgegeben – das war das erste Mal in zweihundert Jahren. Der damalige Prorektor des Instituts für Alte Geschichte (und heutige Professor in Princeton), Angelos Chaniotis, meinte: »Für eine Weigerung unserer Universität, die Zusammenführung unseres Fragmentes und der Athener Skulpturen zu ermöglichen, hätte es niemals eine wissenschaftliche, rechtliche oder moralische Begründung geben können.« Dennoch weigern sich die Münchener Glyptothek und das Martin-von-Wagner-Museum der Universität Würzburg weiter beharrlich, ihre Stücke ebenfalls zu restituieren.

Die Debatte über das Humboldt-Forum stellt offenbar einen Katalysator dar, der alle Einrichtungen berührt, in denen das Erbe der Gesellschaft aufgehoben wird und verhandelt werden kann. Die Frage ist: Wie werden diese Orte – und das bedeutet nicht nur »Völkerkunde«-Museen – zu Orten einer demokratischen Erinnerungskultur? Die Aufgabe ist, das Erbe neu zu organisieren in einer Welt, in der sich die Bevölkerung durch Einwanderung verändert hat und zu einer Vielheit geworden ist. Einer Welt, in der »wir« ständig eingebettet sind in einen transnationalen Raum der Globalisierung, der de facto einen Raum sich überschneidender Territorien darstellt. Der postkoloniale Denker Homi Bhabha hat bereits in den 1990er Jahren gesagt, es gehe heute nicht länger um die reine Negation, sondern um die Verhandlung (*negotiation*). Dafür müssen die bestehenden Orte aber auch entsprechend verändert werden. Und manchmal können die Verhandlungen auch Dinge etwas radikaler in Frage stellen. Ob »Völkerkunde«-Museen nun in »Welt«-Museum oder »Museum der fünf Kontinente« oder Museum für »Kulturen und Künste der Welt« umbenannt werden: Etwas stimmt ganz grundsätzlich nicht, wenn in Deutschland ein Erbe aufgehoben wird, das im Kontext des Imperialismus – rechtmäßig oder auch nicht – gesammelt wurde. Die Objekte werden niemals alle zurückkehren, insofern benötigt der Kontext ihrer Ausstellung bei »uns« ein völlig neues Nachdenken. Ein Nachdenken, das auch vor der Auflösung von »Völkerkunde«-Museen nicht haltmachen muss.

Für die Gestaltung der Erinnerung in der Gesellschaft ist ein »antirassistisches Kuratieren« (Bayer/Terkessidis) erforderlich, das den Kolonialismus beinhaltet, aber auch aktuelle Formen von Rassismus thematisiert. In einem Text zum Thema Rassismus und Kultur hat Frantz Fanon einmal geschrieben, Rassismus sei »niemals ein fremdes Element, das zufällig bei näherer Untersuchung unter den kulturellen Komponenten einer Gesellschaft gefunden wird. Die sozialen Gegebenheiten, das kulturelle Ganze werden zutiefst durch das Vorkommen des Rassismus berührt.« Fanon hat weiter gesagt, man dürfe sich beim Thema Rassismus nicht mit Phrasendrescherei begnügen, es reiche nicht, immer wieder festzustellen, dass es sich um eine Plage der Menschheit handele, sondern es gehe darum, »unermüdlich die Auswirkungen des Rassismus auf allen Ebenen des gesellschaftlichen Lebens aufzuspüren«. Oder noch deutlicher: »Eine Gesellschaft ist rassistisch, oder sie ist es nicht. Es gibt keine verschiedenen Stufen von Rassismus.« Dieses Diktum mag im ersten Moment etwas regelrecht Furchterregendes haben. Sich vorzustellen, Rassismus sei eingelassen in die Strukturen, in die Gesetze, in das Wissen einer Gesellschaft, löst selbstverständlich Abwehr, sogar eine Art moralische Krise aus. So böse können »wir« doch gar nicht sein, heißt es dann oft; was damals geschehen ist, das war doch nur ein vorübergehender Bruch in der Zivilisation, einer Zivilisation, die davor verkörpert hat, was wir heute wieder tun. Aber war es ein Bruch? Ist Rassismus nicht eines der konstanten Ungleichheitsverhältnisse in der Moderne, für das es gilt Verantwortung zu übernehmen?

In einer Einwanderungsgesellschaft ist diese Verantwortung ungleich verteilt und auch ein Feld von Aushandlungen. Opfer von Rassismus zu sein, das macht Personen nicht zu moralisch besseren Menschen. Menschen sind widersprüchlich. Personen türkischer Herkunft können sich über Rassismus beschweren und zugleich den Völkermord an den Armeniern im Osmanischen Reich relativieren. Personen arabischer Herkunft können sich über den Imperialismus mokieren und gleichzeitig undemokratische, unterdrückerische Regime unterstützen. Personen polnischer oder griechischer Herkunft können Reparationen für vergangene Verbrechen fordern und zugleich glühende Nationalisten sein, die historische Verfolgungen politischer Gegner schönreden oder sie aktuell noch befürworten. Personen, die Rassismus erlebt haben, können sich wiederum anderen Gruppen gegenüber diskriminierend verhalten.

Emmanuel Macron hat in Ouagadougou das Bild verwendet, wir seien alle »Waisenkinder« einer vergangenen Welt. Tatsächlich haben junge Menschen in Europa heute keine »Schuld« am Kolonialismus, ebenso wenig wie sie noch Schuld an der Shoah haben. Aber diese Ereignisse müssen Teil der demokratischen Erinnerungskultur sein. Die ernsthafte Beschäftigung mit der historischen Verantwortung der Bundesrepublik Deutschland, die Erweiterung der Erinnerungskultur, führt sofort auf ein ganzes Minenfeld der unterschiedlichsten Zugangsweisen, Verantwortlichkeiten, Auffassungen – das weiß jeder, der einmal in einer Schulklasse diskutiert hat. Die Diskussion ist oft ungemütlich. Es gibt Streit. Aber es führt kein Weg am Streit vorbei. Anfang 2019 schlug Hermann Parzinger vor, im Humboldt-Forum zum Gedenken an das koloniale Unrecht einen »Raum der Stille« einzurichten. Das wäre aber die Pointe derer, die die Diskussion von Beginn an nicht wollten. Tatsächlich braucht es genau das Gegenteil, nämlich einen Raum des Dialogs und der Auseinandersetzung.

Wer Verantwortung annimmt, der kann im Übrigen jene entdecken, die sich gegen Sklaverei und Kolonialismus gewandt haben. So stammt in den Vereinigten Staaten von Amerika der erste Einspruch in Sachen

Sklaverei von deutschen Auswanderern. Im Februar 1688 verfassten Quäker aus der Gemeinde Germantown in Pennsylvania unter der Führung von Frank Daniel Pastorius die erste Protestnote gegen die Sklaverei. In Europa, hieß es darin, würden Leute wegen ihres Glaubens verfolgt, und in der neuen Heimat würden nun jene unterdrückt, die eine schwarze Hautfarbe hätten. Das entspreche nicht dem Leitsatz des Christentums, dass wir Menschen so behandeln sollten, wie wir selbst behandelt werden möchten, gleich welchen Alters, Herkunft oder Farbe. Das ist der Kampf um die Vertiefung der Demokratie, ein Kampf, der niemals aufhört.

Kapitel 2
Unser Beitrag zur Globalisierung

Die Kanzlerin entdeckt die Globalisierung

Am 25. November 2015 gab die deutsche Kanzlerin eine erstaunliche Regierungserklärung ab. Es war eine aufgeregte Zeit in der Bundesrepublik, weil Angela Merkel zuvor quasi im Handstreich die deutsche Grenze geöffnet hatte – für Hunderttausende von Menschen, die sich zumeist zu Fuß in Richtung Europa aufgemacht hatten, auf der Flucht vor den Auswirkungen des Bürgerkriegs in Syrien. Merkel versuchte ihre Entscheidungen zu begründen und formulierte zudem eine Art Rahmen für ein Politikprogramm der Zukunft. »Es herrscht in vielen Regionen Krieg und Terror. Staaten zerfallen«, erläuterte sie dem Bundestag. »Viele Jahre haben wir es gelesen. Wir haben es gehört. Wir haben es im Fernsehen gesehen. Aber wir haben damals noch nicht ausreichend verstanden, dass das, was in Aleppo und Mossul passiert, für Essen oder Stuttgart relevant sein kann.« So richtig diese Bemerkungen klingen, so deutlich wurde mit dieser Rede auch, dass die Regierung des wirtschaftlich größten und bevölkerungsreichsten Landes in Europa offenbar erst 2015 verstanden hatte, was Globalisierung bedeutet. »Selten haben wir so hautnah erlebt«, so Merkel weiter, »wie unser eigenes deutsches Handeln und Tun in eine globale Welt eingebettet ist. Dieses Jahr hat uns in umfänglicher Weise bewusst gemacht: Wir leben in einer gemeinsamen Welt. Wir können, wenn jeder seinen Beitrag leistet, in Zusammenarbeit die Probleme bewältigen. Ich bin davon überzeugt, oder andersherum: Wir schaffen das. Aber es wird vieler Anstrengungen bedürfen und auch eines hohen Maßes an neuem Denken.«

Dieses »neue Denken« sollte auch die imperiale/koloniale Geschichte Deutschlands beinhalten. Ein postkolonialer/postimperialer Rückblick hätte zuvor bereits helfen können, Syrien nicht als weit entferntes Land zu betrachten, das hierzulande nur als Objekt von Berichterstattung auftaucht, sondern im Rahmen der Geschichte des deutschen imperialistischen »Drangs« nach Osten und in den Orient. Organisationen von politisch engagierten Geflüchteten aus afrikanischen Ländern südlich der Sahara haben immer wieder betont: »Wir sind hier, weil ihr bei uns wart.« Auch für viele Geflüchtete aus dem »Nahen Osten« war Deutschland schon im Herkunftskontext in viele Geschichten eingesponnen – lange bevor die Entscheidung für die Auswanderung überhaupt getroffen wurde. Um die postkoloniale Situation zu charakterisieren, hat Edward Said den Begriff der »sich überschneidenden Territorien« geprägt. Was der Staat, in dem wir leben, was unsere »Landsleute« historisch getan haben, die ungleichen Bedingungen des Kontaktes mit Anderen, die von uns selbst geschaffenen Reise- und Kommunikationswege betten uns heute in die Welt ein. Erinnerung lohnt sich, um in einer komplexen Welt von Rückwirkungen das politische Kraftfeld bestimmen zu können, die Sensibilitäten der Beteiligten zur Kenntnis zu nehmen sowie eben die richtigen politischen Entscheidungen zu treffen.

Der Kaiser liebt die Muslime

Im Hinblick auf Syrien wäre das Jahr 1898 der Erinnerung wert. In diesem Jahr unternahm »Reisekaiser« Wilhelm II. einen groß angelegten Trip in den sogenannten Nahen Osten. Er war zunächst in Konstantinopel zu Gast, bei Sultan Abdul Hamid II., und reiste von dort aus in die osmanischen Provinzen, ins »Heilige Land«, dann nach Beirut und Damaskus. Während in der Hauptstadt des Osmanischen Reiches konsequent an jenem Bündnis gefeilt wurde, das später zu einer Waffenbrüderschaft im Ersten Weltkrieg führte, absolvierte der Kaiser an den anderen Orten ein Programm von imposanter Widersprüchlichkeit. Wilhelm hofierte die deutschen Siedelnden, die »Kolonisten« vom Templer-Orden, hielt seine Hand schützend über die Katholiken, weihte die evangelische Erlöserkirche in Jerusalem ein und erteilte dem Zionismus in einem Gespräch mit Theodor Herzl eine vorläufige Absage. Zugleich war die Reise ein ziemliches Schauspiel. Der Sultan hatte für den Kaiser neue Straßen, Gebäude und Passagen bauen lassen, Stadttore waren erweitert und Ruinen geschickt getarnt worden. Die britische Presse sprach despektierlich von »Williamising«. Auch die Untertanen wurden mobilisiert. Zu Hunderttausenden jubelten sie zumal in Damaskus dem Kaiser zu, dessen Begeisterung für alles Orientalische vor Ort bekannt war. Und der Kaiser erfüllte die Erwartungen der Bevölkerung mit einer durchaus historischen Tischrede: »Tief ergriffen von diesem überwältigenden Schauspiele, zu gleicher Zeit bewegt von dem Gedanken, an der Stelle zu stehen, wo einer der ritterlichsten Herrscher aller Zeiten, der große Sultan Saladin, geweilt hat, (...) ergreife ich mit Freude die Gelegenheit, vor allen Dingen dem Sultan Abdul Hamid zu danken für seine Gastfreundschaft. Möge der Sultan und mögen die 300 Millionen Mohammedaner, die, auf der Erde zerstreut lebend, in ihm ihren Kalifen verehren, dessen versichert sein, dass zu allen Zeiten der deutsche Kaiser ihr Freund sein wird!«

Mit den Templern hatte der Kaiser zuvor eine Organisation geehrt, die sich auf Kreuzfahrer berief, und nun huldigte er dem mythischen Sultan Saladin, der in der muslimischen Welt gerade als der große Gegenspieler der Kreuzritter galt, schließlich hatte er Jerusalem erobert. Dass er sich offensiv zum Freund der Muslime erklärte und den osmanischen Sultan als Kalifen, also als Herrscher aller Muslime bezeichnete, war aber durchaus ein politisches Programm. Das Osmanische Reich, das seit 1875 unter der Schuldenkuratel der Europäer, insbesondere Frankreichs stand, war mehr und mehr zum Objekt kolonialer Ambitionen geworden, auch des Deutschen Reiches. Ähnlich wie China handelte es sich damals um ein Gebiet, das Historiker wie Jürgen Osterhammel als »semikolonial« bezeichnen. Im Hinblick auf Griechenland habe ich 2005 von einem »Raum der Halbabhängigkeit« gesprochen.

In der Koloniallobby des Reiches sahen manche Kleinasien als eine weitere Möglichkeit für ein deutsches »Amerika«, als Siedlungsoption für Millionen deutscher »Kolonisten« – die spätere Annexion nicht ausgeschlossen. Bereits Mitte des 19. Jahrhundert hatten die ersten deutschen Voyageurs in Kleinasien diese Möglichkeit ins Spiel gebracht – der Altphilologe und Archäologe Ludwig Ross sprach bereits im Vorwort seines Reiseberichts von einem Raum für »Niederlassungen gewerbsamer deutscher Siedler an den Küsten des Mittelmeeres«. Aber obwohl solche Auffassungen in den 1880er Jahren in der deutschen Öffentlichkeit regelmäßig zu hören waren, konnten sie sich nicht durchsetzen. Im Gegensatz zu England und Frankreich verfolgte das Reich auf Regierungsebene dezidiert keine Annexionspläne. Deutschland trieb seine Ambitionen auf dem Gebiet der Organisation, Wirtschaft und Technik voran und wollte zugleich als eine Art weiterentwickeltes Vorbild mit Führungsanspruch fungieren. In der Folge engagierte Konstantinopel deutsche Berater, insbesondere in den Bereichen Finanzverwaltung, Infrastruktur und Militär. Deutsche Namen waren in der osmanischen Verwaltung keine Seltenheit, einige, wie der Eisenbahningenieur Heinrich August Meißner oder der Generalfeldmarschall Colmar von der Goltz, stiegen später in den Rang von hohen Beamten, sogenannten Paschas auf. Die Bilder von deutschen Maschinenbauern und Offizieren in osmanischen Uniformen und mit dem berühmten Fez auf dem Haupt wirken noch heute recht spektakulär.

Von der Goltz, der 1883 in Konstantinopel eintraf, setzte beim osmanischen Heer Reformen durch im Hinblick auf Rekrutierung, Ausbildung und Organisation. Akribisch verfolgte er nach seiner Rückkehr weiter die Fortschritte und attestierte dem osmanischen Militär angesichts des »Dreißigtagekrieges« mit griechischen Aufständischen und Truppen im Jahr 1897 »das zielbewußte Handeln, welches wir von der modernen Kriegführung zwischen Kulturstaaten verlangen«. Im Rahmen seiner Beratungstätigkeit vermittelte Goltz aber auch für die deutsche Rüstungsindustrie. Auf seinen Rat hin ersetzte Konstantinopel die bis dahin verwendeten Gewehre aus den USA durch eine halbe Million Waffen von »Loewe und Mauser«.

Das größte Infrastruktur-Projekt war die Anatolische Eisenbahn, später dann fortgesetzt als Bagdad-Bahn. Das Angebot für eine Konzession kam von der osmanischen Regierung und wurde bei Verhandlungen über Waffengeschäfte im Jahr 1887 mitgeteilt. Die Federführung hatte die Deutsche Bank und deren Vorstandschef Georg von Siemens, beteiligt waren neben einer Reihe deutscher Kreditinstitute viele deutsche Firmen wie Philip Holzmann, Krupp, Krauss oder Maffei. Ausländisches Kapital wurde auch einbezogen, doch mehr oder minder zur Vermeidung direkter Konkurrenz. Die Bedeutung und Ambition des Projekts lässt sich immer noch bei einem Besuch am (heute allerdings weitgehend funktionslosen) Ausgangsbahnhof Haydarpascha in Istanbul ermessen. Deutsche Architekten haben hier ein atemberaubendes Jugendstilgebäude errichten lassen. Es ragt ins Wasser hinein, auf damals extra angelegten Holzstelen. Und während die Züge in Richtung Asien abfuhren, ging der Blick über den Bosporus in Richtung Europa.

Der Ausbau von Eisenbahnstrecken gehörte quasi zum Repertoire des deutschen Kolonialismus – die Bahnstrecken sollten Verbindungslinien sowohl für den Absatz deutscher Produkte sein als auch für den Transport von Rohstoffen nach Deutschland. Kurz vor der Reise des Kaisers hatte Abdul Hamid eine Verlängerung der Bahnlinie über Konya hinaus bis nach Bagdad vorgeschlagen. Wilhelm sagte begeistert zu. Die Bagdad-Bahn war ein Einsatz im »Great Game« und sollte vor allem den Briten Konkurrenz machen, deren Überlegenheit auf See zu diesem Zeitpunkt außer Frage stand. Die Verlängerung sollte gewissermaßen der Landweg nach Indien sein und hätte bei rechtzeitiger Fertigstellung tatsächlich einen Angriff auf den britisch dominierten Suezkanal dargestellt. Doch zwischenzeitlich war bei den Mitgliedern des Konsortiums eine ziemliche Ernüchterung eingetreten, weil die Baumaßnahmen weit mehr Geld verschlangen als geplant. Die Probleme nahmen kein Ende, zumal die Wirren während der jungtürkischen Revolution von 1908 die Arbeiten für fast zwei Jahre lahmlegten. So wurde die Verlängerung der Strecke nach Bagdad erst in den 1930er Jahren realisiert. Mit dem Eintritt des Osmanischen Reiches in den Ersten Weltkrieg begann die Bahn überhaupt rentabel zu werden – wegen der Truppentransporte.

Der Bau der Bagdad-Bahn wurde von einem kolonialen Diskurs der »Erschließung« motiviert und begleitet. Der Orientalist und populäre Reiseschriftsteller Hugo Grothe, dessen Vater beim Bau der Bahn tätig war und der selbst über die Bagdad-Bahn promovierte, erzählt in seinem Buch *Auf türkischer Erde* (1903) über seine Kleinasienreise von Konstantinopel aus. Sein Blick, der sich von der »Sultansstadt« in Richtung Anatolien richtet, lässt ihn die »fruchtgesegneten Ufer der Flüsse im Tieflande, die in blauen Tönen sich wiegenden Häupter der Berge, die finsteren Schluchten, die Schäferidyllen der Abhänge« sehen. Das sei »ein Gemälde«, das Konstantinopel weniger als Hauptstadt, sondern vielmehr als »Eingangstor zu einer eigenartigen und noch wenig bekannten Welt« erscheinen ließe. Doch die »Erschließung« habe begonnen, meinte Grothe, und sie sei eine Folge der schnelleren Verbindungen, die das deutsche Eisenbahnprojekt geschaffen hat. Dieses wurde »durch deutschen Unternehmungsgeist ins Leben gerufen, durch deutsches Kapital und das Meistertum deutscher Ingenieure (…) zur Vollendung gebracht«.

Anatolien wird – ähnlich wie bei Humboldts Beschreibungen von Venezuela – als natürliches, noch »unkultiviertes« Territorium betrachtet. Die Menschen, die darin leben, werden Teil eines »Gemäldes«, einer pittoresken Naturfülle, die zugleich eine Leere ist, die angeeignet werden kann. Die »Liebhaber aller Wissenschaften«, schrieb Grothe sehr realistisch, »dürfen der Bahnspur folgen und reiche Beute heimtragen: der Naturwissenschaftler, der Volkswirt, der Ethnologe, der Archäologe, der Historiker, eine Fahrt durch das Land, das von jeher die Völkerbrücke zwischen Mittelasien und Europa abgab, ist wie ein Weg durch die Geschichte der Menschheit«. Hier (statisches) »Gemälde«, dort dynamischer »Unternehmergeist«: Es gab jene, die machen Geschichte, und jene, die sind Geschichte, die Vor-Geschichte. Teile dieser Vorgeschichte, wie etwa archäologische Funde (so zum Beispiel der Pergamon-Altar), waren bereits von den entsprechenden »Liebhabern« nach Berlin und anderswohin »heimgetragen« worden, denn diese Dokumente von Kultur wurden, ähnlich wie bei der hellenischen Antike, nicht als lokales Erbe, sondern als Vorgeschichte der Menschheit betrachtet, als deren höchste Ausprägung sich das Deutsche Reich verstand.

Dschihadisten und Moscheen in Brandenburg

Schon vor seiner Reise hatte Wilhelm II. mit großem Interesse die Berichte und Ideen eines Max Freiherr von Oppenheim aufgenommen, der für das Deutsche Reich in Kairo tätig war. Der Sohn der Bankiersfamilie Sal. Oppenheim in Köln hatte als Jugendlicher seine Liebe zum Orient in einer vierbändigen, illustrierten Ausgabe von *Tausendundeiner Nacht* entdeckt. Er machte zunächst als Jurist eine standesgemäße Karriere, die immer wieder durch Reisen in die Türkei und Nordafrika unterbrochen wurde (unter anderem zusammen mit dem Ethnologen Wilhelm Joest, dem Mitbegründer des Rautenstrauch-Joest-Museums, des Kölner Museums für »Völkerkunde«). 1896 wechselte Oppenheim nach Schwierigkeiten – das konservative Auswärtige Amt hatte Einwände gegen seine jüdische Herkunft – in den diplomatischen Dienst. Im damals britischen Kairo lebte Oppenheim komfortabel mit mehreren auch sexuellen Dienerinnen am Rande des europäischen Viertels. Seine Kontakte mit Einheimischen bestanden zum größten Teil aus Treffen mit Prinzen, Paschas, Scheichs und Clan-Chefs. Seine Erkenntnisse, auch aus seinen Reisen durchs Land, meldete er dem Außenministerium in der Berliner Wilhelmstraße. Diese Berichte waren im Vergleich zu denen anderer Diplomaten durchaus unkonventionell, weil er seine Gespräche mit den lokalen Eliten deutlich ernster nahm und oft protokolliert nach Berlin sandte.

Aufgrund seiner Erfahrungen mit dem Unabhängigkeitsstreben vor Ort und der gleichzeitig »panislamischen« Ausrichtung des Widerstands hatte Oppenheim für das Deutsche Reich eine Strategie der »Revolutionierung« entwickelt. Die Unterstützung von Unabhängigkeitsbewegungen sollte helfen, die Mächte der »Entente cordiale« (des Bündnisses zwischen England und Frankreich) und später der »Triple Entente« (1907 kam Russland dazu), an deren imperialen Rändern jeweils Muslime lebten, durch Aufstände zu destabilisieren. Die Freundschaftserklärung des Kaisers ebenso wie seine Bestätigung des osmanischen Sultans als »Kalif«, also als oberster Herrscher aller Muslime, diente dieser Idee. Tatsächlich rief der mit Deutschland verbündete (damals nur noch repräsentative) Kalif Mehmed V. Resad im November 1914 den »Dschihad« aus, keineswegs gegen alle Ungläubigen, lediglich gegen jene der Entente. Dieser Aufruf hatte nur mäßigen Erfolg. Zudem bedienten sich die Briten einer ähnlichen Vorgehensweise, allerdings ohne religiöse Komponente – und zwar gegen das Osmanische Reich. Leutnant T. E. Lawrence (bekannt als »Lawrence von Arabien«), der zuvor für den Nachrichtendienst in Kairo tätig war, half bei der Organisation eines Aufstands auf der Arabischen Halbinsel.

Während des Ersten Weltkriegs bemühte sich das Reich weiter um die »Revolutionierung«, indem es Expeditionen nach Afghanistan und in den Iran ausrüstete. In Kabul wurde die Delegation unter der Leitung von Oskar von Niedermayer und Werner Otto von Hentig jedoch vom regierenden Emir festgesetzt und hingehalten. Ein Freundschaftsabkommen mit dem Versprechen auf die Lieferung von Waffen führte 1916 auch nicht dazu, dass der Emir die Auseinandersetzung mit den Briten wagte. Erfolgreicher war Wilhelm Waßmuß im Iran, der ähnlich wie Lawrence in Anspruch nehmen kann, als Pionier von »verdeckten Operationen« zu gelten. Er unterstützte und organisierte den Widerstand, der bei verschiedenen ethnischen Gruppen gegen die britische Besatzung ausgebrochen war. Diese Dschihad-Strategie wurde in den letzten Jahren angesichts von weltweiten islamistischen Terroranschlägen von manchen Forschern als eine der Ursachen des islamischen Extremismus betrachtet, zumal auch das NS-Regime die Verbindung mit islamischen Widerstandsbewegungen suchte. Dieser Stammbaum überschätzt aber den deutschen Einfluss erheblich und vernachlässigt zugleich die lokale Aufwertung des Islam durch die Nation-Bildung der modernen Türkei, aber auch durch die arabischen Regierungen. Religion wurde als Kitt eingesetzt, vor allem nachdem die quasi-sozialistischen Entwicklungsansätze in den 1980ern gescheitert waren.

Allerdings kann eine postkoloniale beziehungsweise postimperiale Lesweise dieser Geschichte aufzeigen, wie wenig sich die deutsche Gesellschaft im Jahr 2015 mit der eigenen Geschichte befasst hatte. Die sich mit »dem Orient« überschneidenden Territorien treten klar zutage. In den letzten Jahren hat die Gesichtswissenschaft, sowohl die englisch- als auch die deutschsprachige, betont, dass Kolonien nicht nur in Übersee zu finden seien, dass postkoloniale Ansätze also keine »Salzwasser-Theorien« sein müssen, die sich nur auf überseeische Besitzungen beziehen, sondern dass also die kontinentalen Ausdehnungsbestrebungen Deutschlands in Richtung Ost- und Südosteuropa sowie Westasien ebenfalls in diesem Sinne zu interpretieren wären. Der Historiker Malte Fuhrmann meint, das Verhältnis zwischen Deutschland und Südosteuropa und der Türkei trage alle Merkmale einer postkolonialen Beziehung: Beträchtliche Teile des kulturellen Erbes seien in Deutschland gelagert, es gab eine erhebliche und lang anhaltende Auswanderung nach Deutschland, und weiterhin seien die Beziehungen vergleichsweise intensiv. Insofern ist es verwunderlich, mit welcher Beharrlichkeit im Zusammenhang mit der Einwanderung von »Fremdheit« die Rede ist, von der Angst vor dem »Fremden« gar – diese »Fremden« jedenfalls kennen »wir« schon recht lange.

Auch die derzeit oft gehörte Beschwerde über Konflikte, die durch die Einwanderung »importiert« worden seien, wirkt im historischen Rückblick ziemlich schal. So lässt sich im Hinblick auf den Islam mit Fug und Recht behaupten: Es gibt keinen »importierten Konflikt«, den »wir« nicht zunächst exportiert haben. Denn die Bemühungen des Reiches um die »Mohammedaner« als Verbündete fanden sogar auf deutschem Boden statt. Frankreich, England und Russland hatten im Ersten Weltkrieg auch Truppen aus den Kolonien eingesetzt, aus Algerien etwa, aus Indien oder von den Rändern des russischen Imperiums. Der Einsatz solcher »Naturvölker« gegen die »weiße Rasse« wurde von der deutschen Propaganda gewöhnlich als barbarischer Akt und als Schande diskreditiert. Gleichzeitig bemühte sich das Deutsche Reich vom Ausbruch des Krieges an um die Beeinflussung seiner außereuropäischen Kriegsgefangenen. Auf Betreiben der von Oppenheim gegründeten Propagandaagentur »Nachrichtenstelle für den Orient« wurden diese Häftlinge in zwei Lagern in Brandenburg konzentriert, zum einen dem »Halbmondlager« in Wünsdorf, in dem die meisten Nordafrikaner und Inder untergebracht wurden, und dann dem »Weinberglager« bei Zossen, in dem überwiegend Tataren lebten.

Die Mitglieder der Nachrichtenstelle sowie verbündete algerische und tunesische Religionsgelehrte arbeiteten dort an der Infiltration der Gefangenen, wobei die Beeinflussung zwei Stoßrichtungen hatte. Zum einen ging es darum, die Gefangenen zu einer Teilnahme am »Dschihad« gegen die Entente-Mächte zu bewegen. Zum anderen wurde ein positives Bild Deutschlands verbreitet, denn jene Personen sollten als Anhänger des Reiches in ihre Heimat zurückkehren. Immerhin begleiteten sechs indische Gefangene von Hentig auf der erwähnten Afghanistan-Mission. Weitere 2000 überwiegend tatarische und arabische Freiwillige wurden nach der Ausbildung von den Lagern aus nach Konstantinopel geschickt. Da die Osmanische Armee jedoch auf die »Dschihadisten« nicht wirklich erpicht war, kam es offenbar zu Konflikten. Jedenfalls stellte das Reich seine Bemühungen um die Häftlinge schon Ende 1916 praktisch ein. Bis dahin aber – und das ist vor dem Hintergrund heutiger Diskussionen durchaus ein interessanter Fakt – bildete das Deutsche Reich in Brandenburg tatsächlich »Dschihadisten« zum weltweiten Einsatz aus.

Im »Halbmondlager« wurde dabei im Sommer 1915 auch die erste Moschee auf deutschem Boden errichtet. Das Gebetshaus war aus Holz, wurde schnell gebaut und musste stilistisch Muslime aus sehr unterschiedlichen Gegenden zufriedenstellen. Dafür wirkte der Bau durchaus imposant. Der Eröffnung wohnten der Schwager des Kaisers, hohe Beamte und Militärs sowie der Botschafter Konstantinopels bei. Die erste Moschee in Deutschland wurde also nicht von Einwanderern gegründet, sondern vom Reich selbst. Bilder der Moschee, versehen mit dem Hinweis, dass Frankreich und England keine muslimischen Gebetshäuser auf ihrem Boden hätten, gehörten »zu den bevorzugtesten Motiven der deutschen Weltkriegspropaganda«, wie der Islamwissenschaftler Gerhard Höpp in einer Studie 1997 schrieb. Nicht nur war die erste Moschee auf deutschem Boden nicht »importiert«, das Deutsche Reich hat das Bild eines auf deutschem Boden ansässigen Islam sogar mit großem Stolz weltweit verbreitet.

Im humanitären Einsatz, diesmal gegen den Islam

Doch die Geschichte wird hier ein wenig zu stringent erzählt. Das Deutsche Reich war kein homogener Block, in dem alle Beteiligten an einem Strang zogen, die Öffentlichkeit hatte viele Stimmen, und über praktisch jede hier geschilderte Maßnahme gab es Auseinandersetzungen innerhalb der Nomenklatura. Fast immer war die Politik des Reiches inkonsistent und wechselhaft. Während der Kaiser seine

Freundschaft mit dem Sultan zelebrierte, hatte er vergessen, dass auch im jungen deutschen Kolonialreich, zumal auf afrikanischem Boden, muslimische Untertanen lebten. Die über 2000 Teilnehmer des deutschen Kolonialkongresses 1905 in Berlin zeigten gar keine Begeisterung über die »Mohammedaner«, sie waren im Gegenteil besorgt über die Ausbreitung des Islam in Deutsch-Ostafrika (ungefähr das Gebiet der heutigen Staaten Tansania, Ruanda und Burundi) sowie in Kamerun und Togo. Der evangelische Pastor und spätere Professor für »Missionswissenschaft« Julius Richter und Pater Josef Froberger, der Provinzialobere der Missionsorganisation »Weiße Väter«, übertrafen sich in ihren Vorträgen gegenseitig darin, vor dem »gefährlichen Feind unserer Kolonialentwicklung« zu warnen und zu belegen, »dass der Islam kein Träger sittlicher Kultur sei«.

Um die Jahrhundertwende tauchte der Islam erstmals auf der Agenda der Politik und der Öffentlichkeit des Reiches auf, im Rahmen eines allgemeinen Interesses am »Orient«. Was Froberger über den »Kulturwert des Islam« zu sagen hat, weist Ähnlichkeiten zu dem auf, was heute in Teilen der Gesellschaft über »den Islam« gedacht wird, wobei sich die damaligen Bemerkungen auf die Kolonien bezogen. Der Islam wird quasi als eine aggressive, »vordringende« Bewegung gesehen, oberflächlich monotheistisch, aber eigentlich getragen von Aberglauben und Fanatismus. Diese Bewegung sei nicht nur fern von jeder Modernität, sondern regelrecht fortschrittsfeindlich. Abscheu erregt auch damals schon die wahrgenommene Ordnung der Geschlechterverhältnisse. Besorgt rief Froberger aus: »Wie steht sie so tief, die arme, arabische Frau!« Er beklagte »Vielweiberei«, Unterdrückung und die zügellose Leidenschaft der »mohammedanischen« Männer, die dazu geführt habe, »dass in manchen arabischen Ländern 60 bis 80 Prozent der Bevölkerung von der Syphilis befallen sind«. Politisch betrachtete er die »Mohammedaner« als »gefährliche Elemente« – Richter verdeutlichte zugleich, was das politisch hieß: »Nur die starke Faust des Europäers kann die wilden Instinkte der niedergehaltenen Mohammedaner zügeln, und der Zündstoff der religiösen Erhebung, des Dschihad, kann jeden Augenblick zu lodernden Flammen des Glaubenskrieges angefacht werden.«

Der Pastor erwähnte noch ein anderes Thema, das heute keine Rolle mehr spielt, in den Anfangstagen des Kolonialismus in Afrika am Ende des 19. Jahrhunderts aber von überragender Bedeutung war. Es handelte sich um die Verbindung »des Islam« zu »den entsetzlichen Greueln der Sklavenjagden, der Sklavenkriege und der Sklavenmärsche, Greuel, deren wahrheitsgetreue Schilderungen (...) den gesitteten Bewohnern Europas das Blut in den Adern erstarren machten«. Der transatlantische Sklavenhandel der Europäer und US-Amerikaner war 1865 praktisch vorbei. Die Europäer vergaßen schnell, dass sie Hunderte von Jahren in diesem Geschäft aktiv waren, und stellten die abolitionistische Energie in den Dienst neuer Eroberungen: Die Kolonisierung wandte sich gegen den innerafrikanischen Sklavenhandel. Die Sklaverei (oder eine Form von Hörigkeit) war in den vielen, letztlich feudalen Gesellschaften auf dem afrikanischen Kontinent üblich, und es waren arabische Händler, die den Transport abwickelten. Allen Berichten gemäß behandelten sie die »Ware« besser als die Europäer zuvor bei ihren Schiffstransporten, bei denen die Überfahrt manchmal die Hälfte der »Fracht« das Leben kostete.

Der Schriftsteller V. S. Naipaul hat zu dieser Schizophrenie einmal sarkastisch bemerkt: »Die Europäer wollten Gold und Sklaven wie alle anderen auch; aber zur selben Zeit wollten sie sich als Menschen, die Gutes für die Sklaven getan hatten, Denkmäler errichten.« Das trifft es relativ genau. Zudem hatten die europäischen Großmächte neben ihrem unentwegten Konkurrenzverhalten durchaus auch ein Bedürfnis nach gegenseitiger Solidarität, und der gemeinsame Kampf gegen den als arabisch betrachteten Sklavenhandel half in den 1880er Jahren dabei, diese Solidarität angesichts eines gemeinsamen Feindes zu stärken.

Im Grunde ist es ein Rätsel geblieben, warum die europäischen Großmächte Ende des 19. Jahrhunderts begannen, sich noch einmal auf eine geradezu hektische Weise in alle Richtungen auszudehnen.

Ob es die Suche nach Rohstoffen oder Absatzmärkten war, die Bildung von Monopolkapital, die Lösung der sozialen Frage durch Auswanderung, das Entfachen von nationaler Identifikation, die Rekrutierung von preiswerter Arbeitskraft, die schiere Gier nach Besitz und noch mehr Besitz oder auch einfach nur der megalomane Wunsch nach Prestige – eine einzige Erklärung reicht wohl nicht aus. Jedenfalls wurde die Welt noch einmal neu vermessen, geteilt in Einflusszonen, zu »öffnende« Gebiete, semikoloniale Streitobjekte und unterworfene Landstriche. Zweimal wurde in jenen Jahren die Hauptstadt des neuesten »Players« in Europa – des Deutschen Reiches – zu einem Ort der Aufteilung von Regionen. Da Reichskanzler Otto von Bismarck nach der Reichsgründung die Devise ausgegeben hatte, Deutschland sei »saturiert« und gar nicht an Expansion interessiert, konnte das Reich als »ehrlicher Makler« auftreten, zunächst beim Kongress von 1878, bei dem über den Balkan verhandelt wurde, und dann noch einmal bei der Kongo-Konferenz 1884, als es darum ging, eine gewisse Ordnung in das zu bringen, was als »scramble for Africa«, also als Rauferei bezeichnet wurde.

Die Großmächte teilen solidarisch die Welt auf

1878 waren die Großmächte zusammengekommen, um die sogenannte Balkankrise zu lösen. Zuvor war es in den europäischen Gebieten des Osmanischen Reiches, in der Herzegowina, in Bosnien, Montenegro, Serbien und Bulgarien, zu massiven Aufständen gekommen, die jedoch überraschenderweise vom darniederliegenden Osmanischen Reich pariert wurden. Das sorgte wiederum für einen Krieg Russlands gegen die Osmanen, da sich der Zar als Hüter der Slawen auf dem Balkan betrachtete. Dieser Kongress wird selten in einem postkolonialen Rahmen betrachtet, obwohl hier die Großmächte ganz selbstverständlich ohne jene berieten, um die es eigentlich ging. Zwar durften

Vertreter Griechenlands, Rumäniens und Serbiens dabei sein, doch sie hatten kein Stimmrecht, sie durften nur in informellen Gesprächen für ihre Sache antichambrieren. Das Ergebnis des Kongresses war die Schaffung eines Raums, in dem Halbabhängigkeit, Abhängigkeit und Kolonisierung gestaffelt wurden. Während Montenegro, Serbien und Rumänien im Rahmen des europäischen Machtsystems nominell souverän wurden (Teile des heutigen Rumänien gingen jedoch an Russland), blieb Bulgarien unter einer Art Oberhoheit durch Konstantinopel. Österreich-Ungarn wiederum durfte Bosnien und Herzegowina übernehmen, ebenso wie England Zypern. Die Aneignung von Balkangebiet diente auch der Schaffung eines österreichischen Puffers gegen den virulenten slawischen Nationalismus, doch die offizielle Legitimation war kolonial: Es handele sich um eine »Kulturmission« Österreich-Ungarns, die dazu da sei, die europäische Aufklärung zu verbreiten an einem Ort, an dem schierer Aberglaube und ignorantes Klerikertum herrschen würden. Müßig zu erwähnen, dass die »Eingeborenen« mit solchen Charakterisierungen nicht einverstanden waren und begannen, Widerstand zu leisten. Bekanntlich war es in Sarajevo 1914, wo der bosnisch-serbische Nationalist Gavrilo Princip beim Attentat auf den Thronfolger Franz Ferdinand buchstäblich den Startschuss für den Ersten Weltkrieg gab.

Die sogenannte Kongo-Konferenz von 1884 befasste sich mit dem afrikanischen Kontinent und schuf nur Abhängigkeiten. Vordergründig aber hatte die Konferenz eine ganz andere Zielsetzung. Heute heißt es gewöhnlich, auf der Kongokonferenz seien willkürlich die Grenzen der Staaten Afrikas gezogen worden. Das trifft so nicht zu. Im Grunde versuchten die Großmächte in Berlin ein Arrangement zu finden, um aus der »Rauferei« um Afrika keine tatsächliche Rauferei werden zu lassen, also Krieg. Zu diesem Zwecke zogen sie gewissermaßen eine neutrale (Freihandels-)Zone in der Mitte Afrikas ein, im Becken des Kongo. Zudem wurde kolonialer Besitz erstmals überhaupt definiert. In der Kongoakte wurde festgelegt, dass die reine Erklärung eines »Schutzgebietes« nicht hinreiche, sondern erst die Etablierung von Obrigkeit und Verwaltung einen Besitzanspruch begründe. Zudem wurde in der Kongoakte eine Legitimationsgrundlage für die Kolonisierung geschaffen. Zum einen ging es nämlich um den Kampf gegen den Sklavenhandel, zum anderen sollten die »Erhaltung der eingeborenen Bevölkerung und die Verbesserung ihrer sittlichen und materiellen Lebenslage« gewährleistet werden (Artikel 6).

Letztlich stellte diese Akte den Kolonialismus als Intervention aus »Humanitätsgründen« dar. Der belgische König Leopold hatte bereits Jahre zuvor eine »philanthropische« Gesellschaft zur Erforschung des Kongo gegründet. Sein Abgesandter Henry Morton Stanley hatte dann vor Ort Land erworben und Verträge geschlossen. Die Konferenz gestattete es dem belgischen König, im Kongo einen »Freistaat« als seinen Privatbesitz zu gründen. In den folgenden Jahren simulierte die belgische Krone der Welt gegenüber die Entstehung einer Musterkolonie, ganz gemäß den Beschlüssen der Kongoakte. Zugleich engagierten sich nun überall in Europa Menschen gegen den arabischen Sklavenhandel, der mit dem Islam assoziiert wurde. Der Leiter des Missionsordens der Weißen Väter, Charles Martial Lavigerie, hatte bei einer Rede 1888 sogar zu einem neuen »Kreuzzug« im Namen der Menschlichkeit aufgerufen.

1889 trafen sich die Großmächte erneut zu einer Antisklaverei-Konferenz. Das Engagement war allerdings mehr als ambivalent. Selbst wenn man die humanitären Motive nicht in Abrede stellen würde, bleibt die Tatsache, dass die Protestbewegung vor allem dazu diente, die innere Erschließung afrikanischen Territoriums vorzubereiten und dabei die Araber als Konkurrenten zu entmachten. So drückt es auch Pastor Richter in der erwähnten Rede aus: »Sie haben den Kampf wider diese arabische Sklavenhändler-Invasion selbst miterlebt, zum Teil selbst mitgeholfen. Als wir 1895 das jetzige Deutsch-Ostafrika in Besitz nahmen, waren damit die Haupthandelsstraßen der Araber in das Innere und ihre wichtigsten Stützpunkte in die deutsche Interessensphäre gefallen, und es blieb den deutschen Kolonialfreunden, ob islamfreundlich oder islamfeindlich, nur eine Alternative: Entweder die deutsche Kolonialbegründung blieb ein tot geborenes Kind, oder die Macht und Vorherrschaft der Araber musste erbarmungslos gebrochen werden.«

Tatsächlich wurde die Macht der Araber gebrochen, aber bis dahin arbeiteten die Europäer auf der Suche nach Arbeitskraft mit ihnen zusammen. Manche, wie Tippu Tip, der im Gebiet der Katarakte der heutigen Boyomafälle am Kongofluss residierte, erlangten gar trotz der allseits artikulierten Abscheu vor den arabischen »Greueln« eine gewisse Popularität. Auf Deutsch erschien 1905 eine recht wohlmeinende Autobiographie von Tippu Tip als »Lebensbild eines zentralafrikanischen Despoten«, aufgezeichnet von Dr. Heinrich Brode, der zwischenzeitlich im diplomatischen Dienst in Sansibar tätig war. Und während König Leopold durch Europa reiste, um seine Musterkolonie zu preisen, etablierten seine Abgesandten im Kongo ein grauenhaftes System des Kautschukabbaus. Der Freistaat war ein einziges brutales Zwangsarbeitslager, in dem erstaunliche Gewinne erzielt wurden auf dem Rücken einer ausgeraubten, schwer misshandelten und tatsächlich hunderttausendfach »zu Tode gearbeiteten« Einwohnerschaft.

Das Reich schützt Afrika

Zwar nahm das System in Deutsch-Ostafrika niemals die gleichen Dimensionen an im Kongo, dennoch handelte es sich sozusagen um den kleinen Bruder des Freistaates. Die Initiative für die deutschen Kolonien ging von Männern aus, die eine Mischung aus Wissenschaftlern, Ideologen, Abenteurern und Geschäftsleuten waren. Exemplarisch dafür stehen Gustav Nachtigal (vom Typus eher der Forschungsreisende), Adolf Lüderitz (eher Geschäftsmann) und Carl Peters (Abenteurer und Ideologe). Dabei fasste Peters ein damals im »verspäteten«, deutschen Nationalstaat durchaus verbreitetes Lebensgefühl zusammen, als er betonte, »dass mich ein Blick auf die überseeischen Landkarten in den siebziger Jahren mit einer Art von Schamgefühl erfüllte. Das kleine Dänemark und Holland füllten Landgebiete über See mit ihren Farben – wo blieb das mächtige deutsche Reich?« Gemeinsam war diesen Männern, dass sie in den mittleren 1880er Jahren in Gebiete aufgebrochen waren, die noch nicht von den alten Kolonialmächten besetzt waren. An den Küsten des heutigen Kamerun, Namibia und Tansania schlossen sie Kauf- und sogenannte Schutzverträge mit lokalen Herrschern ab.

Diese Verträge wurden von Geschenken begleitet, häufig mit reichlich Alkohol begossen und versprachen die Segnungen der Zivilisation und Protektion durch den Kaiser. Ähnlich wie beim »Requeremiento« verlas man den Text des Vertrags in Deutsch, und es ist unwahrscheinlich, dass die unterzeichnenden Personen die Reichweite ihre Unterschrift verstanden. Im Dezember 1884 bestätigten der lokale Führer Muinin Sagara und sein Sohn Kubuana auf dem ostafrikanischen Festland nahe Sansibar der deutschen Delegation um Peters per Handzeichen die Abtretung sämtlicher Souveränitätsrechte: Die Deutschen durften eine bewaffnete Macht aufstellen, eine Verwaltung etablieren, das Land uneingeschränkt nutzen, Steuern und Zölle erheben und Kolonisten ansiedeln. Nach der Rückkehr nach Deutschland wurde der widerwillige Reichskanzler Otto von Bismarck – vor allem mit Verweis auf die Konkurrenz durch England – überzeugt, diese Gebiete unter den Schutz des Reiches zu stellen.

Danach begann die »Erschließung« des Landesinneren mit vielen weiteren, auf die gleiche Weise »ausgehandelten« Verträgen. Dabei war es den Kolonisatoren ziemlich egal, welcher »Häuptling« den jeweiligen Vertrag unterzeichnete. Insofern stieß die Ausführung der erworbenen Rechte von Beginn an auf den Widerstand der tatsächlichen Autoritäten. An der Küste brach 1888 ein Aufstand aus. Im Reich wurde diese Erhebung sogleich als »Araberaufstand« bezeichnet, weil sie von Mitgliedern der muslimischen Oberschicht mitorganisiert wurde. Bismarck hatte zunächst gedacht, er könne die Entwicklung der Kolonie einer von Peters gegründeten privaten Gesellschaft überlassen, aber nun sah sich das Reich zum Eingreifen genötigt. Geld wurde bewilligt, und Reichskommissar Heinrich Wissmann gründete eine »Schutztruppe«, die allerdings primär aus afrikanischen Söldnern bestand. Wissmann hatte selbst in Ägypten »Sudanesen« angeworben, wobei die Bezeichnung eine ganze Reihe ethnischer Gruppen aus dem Süden des Sudan umfasste (manchmal aber auch Personen kurdischer oder syrischer Herkunft). Aus der portugiesischen Kolonie Mosambik kamen etwa vierhundert Personen von der ethnischen Gruppe der Shangaan, dazu die lokalen Soldaten, die »Askari« genannt wurden. 1891 wurde die »Schutztruppe« auch gesetzlich verankert, wiederum unter dem Verweis, sie diene »insbesondere der Bekämpfung des Sklavenhandels«.

In der Folge wurden Gebiete für die Landwirtschaft konzessioniert. Da die Plantagen auf Arbeitskräfte angewiesen waren, arbeiteten alle Beteiligten mit den Sklavenhändlern zusammen. Auch wurden arabischstämmige Personen in der Verwaltung eingesetzt. Ansonsten war es im Grunde Programm, die traditionellen Lebensverhältnisse der Bewohner durch Landenteignungen, Jagdverbote und die Erhebung von Steuern so weit wie möglich zu destabilisieren. Der Kolonialismus betrieb das Geschäft dessen, was Karl Marx »ursprüngliche Akkumulation« nannte: Er produzierte Arbeitskraft, die allerdings nicht »frei« war.

Auch in Europa war die Freiheit in der Industriegesellschaft konterkariert worden durch die Einbeziehung der Menschen in eine umfassende Disziplinierung – in den Familien, in der Fabrik, in Anstalten, in Gefängnissen oder dem Militär. Aber die Kolonie, die ja stets auch das Versprechen einer besseren Version des Mutterlandes beinhaltete, erlaubte Träume von weit umfassenderem Charakter. In einem Buch schlug der Unternehmer Hermann Bibo, über den allerdings nicht allzu viel bekannt ist, im Dienste der »Erziehung zur Plantagenarbeit« eine Umwandlung der Kolonien vor in das, was Erving Goffman einmal als eine »totale Institution« bezeichnet hat. Überall sollten nach Bibos Meinung Erziehungsanstalten entstehen, und durch »Vereinbarungen mit den Chiefs« sollten Kinder ihren Familien weggenommen und »als Eigenthum der Anstalt erworben werden« – was Bibo angesichts der »Anschauungsweise« der Bewohner von Afrika im Übrigen als nicht schwierig erschien. In der Realität sorgten Hütten- und Kopfsteuern für Schulden, die dann von den deutschen Beamten und den ebenfalls wenig zimperlichen Askari eingetrieben wurden – zuerst in Naturalien, dann durch die Verpflichtung zur Zwangsarbeit oder zu bestimmten Aufgaben, die in einem vorgeschriebenen Zeitrahmen zu erledigen waren. Auf den Plantagen war körperliche Züchtigung erlaubt, und die Besitzer schreckten davor auch nicht zurück.

Die deutsche koloniale Gesellschaft vor Ort dürfte zumal in den frühen Tagen kaum aus angenehmen Personen bestanden haben. Carl Peters, ein stramm rechtsnational eingestellter Abenteurer mit Herrenmenschenattitüde, erscheint durchaus typisch. In seinen Büchern ließ er nicht das geringste gute Haar an der Lebensweise der Einheimischen Ostafrikas. Sie seien zutiefst abergläubisch, hätten als Regierungsform nur »brutalen Despotismus« hervorgebracht und im gegenseitigen Verkehr »absolute Rechtlosigkeit«. Zudem habe er herausgefunden, dass »diesen Völkern nur die männliche Energie und, gegebenen Falles, rücksichtslose Gewalt imponiert« und dass »nur wenn man ihnen imponiert, man mit ihnen auskommen kann«. Auffällig ist vor allem zu Beginn der Kolonisierung der komplette Mangel an Rücksicht gegenüber den Einheimischen. Was die »Kolonisten« feststellen, ist die Existenz eines Orts der Herkunft und eines des »Eindringens«, der Unterschied zwischen dem Zentrum und der Peripherie. »Dort« gilt ein anderes Verständnis der eigenen Rolle und auch ein anderes Empfinden sich selbst und der Welt gegenüber. War man zu Hause auch nur (wie Peters) ein Mann mit gescheiterten Ambitionen (etwa als Autor von philosophischen Werken), erfindet einen schon allein der Ortswechsel völlig neu. Gegenüber dem zu »erschließenden« Land wird man ein Entdecker, gegenüber den »Kindern«, für die man die »Naturvölker« hält, ein Erwachsener, angesichts des herrschenden

Müßiggangs ein Erzieher und im Hinblick auf die endemische Grausamkeit ein Vertreter der überlegenen Kultur.

Im Übrigen wurde in Kauf genommen, dass die »Naturvölker« in Afrika im Kontakt mit der »überlegenen Kultur« zugrunde gehen konnten – wie zuvor die »Eingeborenen« in den Amerikas. Julius Scharlach, ehemaliger Soldat, Rechtsanwalt, Kolonialunternehmer, Mitgründer der »Kolonialschule« in Witzenhausen und Mitglied im »Kolonialrat« (offiziell ein Beratungsgremium, inoffiziell eine Lobbyorganisation für Unternehmer im Übersee-Geschäft), schrieb in den *Hamburger Nachrichten* 1899: »Kolonisieren, das zeigt die Geschichte aller Kolonien, bedeutet nicht die Eingeborenen zivilisieren, sondern sie zurückdrängen und schließlich vernichten. Der Wilde verträgt die Kultur nicht; auf ihn wirken nur ihre schlimmen Seiten; sie vernichtet rücksichtslos den Widerstrebenden oder Schwachen.« Oder anders formuliert: »Wo immer ein mächtiges Herrenvolk auf ein Sklavenvolk trifft und die Herrschaft über dasselbe erwirbt, ist das Letztere dem Untergange geweiht.« Die Vernichtung sei zwar eine »gewiss traurige Tatsache«, aber eben nun einmal »eine erwiesene geschichtliche Notwendigkeit«.

Die Kolonisierten wollen nicht beschützt werden

Bis dahin aber erwarteten die weniger exterminatorisch eingestellten Kolonisatoren Dankbarkeit von den Bewohnern der Kolonien, denn sie brachten ihnen ja die Segnungen der Moderne. Doch die Einheimischen waren zu Recht der Auffassung, dass es in erster Linie die Europäer waren, die Rechtlosigkeit verbreiteten, und sie waren nicht bereit, sich in ihr Schicksal zu fügen. Es ist falsch, sich das Regime des Kolonialismus als homogenes Ganzes vorzustellen. Das Deutsche Reich versuchte, den Kolonialprozess mit so wenig Aufwand wie möglich zu betreiben, was nicht funktionierte. Permanent musste

Berlin korrigieren, Finanzmittel und Truppen nachschieben. Zudem war das ausladende Territorium etwa in Ostafrika nie wirklich unter Kontrolle. Es gab einen Flickenteppich von lokalen Machtzentren und ethnischen Gruppen, mal größer und mal kleiner, mal zentraler und mal dezentraler organisiert, mit denen bei der »Durchdringung« unentwegt verhandelt werden musste. Der Historiker John Iliffe konnte für das damalige Tanganyika (weitgehend das heutige Tansania) zeigen, dass auch die Initiative zur Modernisierung keineswegs immer von der Kolonialmacht ausging, sondern die afrikanische Gesellschaft sich längst in einem Entwicklungsprozess befand. Konflikte drehten sich um die Art und Weise der sozialen Veränderung – wer löste den Wandel aus, wie schnell sollte es gehen, und wie konnte der Wandel beherrscht werden? Das Land wurde also nicht einfach von den Deutschen überwältigt, sondern die Eroberer sahen sich angesichts des Gegenübers ständig gezwungen, ihre Strategien neu auszurichten und anzupassen. Zudem gab es erhebliche Auseinandersetzungen auf der deutschen Seite – zwischen Berlin und der Kolonialverwaltung, zwischen den zivilen Beamten und den aus dem Reich geschickten Militärs, zwischen der Administration und den Siedlern und wiederum innerhalb all dieser Beteiligten. Eine postkoloniale Sichtweise muss diese komplizierte Gesamtlage einbeziehen – ohne die Verantwortung zu leugnen.

Da aber viele Kolonisten wie Peters der Auffassung waren, die Einheimischen würden eine starke Hand benötigen und verstünden mehr oder minder ausschließlich die Sprache der Gewalt, lässt sich die Geschichte der deutschen Kolonien auch als eine Geschichte der Gegengewalt, als Geschichte eines permanenten Aufstands erzählen. Obwohl die Aufstände in »Südwest« heute die mediale Debatte in Deutschland dominieren, war es Deutsch-Ostafrika, wo die Auseinandersetzungen am härtesten geführt wurden. Ein Jahr brauchte die »Wissmann-Truppe« an der Küste, um den angeblichen »Araber-Aufstand« niederzuschlagen. Doch dann ging es erst los, zwischen 1889 und 1910 gab es offiziell 231 größere militärische Einsätze in der Kolonie; Einsätze, die aus begrenzten »Strafexpeditionen«, der andauernden Bekämpfung von überraschend angreifenden kleinen Einheiten, Belagerungen und größeren Gefechten bestanden. Ab 1890 leisteten die Hehe (manchmal auch als Wahehe bezeichnet) unter dem Chief Mkwavinyika Munyigumba Mwamuyinga, gewöhnlich Chief Mkwawa genannt, einen fast zehn Jahre währenden Widerstand und brachten der »Schutztruppe« empfindliche Niederlagen bei.

Dieser Aufstand wurde aber nur von einer ethnische Gruppe getragen. Im Sommer 1905 kam es, offenbar ausgelöst durch einen groß-angelegten (und gescheiterten) Versuch, die lokale Bevölkerung zum Anbau von Baumwolle zu verpflichten, zu einer Erhebung von zwanzig unterschiedlichen Gruppierungen. Der sogenannte Maji-Maji-Aufstand ging auf die Lehre eines Heilers namens Kinjikitele Ngewale zurück, der nach einer Vision behauptete, ein »Maji« gefunden zu haben, ein Wasser der Unverwundbarkeit. In seinen religiösen Verkündigungen verband er eine ganze Reihe von unterschiedlichen lokalen Glaubenssystemen mit Erlösungsvorstellungen in Bezug auf alle Schwarzen. Er wurde kurz nach Beginn des Aufstands hingerichtet, was aber auf die Heftigkeit des Widerstands keinen Einfluss hatte. In seinen Erinnerungen spricht selbst der damals amtierende Gouverneur Gustav Adolf von Götzen von einem »Symptom der großen, auf Selbständigkeit gerichteten Bewegung«, die sich »unter der farbigen, außerhalb der christlichen Kultur stehenden Menschheit offensichtlich geltend macht«. Der Aufstand nahm die nationalen Bewegungen vorweg, die nach dem Zweiten Weltkrieg in die Unabhängigkeit führten.

Im Kampf gegen die Aufständischen wurde erprobt, was viele Historiker als Vernichtungskrieg bezeichnen. Der Kaiser selbst hatte den Startschuss gegeben bei einer Rede in Bremerhaven im Juli 1900. Wilhelm verabschiedete die Truppen, die im Rahmen einer internationalen Eingreiftruppe nach China unterwegs waren, um dort den sogenannten Boxer-Aufstand zu bekämpfen. Die Rede wurde als »Hunnenrede« bekannt, weil der Kaiser – in der offiziellen Version wurde diese Passage gestrichen – seine Soldaten mit den Hunnen unter König Etzel verglichen hatte. Aber auch offiziell ließ Wilhelm II. keinen Zweifel über die Art der Kriegführung, die er sich wünschte: »Pardon wird nicht gegeben. Gefangene werden nicht gemacht. Führt eure Waffen so, daß auf tausend Jahre hinaus kein Chinese mehr es wagt, einen Deutschen scheel anzusehen.«

Der Vernichtungskrieg erschien als Antwort auf die Guerillataktiken, also die vielen überraschenden Angriffe und das anschließende Untertauchen in der Bevölkerung. Das war für eine organisierte Armee schwer fassbar. Im Krieg gegen »unzivilisierte Völkerschaften«, meinte von Götzen, sei »die planmäßige Schädigung der feindlichen Bevölkerung an Hab und Gut unerlässlich«. Das bezeichnete er selbst auch als »Vernichtungstaktik«. Die Schutztruppe überzog das Land mit Maßnahmen, welche die Rückzugs- und Versorgungsmöglichkeiten der feindlichen Kämpfer schwächen sollten. Waren diese Methoden während des Hehe-Aufstands quasi noch in der Erprobung, so wurde im Maji-Maji-Krieg die Plünderung und Zerstörung von Pflanzungen, Hütten und Vorräten systematisch betrieben. So erzeugte das Militär künstlich Hungersnöte und drängte zugleich die Kämpfer der Gegenseite in unwegsames, unfruchtbares Gelände ab, wobei deren Tod einkalkuliert, oder mehr noch, angestrebt wurde.

Der Vernichtungskrieg fand auch in Deutsch-Südwest statt. 1904 hatten sich dort die Herero erhoben, denen dann die Nama (von den damaligen Deutschen despektierlich als »Hottentotten« bezeichnet) folgten. Der Widerstand war erstaunlich effektiv; die waffentechnisch haushoch überlegene deutsche Truppe benötigte über drei Jahre, um den Krieg zu entscheiden. Der Oberbefehlshaber der »Schutztruppe«, Lothar von Trotha, hatte zuvor sowohl in Ostafrika als auch in China Krieg geführt. Die Maßnahmen in Südwest glichen den bereits genannten, wobei die Truppen den Einwohnern im nomadisch geprägten »Südwest« vor allem das Vieh wegnahmen. Nicht nur die Kombattanten, sondern alle Mitglieder der Bevölkerung galten selbstverständlich als ein Gesamtfeind. Nach der Schlacht am Waterberg 1904 drängte das deutsche Militär auch die nicht kämpfenden Herero in eine Wüstengegend ohne Wasser ab und überließ die Menschen dort dem Sterben – wer eine Rückkehr versuchte, wurde erschossen. Den Guerilla-Einheiten der Nama begegnete die »Schutztruppe« mit der Einkesselung in sogenannten Konzentrationslagern – dabei traf es wiederum auch die Zivilbevölkerung. Genaue Opferzahlen anzugeben ist angesichts der damaligen Bedingungen schwer möglich, aber für Deutsch-Südwestafrika lauten die Schätzungen auf 40 000 bis 60 000 Tote unter den Herero sowie etwa 10 000 unter den Nama. Im weitaus dichter besiedelten Deutsch-Ostafrika allerdings lagen die Zahlen weitaus höher. Von 150 000 Toten gingen bereits zeitgenössische Kritiker des Kolonialregimes aus, der erwähnte Historiker John Iliffe rechnet mit nahezu doppelt so vielen Toten.

Aktuell ist der Völkermord im heutigen Namibia in der Öffentlichkeit deutlich präsenter – nicht zuletzt, weil die Nachfahren ihre Forderungen nach Wiedergutmachung auf politischem und juristischem Wege vorgetragen haben. Was in »Südwest« geschah, steht aber auch deshalb mehr im Fokus, weil sich dort die einzige, zahlenmäßig bedeutsame deutsche Siedlerkolonie befand – noch heute sprechen etwa 20 000 Bewohner von Namibia Deutsch. Dort bestand die Schutztruppe hauptsächlich aus Soldaten des Reiches, und es gab vergleichsweise hohe Verluste. In Ostafrika dagegen wurde der Krieg primär von lokalen Kräften geführt. Während »Askari« zu Beginn noch der Name für die einheimischen Mitglieder der »Schutztruppe« war (im Gegensatz zu den »Sudanesen«), wurde es 1891 zur Rangbezeichnung. Ab 1895 stammte der überwiegende Teil der 15 000 Askari aus der Kolonie selbst. Das Militär sorgte für respektable Positionen, guten Sold und beherbergte auch die Familien der Truppe.

Die Askari standen den deutschen Truppen an Brutalität in nichts nach. Obwohl die Zahl der Deserteure hoch war, gab es eine erhebliche Loyalität. Das zeigte sich auch daran, dass immerhin 1200 Askari General Paul Emil von Lettow-Vorbeck 1916 in einen ziemlich aussichtslosen Kampf begleiteten. Als der Erste Weltkrieg ausbrach, fielen die deutschen Kolonien schnell an die gegnerischen Mächte. In Ostafrika jedoch führte Lettow-Vorbeck zusammen mit dem damaligen Gouverneur Heinrich Schnee, dessen Anweisungen er zugleich oft missachtete, seine Soldaten in einen jahrelangen Guerillakrieg vor allem mit den Briten, bei dem er seine Truppen sogar auf portugiesisches Gebiet (Mosambik) führte. Obwohl bei diesem Krieg die Zivilbevölkerung rücksichtslos in Mitleidenschaft gezogen wurde, durfte Lettow-Vorbeck als Lichtfigur nach Deutschland zurückkehren. In der Folge kämpfte er gleich weiter gegen die Weimarer Republik. Er blieb glühender Kolonialrevisionist und schrieb erfolgreiche Bücher wie *Heia Safari!* über seine Zeit in Ostafrika. Die Nazis nutzten ihn und seinen Mythos für ihre Kolonialpropaganda. Als er 1964 starb, wurde er mit militärischen Ehren zu Grabe getragen. Die Traueransprache hielt der damalige Verteidigungsminister Kai-Uwe von Hassel, dessen Vater als Hauptmann bei der »Schutztruppe« in Ostafrika gedient hatte. Er lobte Lettow-Vorbeck als »Leitbild«. Die Bundeswehr hatte zwei ehemalige Askari als Staatsgäste eingeflogen, und das Musikkorps spielte »Heil Dir im Siegerkranz«. Den Namen Lettow-Vorbeck trugen danach eine Reihe von Kasernen. Im niedersächsischen Leer wurde der Standort erst 2010 umbenannt.

Vernichtung, Umsiedlung, Reform

Die Aufstände fanden aber nicht nur in den afrikanischen Kolonien statt. Selbst das aus Hunderten von zum Teil winzigen Inseln bestehende Kolonialreich im Pazifik (Marianen, Marshallinseln, Palau, Karolinen, Bismarck-Archipel und andere Teile von Papua-Neuguinea sowie Samoa) kam kaum zur Ruhe. Dabei galten die »Südsee«-Inseln zu Hause als friedliche Paradiese und hatten, wie der Literaturwissenschaftler Thomas Schwarz sagt, einen enormen »Affektionswert« – es handelte sich gewissermaßen um die Wohlfühlkolonien des Deutschen Reiches. Im Pazifik gab es den größten Aufstand 1910 auf

Ponape (heute Pohnpei), einer der Karolineninseln (heute Föderierte Staaten von Mikronesien). Die Vertreter des Reiches hatten den lokalen Chiefs durch die Abschaffung von feudalen Strukturen ihre Lebensgrundlagen entzogen. Zudem ließen hohe Beamte die Einheimischen ihre Geringschätzung spüren; beim Wegebau behandelte man die lokalen Arbeitskräfte schlecht und strafverschärfende Maßnahmen gegenüber Haftgefangenen erwiesen sich als kulturell unsensibel. Auf den Inseln war der passive Widerstand schon zuvor enorm gewesen, aber die genannte Mischung führte schließlich zur offenen Rebellion von zweihundert im Großen und Ganzen schlecht bewaffneten Männern. Dennoch konnten sie den Kriegsschiffen des Reiches und den melanesischen Polizeitruppen über Monate Paroli bieten. Auch im Pazifik verfolgte das Militär eine Strategie der Verwüstung gegenüber Farmen, Häusern und Kanus sowie der Abdrängung der Rebellen ins unwirtliche Inselinnere. Nach dem Sieg übte das Reich bittere Rache: Sämtliche Mitglieder der kleinen ethnischen Gruppe der Sokehs, etwa 430 Personen, wurden auf die Insel Palau deportiert. Schon zuvor hatte die Verwaltung nach einer Erhebung in Samoa (»Mau o Pule«) eine Verbannung von 70 Aufständischen verfügt, aber die Verschleppung einer kompletten ethnischen Gruppe war bis dahin nicht vorgekommen.

Nach 1907 kam es zu erheblichen Reformen in der deutschen Kolonialpolitik, Reformen, die als Reaktionen zu verstehen sind auf den geschilderten Widerstand. 1907 spielten die Gräueltaten im heutigen Namibia auch im Reich eine große Rolle, zumal die Regierung mehr finanzielle Mittel wollte und darüber im Reichstag zu Fall kam. Anschließend kam es nach einem Ausspruch von August Bebel zu den »Hottentotten-Wahlen« (»Hottentotten« war eine abwertende Bezeichnung für die Nama), bei denen sich der konservative »Bülow-Block« durchsetzen konnte. Der alte und neue Reichskanzler von Bülow hatte bereits 1906 einen neuen Kolonialdirekter für das Auswärtige Amt gesucht und schließlich in Bernhard Dernburg auch gefunden. Nach den Wahlen stand er dem neu gegründeten und unmittelbar dem Kanzler unterstellten Reichskolonialamt vor. Dernburg war das, was man heute wohl als »Sanierer« bezeichnen würde, ein Manager, der vor schwierigen Aufgaben nicht zurückschreckte. Unter seiner Ägide wurde die Verwaltung der Kolonien im Dienste der Rentabilität »professionalisiert«. Er schaffte verkrustete Strukturen und Monopole in Berlin ab, verbesserte das Wissen in der Verwaltung hüben und drüben. Als erster Direktor überhaupt informierte er sich durch Reisen in die Kolonialgebiete. Dernburg betrachtete die »Eingeborenen« als die »Humanressource« der Kolonien, und er sah Willkür und Gewalt vor Ort als maßgebliche Hemmschuhe für die Wirtschaftlichkeit der Kolonien. Und so bezogen sich seine Reformen vor allem auf die Regelung von Anwerbung, Arbeitsverträgen, Lohn etc.

Die durch Dernburg initiierte Veränderung stand nicht im Dienste der Humanität, es ging schlicht darum, die Kolonien, die das Reich bis dahin unentwegt subventionieren musste, in den Bereich der Profitabilität zu bringen. Er plädierte dabei durchaus in einem gewissen Rahmen für gerechte Behandlung; die Trennung aber zwischen »ihnen« und »uns« erhielt er strikt aufrecht. In einer Rede vor dem Reichstag 1908, in der er sich der Kritik stellte, verdeutlichte er, dass er zwei verschiedene Formen der Justiz (Reichsrecht/»Eingeborenenrecht«) sowie die Prügelstrafe für sinnvoll hielt: »Wechsel unterschreibt der N**** nicht, eine monogame Ehe versteht er nicht und alle anderen Sachen passen nicht. Er muss also nach seinem Rechte behandelt werden.« Die Prügelstrafe sei »eine Strafe, die diese Leute seit langem kennen« und die unter den Bedingungen vor Ort weniger hart als Einsperrung wirke. Nichtsdestotrotz sorgten Dernburgs Reformen für eine neue Rechtssicherheit und eine gewisse Verbesserung der Situation. Das trug Dernburg allerdings einen Dauerkonflikt mit den äußerst konservativen Siedelnden zumal in Südwest ein, die kaum zu Zugeständnissen bereit waren. Dass die Siedelnden oft radikaler als das »Mutterland« agierten, zeigte sich auch bei anderen Kolonialmächten. Aus den Kreisen der »Pieds-noir«, der französischen Siedelnden in Algerien, rekrutierte sich in der Endphase des Algerienkriegs die terroristische Gruppe »Organisation de l'armée secrète«. Als klar wurde, dass Frankreich die Unabhängigkeit des Landes akzeptieren würde, wandte sich die OAS mit ihrem Terror auch gegen den französischen Staat. Angesichts der Entkolonisierung erklärten sich in der britischen Kolonie Rhodesien, dem heutigen Zimbabwe, die Siedelnden unter Ian Smith 1965 selbst für unabhängig von der Krone, um die weiße Superiorität (bis 1980) aufrechterhalten zu können.

Wissen im kolonialen System

Was bedeutet es, wenn in Tansania heute Denkmäler stehen mit den Konterfeis von Mkwana und Kinjikitele? Oder es in Pohnpei einen Feiertag für Soumadau en Sokehs gibt, den Anführer der Aufständischen? Oder in Kamerun Gedenkstätten zur Erinnerung an den Widerstand im nordwestlichen Bafut, das bis zur Ankunft der Deutschen ein unabhängiges Königreich war? Oder im namibischen Gibeon seit mindestens 1930 eine Gedenkzeremonie für einen der Anführer des Nama-Aufstands, Hendrik Witbooi, stattfindet, seit 1980 unter dem Namen »Heroes Day« bekannt? Es bedeutet, dass es auch weiterhin sich überschneidende Territorien gibt und dass wir die Globalisierung nur dann verstehen können, wenn wir diese grenzüberschreitenden Beziehungsräume anerkennen und verstehen. Die Bewohner der Kolonien waren keineswegs passive Subjekte, die mit einer flächendeckend agierenden und totalen Herrschaftsmaschinerie konfrontiert waren. Der Kolonialismus war ein rassistischer Apparat, der eine institutionelle Trennung von Reichsangehörigen und »Eingeborenen« etablierte, wovon die einen im Vollbesitz von Rechten waren und die anderen einem angeblichen Schutz unterstanden. Diese Trennung wurde von einem Wissen untermauert, das den selbstproduzierten Unterschied zwischen »uns« und »ihnen« betonierte: »Sie« waren wie Kinder und mussten erzogen werden; »sie« waren unumgehbar anders und mussten auf Dauer durch Gewalt unter Kontrolle gebracht werden; »sie« waren die Humanressource der Besitztümer und mussten durch geeignete Maßnahmen zur Arbeit gebracht werden.

Nur im Widerstand traten die Bewohner den Eindringlingen als gleich gegenüber. Das hieß aber zugleich, dass sie überhaupt nur als agierende Personen wahrgenommen wurden, wenn sie sich in den Augen der Kolonialherren abweichend, unnormal, anmaßend verhielten. Ein echter Dialog war in diesem Kontext die Ausnahme. Wenn dieser Dialog stattfand, dann wurden sofort Maßnahmen zur Verhinderung ergriffen. 1905 verbot etwa die Verwaltung von »Deutsch-Südwest« sogenannte Mischehen. Bereits geschlossene Ehen wurden sogar rückwirkend annulliert. Da die frühen Siedler aus Deutschland meist alleinstehende Männer waren, kam es zu Beziehungen mit einheimischen Frauen. Diese »Beziehungen« waren teilweise sexuelle Ausbeutung. So oft aber gab es auch reguläre Ehen, dass staatliche Stellen sich berufen fühlten, die Versuche von Zusammenkommen, von ansatzweise geführtem Dialog durch Sanktionen zu verhindern. Die Trennung zwischen »uns« und »ihnen« musste um jeden Preis aufrechterhalten werden.

Der Kolonialismus hat für alle Beteiligten einen neuen Bezugsrahmen geschaffen. Für die Bevölkerung im Reich wurde es normal, über weit entfernte Territorien zu sprechen, die man noch nie gesehen hatte. Ebenso wurde es normal, Menschen aus diesen Territorien auf Bildern zu betrachten und Produkte von woandersher zu konsumieren. Kaum jemand hatte die Gelegenheit, dieses Territorium tatsächlich zu besuchen, oft waren nicht einmal die hohen Beamten des Reichskolonialamtes dort gewesen. So blieb das Wissen abstrakt, es basierte nicht auf Erfahrung, sondern auf Darstellungen in wissenschaftlichen oder politischen Abhandlungen, Reiseberichten, Romanen und Zeitschriften, dem Besuch von Museen oder »Völkerschauen«, dem Einkauf von »Kolonialwaren«, den (einseitigen) Erzählungen von Personen, die als Siedler oder Soldaten in Übersee waren, und den Erzählungen über solche Erzählungen. Oder auch auf der jeweiligen Problem-Agenda der Politik und des Journalismus. In diesem Diskurs wurde das Objekt »Eingeborener« regelrecht erzeugt. Eingebaut in ein koloniales Machtgefüge, entstand ein verbreitetes »rassistisches Wissen«, auf dessen Themen und Zuschreibungen oft auch die Gegner des Kolonialismus zurückgriffen.

Es ist daher kein Zufall, dass sich dieses Wissen in Wissenschaft und Öffentlichkeit mit der zunehmenden »Erschließung« und Unterwerfung der Kolonien radikalisierte. Um 1900 wurden die Vorstellungen eines universellen Entwicklungsrahmens – »sie« sind, wie »wir« früher waren – zumeist durch einen superioren Rassismus abgelöst, der auf der Vorstellung voneinander abgetrennter »Rassen« basierte. Da das System sich gefestigt hatte, behauptete die Wissenschaft nun eine Disposition der »nordischen Rassen« für Überlegenheit und Herrschaft, während andere aufgrund ihrer biologischen Anlagen zu Knechtschaft oder gar Auslöschung verdammt seien. Angesichts einer Realität, in der sich die Europäer um die Jahrhundertwende die Welt nicht nur bekannt gemacht, sondern auch untereinander aufgeteilt hatten, war jede Wissensbildung, die sich nicht explizit mit dem Machtgefälle auseinandersetzte, in diesen Apparat eingebunden. »Wissenserwerb«, hat der Historiker Aziz Al-Azmeh einmal festgestellt, »war noch niemals ein unschuldiges Streben und wird es auch niemals sein; Wissen ist von Grund auf besudelt.«

Solche Aussagen mögen extrem klingen, aber zu jener Zeit war die Vorstellung eines natürlichen Unterschiedes so fest etabliert, dass selbst Wissenschaftler der verschiedensten Disziplinen die Basis solcher Unterschiede so gut wie nie in Zweifel zogen. Tatsächlich ließ das koloniale System die Unterdrückung als natürlich erscheinen. Selbstverständlich gab es auch andere Auffassungen. Die linksliberale Freisinnige Partei wandte sich im Reichstag oft gegen allzu brutale Maßnahmen, manchmal auch das katholische Zentrum. Die deutsche Sozialdemokratie unter der Ägide August Bebels hielt den generellen Widerstand gegen die Kolonialpolitik sogar bis ins frühe 20. Jahrhundert aufrecht. Das heißt aber nicht, dass die an Konflikten

Beteiligten nicht oftmals wie selbstverständlich an den verbreiteten rassistischen Wissensbeständen partizipierten. Vielleicht lässt sich die Selbstverständlichkeit solchen Wissens verdeutlichen, wenn man einen Blick in das *Brockhaus Konversations-Lexikon* in der Ausgabe von 1908 wirft. Unter dem Stichwort »N****« wird mit Verweis auf die gängige Literatur das Wissen der Zeit zusammengefasst. Nicht nur werden die »charakteristischen körperlichen Merkmale« klischeehaft beschrieben (auseinanderliegende Augen, abgestumpfte Nasen, wulstige Lippen, wolliges Haar), auch sonst wird kein Zweifel an den negativen Merkmalen der »Rasse« insgesamt gelassen. Der N**** habe »ein geringes Maß von Fantasie und schöpferischer Kraft«. Er bleibe »früh hinter den Angehörigen der europ. Kulturvölker zurück und neigt (...) durchaus nicht zu selbständiger Kulturarbeit. Dafür entschädigt ihn eine gesunde Zähigkeit; er stirbt nicht bei der Berührung mit der höheren Kultur aus, wie andere Naturvölker, sondern findet sich in irgend einer Weise mit ihr ab.« Das war das gängige Wissen jener Tage, aufbereitet für die gebildete Schicht der Gesellschaft, die damit zur distinguierten Teilnahme an der Konversation befähigt werden sollte.

Neue Selbstwahrnehmungen

Umgekehrt wurde in den Kolonien auch ein anderes Territorium, das weit entfernte Deutsche Kaiserreich, eingeführt. Die Vertreter des Reiches präsentierten unentwegt dessen rational-superiores Wissen, die Methoden der Staatsführung und die technische Überlegenheit, was auch bedeutete: dessen Waffen, Schiffe, Bauten und Bahnen. Zweifellos war der Kolonialismus ein modernisierendes Element. Doch die Befreiung vom Feudalismus verlief über Fremdherrschaft und Zwangsarbeit und war daher nur zum Teil selbstinitiiert. Insofern war im antikolonialen Kampf der Rückgriff auf antimoderne Vorstellungen – also auf Vorstellungen vom Leben vor dem Kolonialismus – eine einleuchtende Verlockung und Option. Die Idealisierung vormoderner Zustände wurde auch Bestandteil des Prozesses der Entkolonisierung, oft genug um autokratische Regime mit einer Legitimation zu versorgen. Bei solchen Rückgriffen kam es auch manchmal zu unwahrscheinlichen Allianzen. In den 1930er Jahren traf sich in Paris eine Gruppe von jungen schwarzen Intellektuellen, die gemeinsam an der Idee einer »Négritude« arbeiteten. Unter ihnen waren der aus Martinique stammende Schriftsteller Aimé Césaire und Senegals späterer Präsident Léopold Sédar Senghor. Die »Négritude« verklärte die vormodernen Lebensformen in Afrika zu positiven Merkmalen des Schwarzseins: Emotionalität, Sensibilität, Naturbezogenheit, Ekstase, Rhythmus etc. In diesem Zusammenhang stieß ausgerechnet der deutsche Ethnologe Leo Frobenius auf große Aufmerksamkeit. Die jungen Intellektuellen hatten bei der Lektüre von dessen Schriften den Eindruck, wie Senghor schrieb, ihnen gebe angesichts der allgemeinen Verachtung in Frankreich ein deutscher Gelehrter ihre »Wahrheit« und »Würde« zurück.

Der Völkerkundler, Forschungsreisende und Museumsleiter Frobenius war eine schillernde Gestalt. Zweifellos nahm er in seinen Arbeiten die Errungenschaften der afrikanischen Hochkulturen sehr ernst und war auch ein teilweise glühender Ankläger des Kolonialismus. Auf der anderen Seite aber pflegte er die Freundschaft mit dem Kaiser und wurde Sympathisant des Nationalsozialismus. In seiner kulturmorphologische Lehre vertrat er die These, es gebe ein »Paideuma« einer jeglichen Kultur, eine Art »Seele«, aus der die »Rassen« sich erst entwickelten. Das war nicht nur falsch, sondern auch zutiefst deterministisch und reaktionär: Das »Paideuma« zwinge »den Menschen so in seine Bahn, es beherrscht ihn so vollkommen, daß keiner ihm entgehen kann, daß der Mensch sich nur im Sinne des ihm angeborenen Paideuma geistig zu entwickeln vermag«. Gegen die essentialistischen Tendenzen, die in der »Negritude« zum Ausdruck kamen und die ja auch oftmals die Klischees des Kolonialismus reproduzierten, hatte

Frantz Fanon bereits in den frühen 1950er Jahren gewarnt. Es galt, schrieb er, »dem Rhythmus zu mißtrauen«.

Die Entstehung solcher Selbstwahrnehmungen hing mit dem Kolonialismus zusammen. Es ist oft betont worden, dass die kolonialen (und später nationalen) Grenzziehungen auf dem afrikanischen Kontinent verheerende Folgen gehabt hätten, weil sie die traditionellen Herrschaftsgebiete und Lebenszusammenhänge von ethnischen Gruppen zersplitterten. Zugleich stellte der Kolonialismus die Wahrnehmung von Zugehörigkeit aber in neue Kontexte. Zum einen wurden ethnische Identifikationen verstärkt und verabsolutiert, zum anderen gab es auch ein neues Bewusstsein von größeren Zusammenhängen, etwa von der Gemeinsamkeit aller schwarzen Menschen. Durch die europäische Herrschaft wurden zunächst bestimmte ethnische Unterschiede aufgewertet, zumal dann, wenn solche Unterschiede eine Rolle in Formen der indirekten Herrschaft spielten. In dem zu Deutsch-Ostafrika gehörenden Ruanda (und ebenso in Burundi) betonten die Deutschen von Beginn an die Differenz zwischen Tutsi und Hutu.

Der erwähnte Graf von Götzen, der sich mit einer Reise zum damals mythisch überhöhten Königreich von Ruanda 1893/94 einen Namen machte, interpretierte die vorgefundene Gesellschaftsordnung strikt durch eine ethnische Brille. Er teilte die Bewohner entlang ethnischer Linien in eine Klasse von Herrschenden und eine von Beherrschten ein. Die Herrschenden, die viehzüchtenden »Wahuma«, wurden als Personen beschrieben, die nahezu europäisch wirkten, groß gewachsen, feine Gesichtszüge, gut gekleidet, elegante Manieren. Davon unterschied er die »alteingesessene Bevölkerung«, die »Landbevölkerung«, die »Wahutu (Hörige)«. Die »Wahuma«, die heutigen Tutsi, galten Götzen und vielen anderen deutschen Beobachtern gemäß der ideologisch-rassistischen (und falschen) »Hamitentheorie« als »einwandernde Eroberer« aus dem Norden – daher die scheinbare Nähe zu den Europäern. Tatsächlich unterschieden sich die beiden Gruppen hauptsächlich danach, ob sie Viehzucht oder Landwirtschaft betrieben. Die ethnische Zusammensetzung im Land war deutlich komplizierter und die Grenzen durchlässiger. Zudem sprachen die Bewohner alle die gleiche Sprache.

Der Unterschied, den die deutschen Eindringlinge wahrnahmen, sollte für sie auch einen Nutzen haben. In einem Beitrag für das *Deutsche Kolonialblatt*, das »Amtsblatt für die Schutzgebiete«, berichtete 1898 Hauptmann Heinrich Bethe, damals Bezirkschef in Usumbura (dem heutigen Bujumbura in Burundi) von einer Reise nach Ruanda: »Die herrschende Klasse sind die Watussi (ebenfalls ein Name für Tutsi; MT). Mögen auch zahlreiche Willkürlichkeiten und eine despotische Überbrückung der Wahutu stattfinden, so kann man trotzdem nur wünschen, dass diese Herrschaft der Watussi erhalten bleibe; denn bei der zahlreichen Bevölkerung – ich schätze Ruanda auf über 2 Millionen Menschen – wird der europäische Einfluss durch die herrschende Klasse, welche ihrem Oberhaupt willenlos gehorsam ist, bedeutend schneller Eingang finden.«

Die deutsche Herrschaft musste allein aufgrund fehlenden Personals indirekt bleiben. Sie stützte sich auf die Bevorzugung der Tutsi und auf den Tutsi-König Yuhi Musinga. Nur wer als Tutsi wahrgenommen wurde, konnte in den Genuss höherer Bildung gelangen und damit auch in bessere gesellschaftliche Positionen kommen. Als Belgien nach dem Ersten Weltkrieg in Ruanda (und Burundi) die Mandatsmacht wurde, übernahm die belgische Verwaltung dieses Herrschaftssystem. Nach der Unabhängigkeit von Ruanda (und Burundi) kam es dann zu Konflikten, die sich um die Rolle und den Einfluss der beiden Ethnizitäten in dem neuen Nationalstaat drehten. In Ruanda gab es 1994 einen Völkermord an der Tutsi-Bevölkerung, bei dem die Hutu-Extremisten die Nation ganz von den »Kakerlaken« befreien wollte. Von seinem Organisationsgrad und seiner Intensität her waren die Ereignisse durchaus mit der Shoah vergleichbar.

Ganz ohne Zweifel ist die deutsche Kolonialherrschaft für diesen Völkermord nicht verantwortlich – das sind die Täter der 1990er Jahre –, doch das Morden spielte sich aufgrund der Geschichte in einem sich überschneidenden Territorium ab. Insofern war es überhaupt kein

Zufall, dass nach dem Völkermord Ruander auch nach Deutschland flohen. Hier wurde dann ruchbar, dass einige dieser Personen Verbrechen begangen hatten. Nach dem Weltstrafrecht ist eine internationale Verfolgung von bestimmten Verbrechen wie Mitwirkung an Völkermord möglich, und so fanden in Frankfurt und Stuttgart Prozesse gegen Ruander statt – Prozesse, die sich mit der Beteiligung am Genozid befassten oder mit Kriegsverbrechen im Ostkongo, die aus den Geschehnissen in Ruanda resultierten. Die Gerichte waren auf diese Prozesse gar nicht angemessen vorbereitet, vor allem fehlte es an der entsprechenden international agierenden Infrastruktur. Eine solche Infrastruktur lässt sich aber nur dann begründen, wenn die Bundesrepublik die Verantwortung für die koloniale Vergangenheit und die Existenz eines sich überschneidenden Territoriums anerkennt. So lässt sich im Übrigen auch dem populistischen Argument begegnen, all diese internationalen Konflikte und Prozesse seien »importiert«. »Wir« waren an ihrer Entstehung beteiligt, es handelt sich um die Konflikte »unserer« Globalisierung.

Während der Kolonialzeit bildeten sich in den Kolonien aber nicht nur neue ethnische Wahrnehmungen heraus, sondern auch zuvor unbekannte Identifikationen mit Personen aufgrund der gemeinsamen Hautfarbe. Während des Maji-Maji-Krieges predigten verschiedene religiöse Führer Heilserzählungen, die von der Überschreitung der ethnischen Zugehörigkeit handelten. In einer Mythologie aus der Rufiji-Gegend gab es immer schon einen Gott in Form einer Schlange, Kolelo. Der wurde vom Weltschöpfer gesandt, um Dinge wieder in Ordnung zu bringen. Zumeist ging es um Naturkatastrophen. Doch in der Maji-Bewegung wurde Kolelo politisch. Martin Klamroth, Missionssuperintendent in Daressalam, der die Bewegung im Übrigen ernsthaft als »fremdenfeindlich« charakterisierte, beschrieb Kolelos neue Orientierung so: »Kolelo sollte das weitere Zahlen der Steuer an die weißen Fremdlinge verboten haben, Mitte Juli würde eine große Wasserflut kommen und alle Weißen und deren Anhänger vernichten; später hieß es, die Erde werde sich auftun und sie verschlingen, aus den Gewehren der Soldaten werde nur Wasser, aber keine Kugeln kommen, sieben Löwen würden kommen und die Fremden vernichten, ›fürchtet euch nicht, Kolelo erbarmt sich seiner schwarzen Kinder‹.« Hier wurde eine Gemeinsamkeit der »schwarzen Kinder« über ethnische Grenzen hinweg festgestellt, eine Selbstwahrnehmung, die überhaupt erst durch das Auftauchen und die Machtansprüche der Weißen einen Sinn erhielt. Das war der Beginn dessen, was dann später als »Panafrikanismus« bezeichnet wurde.

In seinem Buch *The Location of Culture* hat Homi Bhabha versucht, Kultur nicht als per se existierende Differenz hinzunehmen. Er stellt dar, wie diskriminatorische Praktiken dazu beitragen, den kulturellen Unterschieden eine bestimmte Form zu geben. Die Praxis der Unterdrückung hat bestimmte Wahrnehmungen erst geschaffen, auf der Seite der Kolonisatoren ebenso wie auf der Seite der Kolonisierten. Wir sind alle durch das »Nadelöhr« des Anderen hindurchgegangen, hat Stuart Hall einmal gesagt. So gibt es das verschwiegene Andere in unserer Selbstwahrnehmung als Deutsche wie auch in unseren kulturellen Hervorbringungen. Zugleich ist der Kolonialismus aus den Ideen von Zugehörigkeit und der aktuellen Kultur der ehemaligen Kolonien nicht mehr wegzudenken. In den 1990er Jahren sind die Selbstwahrnehmungen emphatisch als Konstruktionen entlarvt worden, und ein wenig war es so, als würden sie sich, wenn die Analyse mal geleistet war, schlicht in Luft auflösen. Doch auch ein Gebäude ist konstruiert, und das nimmt ihm nichts von seiner Festigkeit und Undurchdringlichkeit in der Welt. Es ist notwendig, das sich überschneidende Territorium als politisches Feld sichtbar zu machen. Es wirkt mehr als verlogen, wenn die europäischen Staaten sich über Flucht und Migration aus dem subsaharischen Afrika beschweren. Warum sollten die Menschen nicht zu »uns« fliehen, wo »wir« doch selbst gepredigt haben, »wir« seien die höchste Stufe der menschlichen Entwicklung?

Der Traum vom Reich und die ernüchternde Realität

Im Deutschen Reich hatte der Erwerb der überseeischen Kolonien am Anfang für eine gewisse Begeisterung gesorgt, aber schon Ende des 19. Jahrhunderts war eine ziemliche Ernüchterung eingetreten. Liest man etwa die große Rede, die Reichskanzler Leo von Caprivi am 12. Mai 1890 hielt, dann kann von Enthusiasmus keine Rede sein. Caprivi musste die Kolonien verteidigen, weil sie für das Reich primär ein Zuschussgeschäft waren, sie verschlangen Geld. Sein Argument war letztlich, nun seien sie halt da und man müsse das Beste daraus machen. Er, der nach eigener Aussage nie ein »Kolonialschwärmer« gewesen sei, kann sich für die Kolonien nur rückwirkend erwärmen – und zwar in Bezug auf ihre Funktion für die deutsche nationale Sache. Nach 1870 sei der nationale Geist auf dem Rückzug gewesen, »und was an warmem Empfinden für die nationale Ehre und Größe da war, das richtete sich – ich gebe zu: zum Teil blind und ohne den Verstand zurate zu ziehen – auf dieses Gebiet«. Für die Zukunft warnte er aber vor »Gefühlspolitik« in dieser Sache. Und große Gefühle kamen auch nicht auf. Es ließen sich fast überhaupt keine Personen finden, die in die Kolonien gehen wollten – wenn es nach Übersee ging, dann in die Vereinigten Staaten. Südwest war die einzige Kolonie, in der es eine Siedlung gab, selbst Beamte für die Kolonien zu finden war trotz guter Bezahlung oft nicht leicht.

Und dann gab es auch noch Skandale. Im März 1896 brachte der unermüdliche Kolonialkritiker August Bebel im Reichstag den Fall Carl Peters zur Sprache. Fünf Jahre zuvor nämlich hatte selbiger als Reichskommissar im Gebiet des Kilimandscharo mit einer einheimischen Geliebten namens Jagodja zusammengelebt. Als er entdeckte, dass diese Geliebte ein Verhältnis mit seinem Diener unterhielt, ließ er den Mann von einem kurzfristig zusammengerufenen Kriegsgericht verurteilen und dann hängen. Als Jagodja daraufhin im Schrecken floh, schickte Peters ihr die Askari hinterher, ließ sie einfangen, vom gleichen Kriegsgericht verurteilen und ebenfalls hängen. In Berlin war man über das Verhalten Peters' zwar beunruhigt, zugleich aber wollte man den bekannten Kolonialhelden schonen. Insofern wurde die Sache erst 1896 ruchbar, als Bebel den Skandal aufbrachte und Peters von den regierungskritischen Zeitungen den Beinamen »Hänge-Peters« erhielt. Das ließ die Kolonien nicht im besten Licht erscheinen.

Eine bedeutende Maßnahme zur Verbesserung des Images war – ebenfalls im Jahr 1896 – die Kolonialausstellung in Berlin, die im Rahmen der Gewerbeausstellung stattfand. Das Spektakel muss für damalige Verhältnisse maximal gewesen sein. Von heute aus gesehen erinnern die Bilder an Themenparks wie das »Tropical Island« in Brandenburg, allerdings mit Motiven aus den (damals noch alles andere als »erschlossenen«) Kolonien und mit realen »Eingeborenen«. Im heutigen Treptower Park im Ostteil der Stadt wurden auf einem 60 000 Quadratmeter großen Areal links und rechts der Köpenicker Landstraße eine »Buschfaktorei«, ein »Dualadorf«, »drei Wohnstätten der Togon****«, eine ostafrikanische Festung, ein »Neu-Guinea-Dorf«, »Wohnstätten der Papuas«, Hütten aus dem Bismarck-Archipel und Kaiser-Wilhelms-Land aufgebaut. Im Katalog *Deutschland und seine Kolonien im Jahre 1896* sind Bilder zu sehen vom »Dorf Tarawei (vom Karpfenteich aus gesehen)«, auf denen der unglaubliche Aufwand zu erkennen ist.

»Gegen Mittag«, hieß es im Katalog, »spielten sich auf den freien Plätzen (...), die für die häuslichen Verrichtungen mit Herdstätten, Wasser-Zu- und Abflüssen versehen waren, Scenen ab, die in ihrer Eigenart, in ihrem malerisch-wilden Charakter dem häufigen Besucher der Kolonial-Ausstellung wohl für lange Zeit unvergesslich bleiben werden.« Die Ausstellung war ein Riesenerfolg mit Millionen von Zuschauern. Im Bezirksmuseum Treptow-Köpenick zeigt heute die Dauerausstellung *zurückgeschaut*, wie die 106 »ausgestellten« Personen ihrerseits die vorbeidefilierenden Deutschen betrachteten. Diese Personen wurden auch in Berlin herumgeführt, um die Sehenswürdigkeiten der Hauptstadt zu sehen. Das hatte folgenden Sinn: »Die später in die Heimat Zurückkehrenden sollten ihren Stammesgenossen von den in Berlin gewonnenen Eindrücken erzählen und so Ehrfurcht und Unterwürfigkeit vor dem ›klugen weißen Manne‹ verbreiten.« Vielen der »Eingeborenen« gefiel aber Berlin so gut, dass sie nicht zurückkehren wollten, sondern gegen den Willen der Behörden in Deutschland blieben.

Doch solche Image-Spektakel konnten die Bevölkerung auch nicht überzeugen. Als die Kolonien in Übersee im Vertrag von Versailles verlorengingen, löste das praktisch keine Reaktionen aus. Es gab danach noch eine Koloniallobby in der Weimarer Republik, aber sie wurde nur getragen von Vereinen wie der »Deutschen Kolonialgesellschaft« und ehemaligen Gouverneuren wie dem bereits erwähnten Heinrich Schnee. Diese Gruppen und Individuen beklagten sich fortwährend über den Mangel an Interesse und hatten auf die Politik nur mäßigen Einfluss. Mit der Machtübernahme des Nationalsozialismus wuchsen die Hoffnungen der Lobby wieder. Immerhin wurde 1934 das Kolonialpolitische Amt der NSDAP (KPA) gegründet, unter der Leitung von Franz Ritter von Epp, zuvor Hitlers erster »Reichsstatthalter« in Bayern. Allerdings hatte der »Führer« bereits deutlich gemacht, dass seine kolonialen Ambitionen nicht in Übersee lagen, sondern im Osten. 1940 sah es jedoch so aus, als könnten seine Primärziele mit überwältigendem Erfolg realisiert werden – es schien einfach alles möglich. Nun wurde vehementer die Rückgewinnung der Kolonien gefordert. Dabei nahm das Reich lange Rücksicht auf die englischen Interessen, weil der Führer auf einen Friedensschluss und eine friedliche Koexistenz hoffte.

Nachdem allerdings England nicht zu einem Friedensschluss bereit war, kannten die Ambitionen plötzlich keine Grenzen mehr. Ein deutscher »mittelafrikanischer« Raum war nun in Planung, vom Senegal über den Kongo nach Deutsch-Ostafrika. Das KPA konnte seinen Etat von 157000 Reichsmark 1939 auf erstaunliche 30 Millionen im Jahr 1941 steigern, ein Kolonialministerium war schon in Vorbereitung, obwohl es gar keine Kolonien in Übersee gab. 248 Mitarbeiter hatte das Amt. Die arbeiteten die detailliertesten Pläne für die Besoldung von Kolonialbeamten und -militärs aus. Sie erstellten Listen von Firmen, die in den nicht existierenden Kolonien Aufträge erhalten sollten. Sogar eine einheitliche Spurweite für die Eisenbahn wurde festgelegt. »Man kann nur staunend fragen«, schrieb der Historiker Wolfe M. Schmokel, »ob jemals in der Geschichte ein nicht bestehendes Reich so gut verwaltet worden ist!«

Die deutsche imperiale / koloniale Perspektive

Gibt es eine imperiale / koloniale Perspektive? Eine spezifisch deutsche? Ich möchte bei dieser Frage ausgehen von einem Zitat von Ernst Hasse von 1908. Hasse war Militär, dann Vorstand des Statistischen Amtes in Leipzig und später dort außerordentlicher Professor unter anderem für Kolonialpolitik. Zudem fungierte Hasse als so etwas wie der Chefideologe des »Alldeutschen Verbandes«. Der Verband, von Carl Peters mitgegründet, war extremistisch in der unbedingten und zunehmend biologistisch ausgelegten Überhöhung Deutschlands. Sein Milieu allerdings war es nicht, es handelte sich vor allem zu Beginn um Leute aus einem bildungsbürgerlichen Umfeld – aus dieser Schicht heraus sollte die Politik beeinflusst werden.

In seinem Buch *Weltpolitik, Imperialismus und Kolonialpolitik* schrieb Hasse Folgendes: »Die Ausdehnungsmöglichkeiten der Völker sind räumlicher Natur. Sie bestehen in der Herstellung von Beziehungen zu fremden Staaten, in der Ordnung solcher Beziehungen und in ihrem Fortschritte zu Abhängigkeitsverhältnissen, in der friedlichen oder kriegerischen Erwerbung von Gebieten außerhalb der bisherigen Grenzen, sei es in dem heimischen Erdteil oder in Übersee. Es handelt sich also hierbei für uns Deutsche um Ausdehnung der Reichsgrenzen und die Gewinnung europäischer Einflussgebiete (Zollverein), um die Gewinnung mittelbarer Herrschaftsgebiete in Europa, um die Gewinnung überseeischer Vertragsgebiete und Einflussgebiete oder um die Gewinnung von Kolonien und Schutzgebieten in der Gestalt von Kultivationen oder überseeischen Siedlungsgebieten (Kolonien im engeren Sinne des Wortes).«

Bei dieser quasi neutralen Beschreibung handelte es sich auch um das Programm der »Alldeutschen«, die einen um den Fixstern Deutsches Reich angeordneten Raum von Gebieten bilden wollten, von denen manche wirtschaftlich »durchdrungen«, manche (trotz ihrer offiziellen Souveränität) politisch beeinflusst oder beherrscht, manche eben direkt eingenommen und verwaltet werden sollten. Von den »Alldeutschen« wurde diese Position gewöhnlich als nackte, germanozentrische Machtpolitik vorgetragen und später, unter dem Vorsitzenden Heinrich Claß, auch biologistisch untermauert. Die extremistische Rhetorik des Verbandes wurde in den liberalen Kreisen des Reiches oftmals mit Naserümpfen quittiert, was aber nicht bedeutete, dass diese liberalen Kreise nicht ganz ähnliche imperialistische Pläne verfolgten. So gab es eine einflussreiche Gruppe von Leuten, die als »friedliche« oder »ethische« Imperialisten bezeichnet wurden. Dazu gehörten der Theologe Friedrich Naumann (der heute noch im Namen der FDP-Stiftung auftaucht), der Historiker und Politiker Hans Delbrück, der Philosoph und »Werkbund«-Vorsitzende Ernst Jäckh oder auch der spätere Reichskanzler Max von Baden.

Diese Personen vertraten oftmals tatsächlich liberale Positionen – die meisten waren etwa Verfechter des Wahlrechts für Frauen. Das schmälerte aber keineswegs ihre imperialen Ambitionen. Wie die Ausdehnung des Deutschen Reiches im liberalen Sinne aussehen sollte, erklärte der Deutschbalte Paul Rohrbach in seinem Buch *Der deutsche Gedanke in der Welt* von 1912. Rohrbach gehörte auch zu dem erwähnten Kreis; biographisch zirkulierte er zwischen Publizistik, dem Auswärtigen Amt, der Kolonialadministration und der »Volkstums«-Politik. In dem Buch behauptete er, Deutschland gehöre (zumal in

Konkurrenz mit England) zu jenen Völkern, »die dazu beitragen, ein Stück Menschheitsfortschritt zu verwirklichen, indem sie der Welt den Stempel ihrer nationalen Idee aufdrücken«. Dieses »Aufdrücken« wird dabei als alternativloser, martialischer Imperativ formuliert: Es »gibt kein Stillstehen oder Innehalten, keinen selbst nur vorübergehenden Verzicht auf Ausdehnung unserer Lebenssphäre«; die deutsche Idee wird »nur als Mitbeherrscherin der Weltkultur (...) sein, oder sie wird nicht sein«.

Neben der wirtschaftlichen Expansion plädierte Rohrbach für eine »kulturelle Durchdringung der erstrebten Einflußgebiete« (diese Gebiete wurden, wie die Wortwahl zeigt, beim »Aufdrücken« zugleich naturalisiert und feminisiert). Das »eigentliche Deutschland«, so Rohrbach, sei »nicht reaktionär« und zeichne sich aus durch eine »Fähigkeit und Neigung, das innere Recht der anderen zu sehen«. Diese Kompetenz sei »trotz aller Vorkommnisse chauvinistischer Selbstvergessenheit bei uns vielleicht relativ besser entwickelt (...) als z. B. bei den Engländern und Franzosen.« Den ganzen Prozess bezeichnet Rohrbach als »moralische Eroberung«. Was sah Rohrbach, der im Übrigen ein ganzes Buch verfasste, in dem er sich auf die Seite der Siedler gegen Dernburgs Reformen stellte, was sah er, wenn er auf das »Recht des anderen« schaute? Offenbar nur das Recht, von Deutschland moralisch erobert zu werden.

Die leitende Idee dieses Imperialismus wurde »Mitteleuropa«. Ursprünglich hatte sie der Unternehmer und liberale Politiker Walter Rathenau im Sinne eines Wirtschaftsverbundes ins Spiel gebracht. Als Reichskanzler Theobald von Bethmann-Hollweg 1914 im »Septemberprogramm« die Kriegsziele des Reiches formulierte, bekam die Idee eine rustikale, gewaltvolle Note: »Es ist zu erreichen die Gründung eines mitteleuropäischen Wirtschaftsverbandes durch gemeinsame Zollabmachungen, unter Einschluß von Frankreich, Belgien, Holland, Dänemark, Österreich-Ungarn, Polen und eventuell Italien, Schweden und Norwegen. Dieser Verband, wohl ohne gemeinsame konstitutionelle Spitze, unter äußerlicher Gleichberechtigung seiner

Mitglieder, aber tatsächlich unter deutscher Führung, muß die wirtschaftliche Vorherrschaft Deutschlands über Mitteleuropa stabilisieren.« Allerdings hatte Mitteleuropa von vornherein keine klaren Grenzen. In einem gleichnamigen Buch von Friedrich Naumann ging es 1915 vor allem um die stärkere Integration des mitteleuropäischen Nukleus, also des Deutschen Reiches und Österreich-Ungarns. Ernst Jäckh konzentrierte sich in seiner Variante eher auf Ost- und Südosteuropa sowie die Türkei. Bei ihm reichte das deutsche Mitteleuropa von der Nordsee bis zum persischen Golf und sollte durch das ebenfalls deutsche Mittelafrika ergänzt werden.

Eine Germanisierung der betreffenden Gebiete wurde nicht angestrebt, sondern, wie Jäckh betonte, die Harmonie (»das Ideal, das ewige Thema des deutschen Denkens«) eines »lebensvollen, vielgestaltigen, einheitlichen Organismus«. Unter deutscher Führung, mithilfe deutscher Erfahrung, deutscher Methoden und deutschen Organisationstalents, durften die betreffenden Völker überhaupt erst sie selbst werden. Die deutsche Vorherrschaft sollte sich wie von selbst ergeben. »Mitteleuropa wird im Kern deutsch sein«, meinte Friedrich Naumann in seinem Buch, es »wird von selbst die deutsche Welt- und Vermittlungssprache gebrauchen, muß aber vom ersten Tage an Nachgiebigkeit und Biegsamkeit gegenüber allen mitbeteiligten Nachbarsprachen zeigen, weil nur so die große Harmonie empor wachsen kann, die für einen allseitig umkämpften und umdrängten Großstaat nötig ist.« Allerdings lassen wiederum Jäckh, Rohrbach und Philipp Stein in einem Editorial für die gemeinsam herausgegebene Zeitschrift *Deutsche Politik* keinen Zweifel daran, dass der Harmonie auch manchmal nachgeholfen werden muss: »All das lässt sich aber nur erreichen, wenn wir als Volk zu einer besonnenen und, wo nötig, auch rücksichtslosen, bewaffneten Energie entschlossen sind.« In einer Denkschrift für den Kaiser vom März 1918 ließ Reichskanzler Max von Baden, der für das Reich ein »Recht auf Macht« einforderte, keinen Zweifel daran, dass die Ethik eigentlich nicht viel mehr als ein Deckmäntelchen für den Machtanspruch darstellt: »Will der deutsche

Imperialismus dem Ansturm der Demokratie mit ihrem Anspruch auf Weltverbesserung standhalten, so muss er sich ethisch fundamentieren.«

In den Zielen, die sowohl die »Alldeutschen« als auch die Liberalen formulierten, zeigt sich, dass die deutsche imperiale Perspektive sich von den westlichen Großmächten unterschied, weil sie von vornherein eine kontinentale Ausdehnung einschloss. In der Orientierung in Richtung Osten, Südosten und Kleinasien lässt sich dabei eine große Kontinuität feststellen. Überseeisch dagegen waren die Erwerbungen davon geprägt, was angesichts der Konkurrenz möglich erschien – das soll die Folgen der Herrschaft keineswegs relativieren. Zudem lässt sich eine Differenz festhalten zwischen imperial und kolonial. Als imperial kann die Ausdehnung eines Staates durch die Schaffung von Abhängigkeiten bezeichnet werden. Kolonial dagegen wären nur die Formen der Expansion, die auch mit Besiedlung einhergehen. In diesem Sinne gab es Kolonien aber sowohl in Europa als auch in Übersee.

Die Ausdehnung war nicht nur ein ökonomischer oder gewaltsamer Akt der Aneignung, sondern die Aneignung war jeweils eingebettet in Erzählungen, Betrachtungsweisen und Legitimationen, also in einen Interpretationsrahmen. Das Wissen der Aneignung ist rassistisches Wissen, mit dem begründet wurde, dass die Herrschaft über die Anderen berechtigt oder erforderlich war, also moralisch richtig. Für imperiale und koloniale Aneignungen, die verschiedene Formen von Gewalt beinhalten, existierte also ein bestimmtes Wissen, eine imperiale / koloniale Perspektive. Dabei erscheint der moralische Aspekt in dieser Perspektive durchaus entscheidend. Während der »Alldeutsche Verband« rein völkisch-egoistisch argumentiert, rüsten sich die liberalen Imperialisten gegen den »Ansturm der Demokratie« mit ethischen Argumenten. In beiden Positionen steckt eine moralische Idee: Ob sich das Recht auf Ausdehnung oder auf »Aufdrücken« nun aus der natürlichen Überlegenheit, der notwendigen Konkurrenz um die Weltmacht oder aus dem »Recht der anderen« ableitet, immer gibt es eine moralische Komponente: Es muss sein. Die imperiale/koloniale Sichtweise beinhaltet immer die Auffassung, »gut« zu sein im Sinne der Aufgaben der »weißen« oder »nordischen Rasse«, des »Evolutionsgedankens«, der Geschichte, der Kultur, des Menschheitsfortschritts, der Ordnung. Sie spricht dabei auch für die Anderen, die erzogen, verbessert, emporgehoben, gerettet, kultiviert werden müssen.

Niemand hat das klarer formuliert als Rudyard Kipling in seinem Gedicht »The White Man's Burden« – der Kolonialismus ist eine Bürde, eine anstrengende Aufgabe, für die eine Nation die besten Männer, Geduld, Langmut und Strenge benötigt. Der Furor, den jeder antikoloniale Widerstand auslöst, wird angesichts der »moralischen Eroberung«, oder vielmehr der Moral der Eroberung, verständlich – es ist die rechtmäßige Wut desjenigen, der doch alles »für sie« getan hat, der den Kindern die Schläge doch nur aus väterlicher Zuneigung gegeben hat, der doch eine Bürde getragen hat, anstatt sich nur um sich selbst zu kümmern. Im Widerstand erweisen »sie« sich nicht nur als undankbar, sie zeigen auch jene natürliche Grausamkeit und Kulturferne, die doch das Kolonialprojekt überhaupt erst motiviert hat. Dieses Projekt ist nie abgeschlossen. Auch die Nationalsozialisten tragen später eine solche Bürde. Das Ausrottungsprojekt ist eines im Dienste der ganzen »nordischen Rasse«, des wirklichen Europa, der Höherentwicklung der Menschheit in ihrer höchsten Ausprägung, den Deutschen. Das Geschäft des Tötens ist auch eine »Bürde«, es ist mit vielen Aufrufen an die Täter verbunden, durchzuhalten, Härte zu zeigen, nicht nachzulassen, jedes Mitleid abzutöten, auch wenn es schwer ist. Das ist sicher der extremste denkbare Fall, aber eigentlich müssen sogar die Ausgelöschten noch dafür dankbar sein, dass sie eine Brücke auf dem Weg zum Übermenschen bilden durften.

Der Untergang des Abendlandes

Die Niederlage im Ersten Weltkrieg begrub erst einmal alle Pläne von »Mitteleuropa« und machte in der Wahrnehmung vieler Deutscher das zuvor so mächtige Reich selbst zu einer Kolonie; beschnitten und besetzt im Westen und Osten, für »kolonialunfähig« erklärt und zu schmerzhaften Reparationen verpflichtet. Die Selbstwahrnehmung als unterdrückt hatte Tradition. Der Gründung des Reiches 1871 war der Sieg über Frankreich vorausgegangen, ein Sieg, der für die französische Herrschaft am Ende des 18. und zu Beginn des 19. Jahrhunderts entschädigte. Ab 1794 hatte Frankreich sukzessiv Teile des deutschsprachigen Europa erobert, was zur endgültigen Auflösung des Heiligen Römischen Reiches Deutscher Nation führte. Später musste auch Preußen Teile seines Staatsgebiets abtreten. Da Napoleon den revolutionären Universalismus, die Etablierung bürgerliche Rechte und das Streben nach Modernisierung mit eindeutig imperialen Zielsetzungen vermischte, entstand auf dem zersplitterten deutschen Gebiet nachhaltig eine Haltung, aus der heraus die Deutschen auch als Opfer des Imperialismus gesehen wurden, eines Imperialismus, der im Namen der Zivilisation auftrat.

In diesem Sinne hatten sich zumal die deutschen Liberalen oftmals mit den unterdrückten Völkern in Europa und Übersee identifiziert. In Karl Mays *Winnetou* schloss die Identifikationsfigur Old Shatterhand (sicher nicht zufällig Vermesser bei der Eisenbahn) sogar »Blutsbrüderschaft« mit dem »edlen Wilden«. Diese Haltung ist durchaus ein Spezifikum der deutschen imperialen / kolonialen Perspektive: Selbst wenn die Deutschen zweifelsfrei als Aggressoren auftraten, hielten sich viele der Befürworter der Expansion dennoch (siehe oben) für besonders sensibel. Auch Kritik am Kolonialismus wurde häufig aus der fiktiven Perspektive der Kolonisierten geübt, in die sich die Kritiker »einfühlten«. 1912 und 1913 erschienen in einer Zeitschrift der lebensreformerischen Bewegung – gewissermaßen das

»alternative« Milieu im Kaiserreich und der Weimarer Republik – die Briefe eines erfundenen Bewohners des Reiches Kitara (heutiges Uganda). Später kamen sie gesammelt in einem Buch mit dem Titel *Die Forschungsreise des Afrikaners Lukanga Mukara ins innerste Deutschland* heraus. Darin kritisierte der Autor Hans Paasche aus der Perspektive des »edlen Wilden« die deutschen Zustände. Diese Kritik war natürlich lebensreformerisch orientiert und wandte sich gegen eine »Zivilisation«, die Naturvernutzung, schlechte Essgewohnheiten, sinnlosen Konsum und Materialismus beinhaltete. Paasche war als Marineoffizier in Ostafrika gewesen und hatte dort im Maji-Maji-Krieg gekämpft. Im Ersten Weltkrieg entwickelte er sich zum Pazifisten, aber seine Ablehnung des Kolonialismus war nicht eindeutig, wie sich 1919 in seiner ambivalenten Abhandlung *Das verlorene Afrika* zeigte.

1920, also nach der Niederlage im Ersten Weltkrieg, erschien dann ein ähnliches Buch, in dem die Identifikationsfigur dafür sorgte, dass die Deutschen sich wie die eigentlich Kolonisierten fühlen konnten: *Der Papalagi* von Erich Scheurmann. »Die Reden des Südseehäuptlings Tuiavii aus Tiavea« basierten auf den fiktiven Reden eines samoanischen Reisenden nach Deutschland. Die Kritik an der »Zivilisation« war ganz ähnlich wie bei Paasche, von dem Scheurmann auch ziemlich deutlich abgeschrieben hatte. Die Eigenschaften der »Wilden«, ihre Einfachheit, ihr Edelmut, ihre Naturverbundenheit und ihr Anti-Materialismus erschienen in der Identifikation aber als deutsche Eigenschaften. Bald darauf kamen die Nazis an die Macht, und Scheurmann schloss sich der Bewegung an. 1935 veröffentlichte er ein kolonialrevisionistisches Buch, *Erinnerungen aus der Besetzungszeit Samoas*, in dem er den Verlust Samoas beklagte und nun wieder die Kolonisierung rechtfertigte – und zwar aufgrund des tiefen Verständnisses der Deutschen für die Samoaner. In *Zweierlei Blut*, einem »Südsee-Roman«, der ein Jahr später herauskam, ging es um die Liebesbeziehung zwischen einem »weißen Mann« und einer »Schwarzkopf«-Frau, die gemäß dem nationalsozialistischen Dogma in einer Trennung endete. Die Ehe

»war eine Sünde wider den Sinn der Schöpfung, gegen alle Gesetze des Blutes und der Artung«.

Dieser Roman war übrigens »dem besten Kenner der Südsee-Seele« gewidmet, dem oben erwähnten Ethnologen Otto Reche, der zu diesem Zeitpunkt bereits seinen Ariertest bestanden hatte und Forschungen über die »rassische« Zusammensetzung der Bevölkerung im Osten Deutschlands betrieb. Das Erstaunlichste am *Papalagi* aber war, dass dem Werk ein lang anhaltender Erfolg beschert wurde. Die lebensreformerische Kritik darin erschien dem Alternativmilieu der 1970er und 80er Jahre aktuell. In diesem Milieu wurde der *Papalagi* für authentisch gehalten und gewann einen nahezu kultischen Status. Zu dieser Zeit waren die USA zur »Zivilisation« per se avanciert, und in der Identifikation mit dem erfundenen »Südsee-Häuptling« konnten sich deutsche »Ökos« als kolonisiert erfahren, überwältigt vom »oberflächlichen« und materialistischen Kulturimperialismus der USA. Über den deutschen Kolonialismus wurde dabei nicht gesprochen.

Ein anderes Buch aus den frühen 1920er Jahren hatte ein ähnlich langes Leben, aber dieses Buch sprach schon vom Titel her eher den konservativen Teil der Gesellschaft an: *Der Untergang des Abendlandes* des Geschichtsphilosophen Oswald Spengler. In diesem Werk, das bis in die 1990er Jahre hinein in keiner gut sortierten Buchhandlung fehlte, interpretierte Spengler den Ersten Weltkrieg als Sieg einer alles nivellierenden Zivilisation. In seinem Buch *Jahre der Entscheidung* aus dem Jahr 1933 präzisierte er seine Gedanken noch einmal. Das Ergebnis des Ersten Weltkriegs sei keineswegs nur die Niederlage des Deutschen Reiches gewesen, sondern die »Niederlage der weißen Rassen« insgesamt. Durch den Einsatz schwarzer Soldaten auf dem Kontinent im Dienste der »Westmächte« habe sich die Beziehung jener Menschen zu Europa gewandelt: Europa habe die Achtung der »Farbigen« verloren. Längst könne das Gerede von der »Menschheit« sie nicht mehr täuschen. »Heute, wo sie selbst eine Macht sind«, schrieb Spengler, »reckt sich ihre geheimnisvolle Seele auf, die wir nie verstehen werden, und sieht auf die Weißen herab wie auf etwas Gestriges.«

Zu den »farbigen« Völkern zählte er auch Russland, da das Land durch die Revolution von 1917 die »weiße« Maske abgelegt hätte und wieder »asiatisch« geworden sei.

Diesem außereuropäischen Aufstreben stehe der »Selbstmord der weißen Rasse« durch Familienverfall oder Geburtenrückgang gegenüber. Auch die zunehmende Einwanderung trage ihr Scherflein dazu bei, so werde der »echte Franzose«, meinte Spengler, »in absehbarer Zeit nicht mehr Herr in Frankreich sein« (das war zu jener Zeit in den nationalistischen Kreisen eine verbreitete Auffassung). Daher sei Europa erstmals seit der Belagerung Wiens durch die Türken wieder in die Verteidigung gedrängt. Als Gegenmaßnahme empfahl Spengler die Identifikation mit den Angreifern. Den Gegensatz von Kultur und Barbarei drehte er um: Kultur war nun Verfallsstadium, und wenn die »weiße Rasse« überleben wollte, dann musste sie selbst so barbarisch wie die »Farbigen« werden: »Dies Barbarentum«, so Spengler, »ist, was ich starke Rasse nenne.« Dieses neue Barbarentum musste erweckt werden, es war »sprungbereit«.

Die Verhältnisse haben sich umgekehrt: Europas Expansion ist beendet; es muss nun seine eigene Differenz, Kultur, seine »Seele« gegen einen Ansturm von außen verteidigen. Um dies zu tun, wird es selbst zum Anderen – und zwar zu dem von ihm selbst erfundenen Anderen. Im Angesicht der vorgeblichen Barbaren bleibt den »Weißen« nichts anderes übrig, als selbst zu Barbaren zu werden. Spenglers Bemerkungen lassen sich lesen in Bezug auf den expansiven Abwehrkampf im Dienste der »nordischen Rasse«, den der Nationalsozialismus ab 1933 führt. Manche seiner Haltungen wirken aber auch vertraut, weil Europa heute angeblich an seinen Außengrenzen gegen den Ansturm »farbiger« Geflüchteter und Einwanderer aus der ganzen Welt verteidigt werden muss. Aber hier sei noch einmal unterstrichen, dass »wir« uns im Gefüge einer Globalisierung befinden, die »wir« selbst gestaltet haben. Niemand hat »uns« gezwungen, eine Ausdehnung um jeden Preis anzustreben, den Balkan aufzuteilen, »uns« um Afrika zu raufen oder »uns« in Europa zu bekriegen. Wir leben in einer Welt, hat Kanzlerin Merkel gesagt, in der »unser eigenes deutsches Handeln und Tun in eine globale Welt eingebettet ist«. In dieser »gemeinsamen Welt« lebt die Vergangenheit weiter, und jede Außenpolitik – will sie nicht schiere Machtpolitik sein – muss diese Vergangenheit verstehen, die »unsere« Einbettung in die »gemeinsame Welt« bedingt.

Kapitel 3
Die Osterweiterung der Erinnerung

»Unser Indien« im Osten

Nahe Schleiden in der Eifel thront die Anlage Vogelsang hoch über dem steilen Tal, in dem sich der Fluss Urft in zahlreichen Windungen zum Rursee hinzieht. Vogelsang war eine der drei fertiggestellten »Ordensburgen«, in denen die NSDAP ihren »Führernachwuchs« ausbilden wollte. Der atemberaubende Blick ging nicht zufällig über die Eifel, lange Zeit einer der »zurückgebliebensten« Teile Deutschlands. Hier sollten die zukünftigen Herren ein »wildes« Land betrachten, das erobert und kultiviert werden wollte. Das Gelände wurde vom Kölner Architekten Clemens Klotz im Sinne einer elitären Volksgemeinschaft entworfen, als Utopie der neuen Nazi-Heimat, wie herausgewachsen aus der Natur, doch zugleich über diese Natur dominierend, zwischen bäuerlicher Dörflichkeit und wehrhafter Festung. 1936 zogen die ersten jungen Männer ein, alle Mitte zwanzig, handverlesen von Robert Ley, dem Leiter der Deutschen Arbeitsfront, der sich zugleich für den Erzieher der Partei hielt. Heute ist dort ein Museum, in dem auch die Unterrichtslektüre der damaligen »Ordensjunker« ausliegt. Die meisten Werke sind keine Überraschungen, die *Kleine Rassenkunde des Deutsche Volkes* etwa von Hans F. K. Günther oder andere Werke zum Thema wie *Vererbung, Rasse, Volk, Rassenpolitische Erziehung, Zur Verhütung erbkranken Nachwuchses* oder das *Handbuch der Judenfrage.* Unter den Lehrwerken findet sich aber auch das *Volksbuch unserer Ko-*

lonien, verfasst von Korvettenkapitän a. D. Paul H. Kuntze, der in all seinen Werken ein treuer Verbreiter nationalsozialistischer Ideologie war. Darin stellt er fest, das Thema sei nicht nur ein Fall für ehemalige »Kolonialdeutsche«: »Deutsche Kolonisation aber geht heute jeden Volksgenossen an«. Sein Buch sollte die »großen Zusammenhänge der Weltgeschichte« darstellen, um dabei die »genialen Gedankengänge Adolf Hitlers in ihrer weltweiten Planung verstehen zu lernen«.

Bevor sich Kuntze auf die überseeischen Kolonien konzentrierte, beschrieb er die Genealogie des deutschen Expansionsstrebens. Dabei handelte es sich um einen Stammbaum, der in den nationalistischen Kreisen seit der Wende zum 20. Jahrhundert konsensfähig geworden war. Danach begann die deutsche Expansion mit der sogenannten »Ostkolonisation« im Mittelalter. Innerhalb des Heiligen Römischen Reichs fand zwischen 1000 und 1300 eine Wanderung von deutschsprachigen Siedelnden an die Ränder statt, zumal in die Gebiete östlich von Saale und Elbe, also in Teile des heutigen Polen und der baltischen Länder bis hin nach Moldawien. Diese Siedlung als »Kolonisation« zu bezeichnen war hochgradig ideologisch – der Begriff wird heute vermieden. In Kuntzes Panorama spielte auch der »Deutsche Orden« eine Rolle. Die ehemaligen Kreuzritter hatten sich Ende des 13. Jahrhunderts endgültig aus dem Heiligen Land zurückgezogen und sich auf die Gewinnung von Land in Europa konzentriert. Sie gründeten schließlich einen Ordensstaat in der Region des späteren Preußen und Teilen des heutigen Lettland und Estland. Das Balkenkreuz des Deutschen Ordens, darauf wies Kuntze hin, tauchte in der Fahne der Deutsch-Ostafrikanischen Gesellschaft wieder auf, der sogenannten Petersflagge. Diese Fahne wehte über den Treffen der kolonialrevisionistischen Verbände und Vereine. All diese Organisationen wurden im »Dritten Reich« zum »Reichskolonialbund« zusammengefasst, als deren Fahne wiederum die Petersflagge fungierte – diesmal mit Hakenkreuz.

Insofern befand sich im Herzen der überseeischen Bestrebungen sozusagen ein als Kolonisation wahrgenommenes Projekt im Osten.

Und während die »Ordensjunker« das »Volksbuch der Kolonien« und die NS-»Rassenlehre« studierten, wurden sie schon vorbereitet auf ihren Einsatz in ebendiesem Osten. Der Journalist Frank A. Heinen hat die Wege der »Junker« verfolgt. Sie gingen zunächst ins annektierte Sudetenland, dann ins eroberte Polen und später ins Baltikum, nach Weißrussland und in die Ukraine. Sie wurden mit Aufgaben im Rahmen der Besatzung betraut, wie Festnahmen oder Enteignungen, sie waren zuständig für die beginnenden Umsiedlungsaktionen, die »völkische Flurbereinigung«. Sie betrieben als »Gebietskommissare« die Arbeitseinsätze und die methodische Ausplünderung der Bevölkerung sowie die brutale Bekämpfung des Widerstands. Als Abteilungsleiter für »Judenfragen« sorgten sie für die Ghettoisierung und spätere systematische Tötung der jüdischen Bevölkerung. In ihrem »Osteinsatz« fühlten sich die »Junker« wie Pioniere in einem unerschlossenen Raum von unendlicher Weite und Wildheit, sie wirkten an der »German frontier« im zu kolonisierenden Ostland. Nichts war unmöglich.

Ist es Kolonialismus?

Die Politik gegenüber Polen und »dem Osten« wird in der Debatte über Kolonialismus selten erwähnt. Das hat auch damit zu tun, dass die nationalsozialistische Expansionspolitik unter einem anderen Namen firmierte. Schon auf der zweiten Seite von *Mein Kampf* betonte Hitler, das deutsche Volk besitze »so lange kein moralisches Recht zu kolonialpolitischer Tätigkeit, solange es nicht einmal die eigenen Söhne in einem Staate zu fassen vermag.« Erst wenn des Reiches Grenze auch den letzten Deutschen umschließen würde, entstehe »aus der Not des eigenen Volkes das moralische Recht zur Erwerbung fremden Grund und Bodens«. Hitler beschwert sich über die »Ziellosigkeit« und »Unfähigkeit« der deutschen Außenpolitik und gibt als neue Orientierung den Ausbruch aus der »Beengtheit des Lebensraumes« bekannt. Als die drei wichtigsten »politischen Erlebnisse« des Volkes hebt er die »Kolonisation der Ostmark«, »die Erwerbung und Durchdringung des Gebietes östlich der Elbe« und die Organisation des preußischen Staates heraus. Eine konsequente Kursänderung sei notwendig, weg von der »Kolonial- und Handelspolitik der Vorkriegszeit«, von der »schwachen Allerweltspolitik« hin zur »Bodenpolitik der Zukunft«, »zur entschlossenen europäischen Politik kontinentalen Bodenerwerbs«, zu einer »Ostpolitik im Sinne der Erwerbung der notwendigen Scholle für unser deutsches Volk«.

Die Rede vom »Lebensraum« hatte bereits in der Weimarer Republik eine gewisse Konjunktur. Viele Konservative hielten das Land für überfüllt. Tatsächlich hatte sich die Bevölkerung des Reiches dramatisch erhöht; zwischen der Reichsgründung und dem Ersten Weltkrieg um unglaubliche 65 Prozent, von etwa 41 auf ungefähr 68 Millionen. Zugleich aber war die Auswanderung in die Vereinigten Staaten weiterhin hoch, was von den entsprechenden Kreisen stets als dramatischer »Volksverlust« verbucht wurde, der mit einer gesteuerten kolonialen Siedlung aufgefangen werden sollte. Den Begriff »Lebensraum« prägte der Geograph Friedrich Ratzel, der eine Art sozialdarwinistische Geographie von Raumaneignungen, -verwurzelungen und -kämpfen erstellte. Bald darauf eignete sich Karl Haushofer, ebenfalls Geograph, den Begriff an, um ihn in seine Vorstellungen von »Geopolitik« einzuordnen, in denen es um das Überleben von Staaten durch die Beherrschung von Großräumen ging. Zudem war 1926 Hans Grimms über tausend Seiten starker, sehr thesenhafter und dennoch sehr erfolgreicher Roman *Volk ohne Raum* erschienen. Das Buch erzählt die Geschichte des jungen Cornelius Friebott, der auf der Suche nach kultivierbarem Land aus der Enge seiner ländlichen Heimat flieht. Angewidert von der Industrialisierung im Ruhrgebiet, wendet er sich Afrika zu, zunächst Südafrika, dann Deutsch-Südwest, wo er so etwas wie »deutschen Raum« findet. Der Verlust der Kolonie nach dem Ersten Weltkrieg bringt ihn wieder nach Deutschland, wo er für die Dringlichkeit der Raumfrage wirbt.

Haushofer und Grimm waren Hitler auf jeden Fall bekannt, doch der »Führer« war weniger ein stringenter Denker als eine Art Durchlauferhitzer für Ideen. Zweifellos aber gab es ein imperiales, wenn nicht koloniales Projekt im Osten. »Was für England Indien war«, meinte Hitler in seinen *Tischgesprächen*, »wird für uns der Ostraum sein«. Der »Osten« sollte also sowohl der Endpunkt aller Entdeckungsreisen sein als auch das koloniale Kronjuwel. Diese Wendung der Nazis gen Osten wird in der Literatur oft als Ersatz für das eigentliche Kolonialstreben interpretiert – weil die Rückgabe der Kolonien nicht möglich schien, wandten sich die Nazis dem Osten zu. Das unterschätzt aber – darum wird es in der Folge gehen – die Langfristigkeit des Ostprojekts. Zudem waren die großen Lobbyorganisationen, die sich im Kaiserreich und auch in der Weimarer Republik für das imperiale Projekt einsetzten, personell und programmatisch stark miteinander verflochten. Der »Alldeutsche Verband«, die »Deutsche Kolonialgesellschaft«, der »Deutsche Ostmarkenverein«, der »Verein für das Deutschtum im Ausland« – sie bildeten eine völkisch orientierte Gemeinschaft, die zugleich ein homogenes Reichsgebiet einforderte (d. h. ohne Juden und Polen) sowie einen imperialen Ausdehnungsraum, der Einflussgebiete und Landaneignungen in unmittelbarer Nähe ebenso einschloss wie überseeische Besitzungen.

Dieser Zusammenhang sowie die Idee eines im Osten liegenden, kolonialen »Indiens« wird aus der öffentlichen deutschen Diskussion um (Post-)Kolonialismus komplett ausgeblendet. Zu Beginn des Jahres 2018 wurden aus dem Umfeld der Grünen Forderungen laut, es solle in Berlin neben der Gedenkstätte für die ermordeten Juden auch eine weitere zentrale Stätte des Erinnerns und Lernens geben. Diese sollte sowohl der Opfer des Kolonialismus (genannt wurden allerdings nur jene in Afrika) gedenken als auch ein Zeichen gegen Rassismus setzen. Zur gleichen Zeit brachte die Berliner Fraktion der Linken einen Antrag für ein Dokumentationszentrum ein, das sich mit den vergessenen nichtjüdischen Opfern des rassistischen Terrors der Nazis im Osten und Südosten befassen sollte, also mit den Opfern von

Kriegsverbrechen, systematischen Tötungen, Zwangsarbeit und Ausplünderung. Diese beiden Diskussionen hatten nicht den geringsten Berührungspunkt – in der Öffentlichkeit käme nicht einmal jemand darauf, hier einen Zusammenhang herzustellen. Doch warum nicht? Der Jurist Raphael Lemkin, der später den Begriff Völkermord in das internationale Recht einbrachte, sprach schon 1944 in seinem Buch *Axis Rule in Occupied Europe* (»Die Herrschaft der Achsenmächte im besetzten Europa«) über diese Verbindung. In Hannah Arendts oft zitiertem Werk *Elemente und Ursprünge totalitärer Herrschaft* wird die Verwandtschaft ebenso angesprochen wie in anderen frühen Arbeiten über die deutsche Besatzungspolitik, etwa dem Russland-Buch des Stanford-Historikers Alexander Dallin von 1957. In den letzten Jahren haben nun Forschende in Deutschland wie auch im internationalen Rahmen die Verbindung unterstrichen: Jürgen Zimmerer, Sebastian Conrad, Birthe Kundrus, Dirk van Laak, Shelley Baranowski oder Carroll P. Kakel, um nur einige zu nennen. Der kanadische Historiker Robert L. Nelson hat sich wie erwähnt gegen ein »Salzwasser«-Modell kolonialer Geschichtsschreibung gewandt. Andere Konzepte, meinte er, wie »innerer« oder »angrenzender« Kolonialismus, seien wenig beachtet worden, ebenso wenig wie die dadurch entstandenen Grenzgebiete oder Zwischenbereiche.

Diese Vernachlässigung rührt auch daher, dass die kolonialen Erfahrungen im europäischen Osten und Südosten nicht in die beiden global gewordenen Schemata von Erinnerung passen. Das eine ist die Erinnerung an die Shoah als zweifellos singuläres Ereignis, dessen Opfer primär Juden waren. Das andere Schema – vor allem in den letzten Jahrzehnten – umfasst die Erinnerung an Sklaverei und Kolonialismus, von denen schwarze beziehungsweise Personen »of color« betroffen waren. Selbstverständlich ist an den Erinnerungen an sich nichts auszusetzen. Als Problem erscheint jedoch, dass alle Geschichte und alle Geschichten, die nicht in diese Schemata hineinpassen, kaum artikuliert werden können. Oft muss eine Beziehung zum Holocaust hergestellt werden, um anderen Erfahrungen Gewicht zu verleihen. So trägt ein Buch über die Nazi-Besetzung Polens von Richard C. Lukas von 1986 den Titel *The Forgotten Holocaust*, der vergessene Holocaust. Offenbar erhält die polnische Erfahrung nur über den Vergleich mit der Shoah Relevanz, was aber gleichzeitig das Spezifische der Ereignisse vernachlässigt. (Post-)Kolonialismus erscheint oft als exklusiv »schwarze«, »farbige« beziehungsweise überseeische Erfahrung, was europäische Geschichte per se ausklammert. Nun waren aber Irland, Malta und Zypern ohne Zweifel Kolonien des britischen Weltreiches, obwohl deren Bevölkerung überwiegend als weiß gilt. Insofern lohnt es sich, die deutsche Expansion in den europäischen Osten und Südosten in einer postimperialen / postkolonialen Weise zu untersuchen – als Bestandteil des Dominanzprojekts »Mitteleuropa« oder als Teil des Nazi-Plans vom neuen »germanischen Reich«.

Preußen »peupliert« den Osten

Die Geschichte der staatlichen Expansion in Richtung Osten begann bereits im 18. Jahrhundert, als der aufstrebende preußische Staat nach der Erweiterung seines Machtbereichs verlangte. Zumal unter Friedrich »dem Großen« betrieb Preußen, wie der Historiker Martin Broszat schreibt, eine »hemmungslose Territorialpolitik« und schob sein Staatsgebiet dabei nach Osten. Durch die sogenannten Schlesischen Kriege und die Zerstörung Polens in den drei aufeinanderfolgenden Teilungen des Landes (zwischen Preußen, Russland und Österreich) konnte sich Preußen an der Ostsee bis weit hinter Königsberg (Kaliningrad) und nach Süden über Bialystok und Warschau bis hinunter nach Schlesien ausdehnen. Über die Hälfte des Staatsgebiets bestand aus ehemaligen polnischen Ländereien, und von den insgesamt acht Millionen Preußen sprachen zur Jahrhundertwende etwa drei Millionen Polnisch. Die Teilungen Polens waren nicht ohne Widerstand geblieben, und so stellte die polnische Präsenz für den straffen Beamten-

und Verwaltungsstaat eine stetige Herausforderung dar. Tatsächlich schwankte das staatliche Handeln bis zum Ende des Ersten Weltkriegs zwischen dem Zwang zur Assimilierung, der mal moderater und mal brutaler ausfallen konnte, und der Gewährung von begrenzter Autonomie hin und her.

Obwohl Preußen polnische Gebiete annektiert hatte, wurde die Auflösung Polens gleichzeitig als eine Art geschichtliche Notwendigkeit dargestellt. Die späte polnische Republik war im Gegensatz zum preußischen Staat ein loses Gebilde mit einem Minimum an zentraler Verwaltung gewesen, was dem absolutistischen und moralistischen Hause Hohenzollern als grundsätzliche und verächtliche »Verderbtheit« erschien. Die Weltgeschichte, so drückte es der deutschnationale Historiker Ernst-Ludwig Arndt später aus, war auch »Weltgericht«, und so ging die Niederlage quasi aus den moralischen Defekten hervor, aus einer charakterlichen Unordnung.

Da die annektierten Gebiete, wie etwa das Oderbruch, sehr arm an Bevölkerung waren, kümmerte sich die preußische Regierung ab Mitte des 18. Jahrhunderts aktiv um die »Peuplierung«. Personen aus anderen deutschsprachigen Regionen wurden angeworben, aber auch protestantische Glaubensflüchtlinge aus anderen Teilen Europas. Diese Besiedlung ging mit der Trockenlegung von Sümpfen, der Rodung von Wäldern und der Gründung von Straßendörfern einher. Der ganze Prozess wurde als »Kolonisation« bezeichnet, und der »wilde Osten« erhielt wie Kolonien in Übersee Dörfernamen mit der Vorsilbe »Neu«: Neuküstrinchen, Neuranft, Neurüdnitz oder Neureetz – je nachdem, aus welchen Regionen die jeweiligen Siedelnden stammten.

Als schließlich die zentralpolnischen Regionen um Posen und Warschau auch noch Preußen zugesprochen wurden, bekam die Annexion endgültig einen kolonialen Charakter. Denn obwohl diese Landesteile als Zentren einer politisch selbstbewusst agierenden polnischen Oberschicht galten, wurden sie kurzerhand umbenannt in »Südpreußen« und »Neuostpreußen«. Die preußische Verwaltung war hier personell schlecht ausgestattet, versuchte aber gleichzeitig dominant aufzutreten, was an die spätere Praxis in den überseeischen Kolonien erinnert. Die Unterdrückung der lokalen Elite aus Adel und Kirche ging mit der Einziehung von Gütern, der Zusammenfassung zu königlichen »Domänen« und der Erhöhung von Steuern einher. Die Unzufriedenheit der polnischsprachigen Bevölkerung wuchs, und mit dem Auftauchen Napoleons kam es dort 1806 zu massiven Aufständen. Nach dem Sieg der Restauration über Frankreich wurden beim Wiener Kongress 1815 Gebiete neu verteilt. Es entstand das von Russland abhängige, aber in den ersten Jahren weitgehend autonome »Kongresspolen«. Preußen war nun auch zu mehr Zugeständnissen bereit und gründete das »Großherzogtum Posen« mit einer Sonderstellung. Dort sprachen etwa 70 Prozent der Bevölkerung Polnisch.

Die Demokratisierung der Ostkolonien

1830 brach in »Kongresspolen« ein Aufstand aus, weil die russische Herrschaft nach 1825 einen betont reaktionären Kurs eingenommen hatte. In den deutschen Ländern außerhalb von Preußen führte das zu einer schwärmerischen »Polenbegeisterung«. Insbesondere in Süddeutschland gründeten sich Polenvereine, Polenlieder wurden geschrieben und gesungen, und es zogen sogar Freiwillige aus, um den Aufständischen beizustehen. Geflüchtete aus Polen wurden herzlich begrüßt und versorgt. Die Berichterstattung in der Presse befasste sich allerdings mehr mit dem Enthusiasmus der guten Deutschen als mit der Verfassung und den Anliegen der eingetroffenen Polen. Der Historiker Wolfgang Wippermann hat darauf hingewiesen, dass viele der damals verfassten Lieder und Gedichte nicht nur von extremer Russlandfeindlichkeit, sondern auch von antislawischem Ressentiment geprägt waren. Als Opfer russischer Aggression galten die Personen aus dem »wilden« Osten plötzlich als »edle« Menschen, mit denen man eine Art Wall gegen die »asiatische« Gefahr aufrichten konnte. In der spontanen Identifikation mit den Polen gab es kaum ein politisches Programm. Am »Objekt« des polnischen Widerstands wurden »unsere« Probleme verhandelt – die Durchsetzung von Freiheiten innerhalb der deutschen Staaten, die deutsche Einheit und die Kritik am preußischen Führungsanspruch. Preußen hatte sich nämlich an die Seite Russlands gestellt und verschärfte im Zuge des Aufstands wieder seine Gangart in Posen.

Bis Mitte des Jahrhunderts schwankte die preußische Politik zwischen autoritärer Germanisierung und erneuter Entspannungspolitik. 1845 hatten die polnischen Aufstände wieder zugenommen, in Posen herrschten teilweise bürgerkriegsähnliche Zustände. Als 1848 in den deutschen Ländern die Revolution ausbrach, war das für die polnische Bewegung mit enormen Hoffnungen verbunden. Im ersten deutschen Parlament in der Paulskirche spielte die »Polenfrage« im Sommer 1848 eine Rolle, als es unter anderem darum ging, ob Posen dem Deutschen Bund angehören sollte oder nicht. In der Debatte und der Abstimmung verschob sich das koloniale Projekt von den Kabinetten auf das neu konstituierte Volk. Zunächst wurde der Bericht des »völkerrechtlichen Ausschusses« verlesen, der den Ton der Debatte setzte: Zum einen wurde die Annexion des Landes durch Preußen und die Besiedlung durch Deutsche als rechtmäßig bezeichnet, zum anderen wurde der »kultivierende« Aspekt der deutschen Herrschaft herausgestrichen: die Urbanisierung, die Rationalisierung der Landwirtschaft, der Ausbau der Infrastruktur sowie die Abschaffung der feudalen Struktur und die Gewährung von religiöser Toleranz.

Der kulturelle Abstand wurde in nahezu jeder folgenden Rede bestätigt, ebenso wie der positive Einfluss der deutschen Herrschaft. Nur der linke Abgeordnete Robert Blum wies darauf hin, dass die derzeitige Lage der polnischen Bevölkerung auch ein Resultat deutscher Unterdrückung sei, ansonsten konstruierten die Delegierten »die Polen« als natürlich zurückgeblieben oder von der Geschichte verurteilt. Im besten Fall sollten sie in abhängiger Autonomie erst einmal »beweisen«, dass sie zur Regierung fähig waren. Ihre bislang vom Adel unterdrückten Bauern bedürften der Hilfe, wie es der Breslauer Geschichtsprofessor Gustav Adolf Stenzel von der Mitte-links-Fraktion »Württemberger Hof« ausdrückte, damit sie »nach und nach in die Höhe kommen, damit es ihnen vielleicht gelinge, ein freies Polen herzustellen, aber nicht nur herzustellen, sondern auch möglicherweise einmal zu erhalten«.

Den meisten Nachhall fand die Rede des Schriftstellers Wilhelm Jordan, der mit seinem Beitrag von der Linken zur Rechten überwechselte. Jordan plädierte für eine koloniale Machtpolitik, die er aus der Überlegenheit der deutschen Kultur ableitete. Eingangs bezeichnete er alle Bestrebungen, Polen wiederherzustellen, als »schwachsinnige Sentimentalität«. Es sei Zeit, »zu erwachen aus jener träumerischen Selbstvergessenheit, in der wir schwärmten für alle möglichen Nationalitäten, während wir selbst in schmachvoller Unfreiheit darnieder lagen«, und sich zu besinnen auf einen »gesunden Volksegoismus«, »ohne den ein Volk niemals eine Nation werden« könne. Jordan verwarf alle Argumentation im Namen von Gerechtigkeit und Humanität und berief sich auf das »Recht des Stärkeren, das Recht der Eroberung«.

Dabei handele es sich zugleich um das »Recht der Geschichte«, und es mache die Eroberung zu einer »Naturnotwendigkeit«. »Die Übermacht des deutschen Stammes gegen die meisten slawischen Stämme« müsse als »naturhistorische Thatsache« betrachtet werden, gegen die sich mit einem »Decrete im Sinne der kosmopolitischen Gerechtigkeit« nichts ausrichten lasse. »Ein Volk, das aus Edelleuten, Juden und Leibeigenen bestand, war, nachdem eine langjährige Anarchie es verwildert, einer vernünftigen Freiheit unfähig«, urteilte Jordan. Zugleich lobte er die »Art, wie der Deutsche dort erobert hat« – der Vergleich zwischen einem deutschen Landgut und einem benachbarten polnischen zeige den Unterschied deutlich. Die Preußen, sonst im Vormärz gewöhnlich als autoritär gescholten, hätten die Polen »erzogen«. Selbst wenn Jordan an den Polen etwas Positives fand, bewiesen die ihnen zugeschriebenen Eigenschaften eigentlich nur ihre Unfähigkeit zur Selbstregierung. Gesellschaftlich liebenswert seien sie, aber sie besäßen einen »Hang zu den Freuden rauschender Geselligkeit«; ihre Vaterlandsliebe sei »flackernd«, ihre Tapferkeit »ungestüm«. Deutsch zu sein dagegen bedeutete für Jordan harte Arbeit, Mühe, Fleiß, einfaches Familienleben, Überlegung und Zielgerichtetheit.

Die Reden in der Paulskirche und die folgende Abstimmung gegen eine polnische Unabhängigkeit wogen schwer, weil sie zeigten, wie das koloniale Projekt im Osten praktisch von Beginn an in die Konstitution des demokratischen Deutschland eingewoben wurde. Mit diesen Reden war klar, dass es auf dem Territorium des kommenden Deutschen Reiches mehrere Bevölkerungen geben würde, wobei aber nur die Deutschen die nötigen Voraussetzungen für die Freiheit besäßen. Das rassistische Wissen erklärte und legitimierte dabei diese Spaltung, die durch die Eroberung herbeigeführt wurde: Die höhere Kultur hatte »sie« zu Recht überrollt und von der Geschichte ausgeschlossen, weil »ihre« Natur sie nicht dazu befähigt hatte, in Freiheit zu leben und selbst Geschichte zu machen. Im Projekt der deutschen Demokratie gab es also von Anfang an einen verschwiegenen, östlichen Anderen, der das Projekt stets von innen und außen auszuhöhlen drohte. Das sich überschneidende Territorium ist an dieser Stelle gar nicht symbolisch, sondern buchstäblich – im »Ostraum« überschneiden sich die Territorien in der Realität. Diese Kolonie existierte lange vor der Berliner Konferenz von 1884, die in der aktuellen Diskussion so oft als Startpunkt des deutschen Kolonialismus betrachtet wird.

Jenseits von Polen: Assimilation und Verdrängung

Die Debatte in der Paulskirche setzte den Tonfall für den kolonialen Diskurs, der sich in der zweiten Hälfte des 19. Jahrhunderts weiter verschärfte. 1855 erschien der Roman *Soll und Haben* des in Schlesien geborenen Schriftstellers Gustav Freytag. Der Roman war nahezu hundert Jahre lang ein Beststeller, und selbst noch in den 1970er Jahren kannten die meisten Deutschen das Werk. In diesem Buch popularisierte Freytag, der in seinen späteren Jahren zum Paradebeispiel des deutschen (National-)Liberalen avancierte, eines der bleibendsten Klischees über die polnische Bevölkerung: Sie betreibe »polnische Wirtschaft«. In dem als Bildungsroman angelegten Buch geht der junge Bürgersohn Anton Wohlfart (!) ins schlesische Breslau, um dort bei einer angesehenen Kaufmannsfamilie zu arbeiten. Von dort aus unternimmt er unter anderem Reisen in überwiegend polnischsprachiges Territorium. Reisen, die durch die Lektüre von Fenimore Coopers *Der letzte Mohikaner* vorbereitet werden: Der »Held« fühlt sich an der Grenze zu »wilden« Räumen und Menschen, die auch entsprechend beschrieben werden. Die Landschaft wirkt in erster Linie unkultiviert, »nicht fest genug«, eine kaum urbanisierte »Wüste«. Die landwirtschaftlichen Betriebe sind unaufgeräumt, verwahrlost, halb kaputt. Zeigen die Polen Zeichen von Kultiviertheit, dann ist es bloß gekünstelte »Pariser Toilette«, eine Verkleidung, die nur notdürftig geflickte Fensterscheiben, zerrissene Teppiche, schmutzige Tapeten und vernachlässigte Kinder (die wie »Unholde« lärmen) bemänteln kann.

Die an der Universität von Missouri tätige Germanistin Kristin Kopp hat 2012 Freytags Roman unter postkolonialen Gesichtspunkten analysiert, was bislang kaum geschehen ist. Sicher ist bemerkt worden, dass Freytag Klischees verbreitet, aber in der Kritik stand das Buch für seine (zweifellos ebenfalls vorhandene) antisemitische Schlagseite. Letzteres wurde vor allem im Jahr 1977 debattiert, als der Westdeutsche Rundfunk plante, den Roman als Serie zu verfilmen. Danach durfte das Werk in keiner Untersuchung über »literarischen Antisemitismus« fehlen. Die »antislawische« Tendenz wurde ebenfalls verzeichnet, aber kaum einmal in den offensichtlichen Zusammenhang mit dem »Drang in den Osten« gestellt. Ebenso unter postkolonialen Gesichtspunkten analysiert Kopp den Klassiker *Effi Briest* von Theodor Fontane (1890), der zum Teil im heutigen Polen spielt.

Auch im Fall von Fontane gab es 1998 anlässlich des Erscheinens einer Arbeit über *Fontane und die Judenfrage* eine kleine Debatte über antisemitische Stellen in seinem Werk. In den literaturwissenschaftlichen Analysen oder populären Zusammenfassungen von *Effi Briest* spielt aber keine Rolle, dass Effis – tödliche – Liebe einem Major von Crampas gilt, der als »halber Pole« bezeichnet wird. Entsprechend den Klischees wird Crampas als leichtlebiger, charmierender Hazardeur geschildert. Fontane äußert seine Kritik gegenüber der preußischen Gesellschaft in einem Setting, das durch und durch ethnisiert ist. Am Ende überleben weder die junge Frau noch der »halbe Pole«. Für Generationen von Lernenden, die den Roman in der Schule gelesen haben, wird dieser Zusammenhang praktisch immer wieder unsichtbar gemacht. In Reclams (2018 wiederaufgelegtem) »Lektüreschlüssel für Schüler« gibt es keine Erwähnung – es scheint nur um die ewigen Menschheitsprobleme wie Liebe, Ansehen, Schuld oder Glück zu gehen.

Vor allem unter Otto von Bismarck – zunächst in seiner Zeit als preußischer Ministerpräsident und Außenminister sowie ab 1871 als Kanzler des deutschen Reiches – nahm die Haltung gegenüber der polnischen Bevölkerung eine Wendung ins Repressive. Bismarck war auf einem Gut in Hinterpommern aufgewachsen und teilte zweifelsohne die negativen Sichtweisen der preußischen Landjunker über Polen. Er etablierte zwei grundsätzliche Strategien. Die eine war Assimilation, die andere Verdrängung. Die Versuche zur Anpassung fanden vor allem über Bildung und Religion statt. 1872 führte die preußische Regierung auch an Posener Volksschulen das Deutsche als Unterrichtssprache ein (wenn es möglich war); in den anderen Provinzen sollte in den höheren Schulen Deutsch selbst im Religionsunterricht gesprochen werden. Etwas später wurde die Zweisprachigkeit auf Ämtern und in der Justiz abgeschafft. Zudem verschärfte Bismarck die Maßnahmen gegen die Religion der fast ausschließlich katholischen polnischsprachigen Bevölkerung. Die geistliche Schulaufsicht wurde dem Staat unterstellt, der nun Ausbildung und Einstellung von Geistlichen kontrollierte, das kirchliche Vermögen unter Kuratel gestellt, staatliche Zuwendungen gestrichen und die standesamtliche Ehe verabsolutiert.

Allerdings hatten all diese Maßnahmen den gegenteiligen Effekt. Zumal in Posen entstand ein genossenschaftlich organisiertes Netz von national gesinnten Organisationen, die sich zunehmend in ein autarkes polnisches Gemeinwesen transformierten. Zudem kaufte sich Bismarck einen Konflikt mit den Katholiken deutscher Herkunft ein und musste seine kulturkämpferischen Maßnahmen schon bald zurückschrauben. Seine Reaktion war zumal in Posen der Versuch einer Politik der physischen Verdrängung. In den mittleren 1880er Jahren kam es zu Massenausweisungen von etwa 32000 Personen; ein Ausmaß, das schon an eine Vertreibung grenzte. Zuvor hatte die preußische Regierung Alarm geschlagen, weil sich in den »Ostmarken« des Reiches die Zusammensetzung der Bevölkerung mehr und mehr zuungunsten der Personen deutscher Herkunft verschob. Das hatte auch zu tun mit einer Ost-West-Bewegung der Bevölkerung insgesamt – die Menschen zog es in die neuen industriellen Zentren. Zudem waren in der Landwirtschaft in den preußischen Ostgebieten viele saisonale Eingewanderte tätig, die aus den polnischen Provinzen Russlands und Österreichs ins Deutsch Reich kamen. Nicht nur waren also die Maßnahmen zur »Germanisierung« gescheitert, es gab nun scheinbar eine Gefahr der »Polonisierung«. Die massenhafte Ausweisung wurde entsprechend als Verteidigungsaktion legitimiert – gegen eine aus Kongresspolen und Galizien ins Reich getragene polnische Agitation. Die Kritik aus liberalen, katholischen und sozialdemokratischen Kreisen war jedoch lautstark. Im Reichstag gab es sogar eine Mehrheit, um die Ausweisungen nach Art und Umfang zu verurteilen – für den Reichskanzler eine krachende Niederlage.

Der allerdings hielt an seiner Linie fest. 1886 nahm die »Ansiedlungskommission für Westpreußen und Posen« ihre Arbeit auf. Ausgestattet mit 100 Millionen Reichsmark mit Sitz in der Stadt Posen, stellte sie Kapital zur Verfügung, um verschuldete Güter von polnischen Adeligen aufzukaufen und an deutsche Siedler weiterzugeben. Der Adel galt als Träger der nationalistischen Bewegung, und die Maßnahme sollte sowohl dessen finanzielle Basis ausdünnen als auch die Bevölkerungsstruktur verändern. Am Ende hatte die Kommission rund eine Milliarde Reichsmark ausgegeben, aber keine nennenswerte Zahl von Neuansiedelnden gewinnen können. Zudem wurde die polnische Selbstorganisation inzwischen hauptsächlich vom Bürgertum und der Kirche getragen. Durch das Programm wurde die Bewegung sogar weiter gestärkt, denn sie mobilisierte Finanzmittel, um selbst Ländereien zu kaufen. Am Ende war viel Geld an preußische Landjunker geflossen, die gedroht hatten, an Polen zu verkaufen. So konnten sie den Preis für ihre zumeist abgewirtschafteten Güter in die Höhe treiben.

Mit dieser Maßnahme hatte sich der Fokus von der »Germanisierung« einzelner Personen zur »Germanisierung« des Raumes verschoben. Dieses Vorgehen wurde allgemein als »innere Kolonisierung« bezeichnet. In erster Linie sorgte sich Bismarck um die Homogenität des ja noch jungen Reiches. »Fremde« Elemente mit transnationalen Beziehungen – seien sie ethnisch oder konfessionell – waren ihm ein Dorn im Auge: Er hielt sie nicht für loyal gegenüber dem Reich. Eine »Germanisierung« schien diese Loyalität ebenso herstellen zu können, wie sie quasi als Garantie für Wohlverhalten fungierte. Nun setzten solche Maßnahmen zur Assimilation ja voraus, dass eine solche Anpassung zumindest denkbar war. Heute würde man in diesem Zusammenhang wohl von »Integrationsfähigkeit« sprechen. Kristin Kopp schreibt, dass die Forderung nach Assimilation nicht im engeren Sinne kolonial sein könne, weil sie ja eine Art Entwicklungsfähigkeit unterstelle, was im überseeischen Kontext nicht zu finden sei. Dort bilde die Hautfarbe eine scharfe Grenze, und die Rhetorik der Entwicklung diene letztlich dazu, den Abstand immer wieder zu zementieren: Im Grunde seien die Anderen niemals so »weit«, sie müssten daher immer weiter beherrscht werden. Jedoch war das koloniale Projekt in seinen Varianten ambivalent, es hatte stets sowohl assimilatorische als auch dauerhaft ausschließende Züge (etwa im Rahmen von indirekter Herrschaft). Im Deutschen Reich erschien die Idee einer Assimilation von Bewohnern der überseeischen Kolonien tatsächlich unrealistisch oder nicht wünschenswert – in Frankreich und auch in Großbritannien erschien das jedoch möglich. Die Deutschen konstruierten aber durchaus Formen von Ähnlichkeit, wenn sie etwa im Rahmen ihres Residentensystems in Ruanda die Tutsi in den Status von »hamitischen« Quasi-Europäern erhoben.

Zugleich hatten die Vorstellungen von »Germanisierung« eine vernichtende Qualität. Häufig wurde die Assimilation nicht als Aufnahme eines Individuums in den Kreis der Bürger betrachtet, sondern als Sieg einer überlegenen Kultur im Kampf um Raum. Die Polen galten auch als »Naturvolk«, aber als europäisches. »Sie« starben daher nicht notwendig bei Berührung mit der Kultur wie die »Indianer«, sondern konnten im Rahmen der »Diffusion« des überlegenen deutschen Volkes gen Osten ganz einfach einverleibt werden. Die individuelle Assimilation durch die Schule oder das preußische Militär war aber ebenfalls nie abgeschlossen: Immer wachten die deutschen »Volkszugehörigen« über die Frage, ob die Assimilation erfolgreich oder nur Maskerade war. Das kommt bei Fontane zum Ausdruck, wenn Effi Briests Ehemann über von Crampen sagt: »Jedenfalls hat er gute Seiten. Aber er ist so 'n halber Pole, kein rechter Verlaß, eigentlich in nichts, am wenigsten mit Frauen. Eine Spielernatur. Er spielt nicht am Spieltisch, aber er hasardiert im Leben in einem fort, und man muß ihm auf die Finger sehen.«

Kulturmission und Pessimismus

Die Ostgebiete blieben ein Thema für die Literatur, um die Jahrhundertwende erschienen etwa achtzig Romane, die in Posen angesiedelt sind. Diese »Ostmarkenromanen« mit Titeln wie *Vergiftete Seelen*, *Die Sensenmänner*, *Auf Posten im Osten* oder *Im polnischen Wind* waren eine Art Trivialliteratur im Auftrag der kolonialen Politik. Sie unterschieden sich kaum von den entsprechenden Bestsellern, die im überseeischen Kolonialambiente spielten, wie etwa Hans Grimms *Volk ohne Raum* oder Gustav Frenssens *Peter Mohrs Fahrt nach Südwest*. Die Germanistin Maria Wojtczak hat diese Werke bereits 1998 analysiert und festgestellt, dass die Protagonisten durchweg Deutsche sind, die als ehrliche Siedler eine »Kulturmission« im Osten zu verrichten haben. Daran werden sie gehindert von polnischen Geistlichen, Lehrern, Adeligen und Patrioten, die negativ charakterisiert werden. Die polnischen Frauen wiederum erscheinen als Verführerinnen, deren Intrigenspiel die ehrlichen deutschen »Helden« nicht gewachsen sind – oft enden die Geschichten mit dem Selbstmord der armen Männer. In den optimistischeren Varianten dieser Romane – so Kristin Kopp – treten Beispiele erfolgreicher Assimilation auf. In den pessimistischen Büchern werden die Polen als Personen geschildert, die nicht entwicklungsfähig sind, also immer den Status von Kindern behalten, die einen festen Griff benötigen.

In den pessimistischen Romanen wird die polnische Bevölkerung regelrecht »geschwärzt« – die Personen werden als dunkeläugig und schwarzhaarig beschrieben. Offenbar ist hier die überseeische Erfahrung eingeflossen, um die Trennung – nun zunehmend als »rassische« Grenze – schärfer markieren zu können. Die negativen Töne kommen sehr deutlich zum Ausdruck in einem Roman der Schriftstellerin Clara Viebig: *Das schlafende Heer*. Im Übrigen veröffentlichte Viebig im Verlag von Theodor Fontanes Sohn und war bekannt geworden mit ihren Romanen über die Eifel. Doch während die »Integration« im »zurückgebliebenen« Land im Westen stets gelingt, kann die Bauernfamilie das »schlafenden Heer« der renitenten Polen nicht besiegen und kehrt nach drei entbehrungsreichen Jahren enttäuscht zurück.

Offenbar expandierte das Reich in den 1880er nicht nur, sondern zugleich nahmen auch die Bedrohungsgefühle zu, vor allem gegenüber dem Osten. Diese Gefühle wurden verstärkt durch eine millionenfache Abwanderung der jüdischen Bevölkerung aus Ost- und Südosteuropa – nicht zuletzt aufgrund der dort zunehmend antisemitischen Stimmung. Diese Migration hatte als Ziel die Vereinigten Staaten, doch der Transit zu den Überseehäfen von Hamburg und Bremen ging quer durch Deutschland. Nur ein verschwindend geringer Teil dieser »Ostjuden« blieb im Deutschen Reich – bis 1900 waren es etwa 40 000 Personen. Dennoch zeigten sich selbst deutsche Juden wie der spätere Außenminister Walter Rathenau 1987 besorgt, als im Berliner Tiergarten »inmitten deutschen Lebens ein abgesondert fremdartiger Menschenstamm« auftauchte, »glänzend und auffällig staffiert, von heißblütig beweglichem Gebaren. Auf märkischem Sand eine asiatische Horde«. Nationalistische Kreise waren angesichts der »Flut« von »unerwünschten Elementen« geradezu außer sich. In diese Zeit fielen erste Diskussionen über ein Staatsangehörigkeitsrecht, das die Regelung von 1870 ablösen und sowohl der Bedrohung als auch der Expansion gerecht werden sollte. Sehr engagiert in dieser Frage war der »Alldeutsche Verband«. Am 6. März 1895 erklärte der Abgeordnete Erich Hasse, wie erwähnt Chefideologe des Verbandes, die Pläne für eine Neufassung »aus dem Gesichtspunkt des berechtigten nationalen Egoismus«.

Interessanterweise bediente sich Hasse eines Arguments, das aus dem Deutschland der 1990er Jahren vertraut klingt. Damals wurden die Ausschreitungen gegen Asylbewerber häufig als eine Art »natürliche« Reaktion der Bevölkerung angesichts der vielen und besonders fremd erscheinenden Eingewanderten gedeutet. Auch Hasse sieht sich keineswegs als Rassisten, sondern er erklärt den Rassismus. Dieser sei nämlich ein »Nativismus«, den »wir überall da finden, wo ein selbstbewusstes Volkstum durch Bruchtheile fremder Völker überschwemmt wird«. Im Reich, meinte Hasse, würden sich etwa eine halbe Million Personen aufhalten, die im Ausland geboren seien. Nach seinen Berechnungen müsste die größere Hälfte vermutlich »slawischer oder semitischer Abstammung« sein.

Seine Idee bestand darin, die Staatsangehörigkeit radikal an die Abstammung zu binden. Das Blut erschien Hasse als »Bürgschaft für das Wohlverhalten, für die nationale Gesinnung künftiger Generationen«, und es schloss gleichzeitig die Eingewanderten dauerhaft aus der Gemeinschaft der Bürger aus. Zugleich konnten die »deutschen Volksgenossen« im Ausland wahlweise jederzeit zurückkehren oder sich gemäß den imperialen Plänen von Hasses Verband als Vorhut der Ausdehnung des Reiches betätigen. Tatsächlich nahm das Reichs- und Staatsangehörigkeitsgesetz von 1913, das mit Änderungen bis zum Jahr 2000 gültig war, in etwa die von Hasse vorgeschlagene Form an. Immerhin wurde 1913 die Einbürgerung von Personen, die nicht deutscher Abstammung waren, überhaupt möglich, wobei die erwarteten kulturellen Anpassungen in Richtung Deutschtum nahezu persönlichkeitsverändernde Dimension hatten.

Ludendorff in Ober Ost

Als schließlich der Erste Weltkrieg ausbrach, schienen sich zunächst die Bedrohungsgefühle zu bewahrheiten: Russische Truppen, also »asiatische Horden«, überschritten im Osten die deutsche Grenze. Doch das Kriegsglück an der Ostfront wendete sich mit der Schlacht von Tannenberg, aus der zwei erzkonservative Militärführer wie Paul Hindenburg und Erich Ludendorff als Helden hervorgingen. In der deutschen Öffentlichkeit spielt heute fast nur die Erinnerung an die Westfront eine Rolle, doch viele prägende Ereignisse fanden im Osten statt. Relativ schnell gelang es hier, Gebiete zu erobern, zunächst das ehemalige »Kongresspolen«, dann Territorien, die bis hinter das Baltikum reichten. Dabei gingen die deutschen Verantwortlichen davon aus, dass der »Drang nach Osten« Erfolg hatte und diese Gebiete als Kolonien im Reich verbleiben würden – und das nicht erst, als das durch die Revolution zerrissene Russland in Brest-Litowsk 1917 einen Separatfrieden abschließen musste. Den damaligen Anhängern der Unabhängigkeitsbewegungen im Baltikum erschien das völlig klar. So veröffentlichte der Litauer Juozas Gabrys bereits 1918 in der Schweiz einen siebenhundert Seiten langen Bericht über das »deutsche Joch«. Um Warschau herum wurde ein Generalgouvernement gegründet, das später in das sogenannte Regentschaftskönigreich Polen überging. Weiter östlich davon entstand »Ober Ost«, bestehend aus Teilen von Polen, Litauen, Lettland und Weißrussland. Letzteres Gebiet war benannt nach dem Oberbefehlshaber Ost, und es unterstand direkt der militärischen Verwaltung, in diesem Fall Ludendorff.

Die Strategien in den beiden Gebieten konnten unterschiedlicher nicht sein. Generalgouverneur General Hartwig von Beseler strebte eine polnische Autonomie unter deutscher Führung an. Zwar hielt Beseler die polnische Bevölkerung für unreif und meinte, sie müsse zur eigenen Regierung erst erzogen werden, doch gegen erhebliche Widerstände baute er die Selbstverwaltung stetig aus. Allerdings war auch klar, dass es hier ausschließlich um die deutschen Interessen ging und das halbabhängige Regentschaftskönigreich vor allem die – den Polen immer schon zugedachte – Funktion eines Puffers gegen die »asiatischen Horden« aus Russland übernehmen sollte. Zudem unterlag das Territorium auch weiterhin einem harschen militärischen Besatzungsregime: Nahrungsmittel wurden requiriert und rationiert, Fabriken im Hinblick auf kriegswichtige Güter ausgeschlachtet und Zwangsarbeiter rekrutiert. Diese Maßnahmen trugen nicht gerade zur Legitimität des Regimes bei; der polnische Widerstand blieb umfangreich, wobei die deutsche Herrschaft aber bis zur Kapitulation an der Westfront nicht in Gefahr war.

In Ober Ost wiederum übte das Militär die komplette Kontrolle aus. Auch dieses Gebiet sollte die Funktion einer »Grenzmark zwischen der westeuropäischen Welt und dem Großrussentum« erfüllen, wie es in einer ausführlichen Dokumentation der »deutschen Arbeit« der Reichswehr von 1917 hieß. In Ober Ost ließ sich die sogenannte Kulturmission in Reinkultur beobachten. Während das Land im Dienste des Militärs ausgeplündert wurde, ging es offiziell darum, Ordnung zu schaffen, sowohl im Hinblick auf die Verwaltung des Landes als auch in Bezug auf die ethnischen Verhältnisse, wobei das eine und das andere sich gegenseitig bedingten.

»Ich beschloß«, so Ludendorff, »die Kulturarbeit, die die Deutschen während vieler Jahrhunderte in jenen Ländern getan hatten, in den besetzten Gebiet aufzunehmen. Aus sich heraus schafft die bunt gemischte Bevölkerung keine Kultur, auf sich allein angewiesen, verfällt sie dem Polentum.« Die Reichswehr teilte das Land in neue Verwaltungsbezirke auf, erhob Steuern und Gebühren und baute die (kriegswichtige) Infrastruktur aus. Dabei spielte die »Verkehrspolitik« eine große Rolle, im Besonderen (wieder einmal) der Ausbau von Bahnstrecken, die, so Ludendorff, das Land »auch in kultureller Beziehung erschlossen«. Zugleich wurden die ethnischen Gruppen in der Gegend analysiert, charakterisiert und eingeschätzt. Zwar hatte sich die deutsche Verwaltung deren »Befreiung« von Russland auf die Fahnen geschrieben, doch es war klar, dass hier eine Ordnung im Dienste der Deutschen etabliert werden sollte – im Grunde eine Art indirekte Herrschaft.

Nun herrschte zumal angesichts des Krieges in Ober Ost keine stringente Regierung, sondern eher so etwas wie eine autoritäre Anarchie, in der verschiedene administrative Einheiten und Interessengruppen ständig um Strategien und Einfluss rangen. Zudem war auch in diesem Gebiet der Widerstand groß. Als koloniales Regime lässt sich die deutsche Herrschaft aber ohne Zweifel bezeichnen. Über Ober Ost hat es nur einige wenige Untersuchungen gegeben, zuletzt hat der US-Historiker Vejas Gabriel Liulevicius darüber geschrieben, vor allem über den Blick, den die Erobernden auf das Land geworfen haben. Liulevicius betont dabei eine neue Art, die östlichen Territorien zu betrachten, doch diese neue Art erscheint nur allzu bekannt: In den Berichten ist vom leeren, unkultivierten Land (besonders gravierend tatsächlich durch die Zerstörungen der russischen Armee auf dem Rückzug), von der grassierenden Vernachlässigung, von den zurückgebliebenen, apathischen, desinteressierten und unproduktiven Bewohnern sowie von den unhygienischen Zuständen und den schrecklichen Krankheiten die Rede.

Dieser koloniale Blick machte die deutsche Kulturarbeit selbstverständlich und notwendig – die anderen mussten dafür dankbar sein, sie stünden, meinte Ludendorff, in deutscher Schuld. Im Übrigen wurde das Gebiet Ober Ost auf eine ähnliche Weise nach Deutschland zurückkommuniziert wie die überseeischen Kolonien. 1916 fand in Berlin eine Ausstellung zu »Obsterzeugnissen« aus Ober Ost statt. Immerhin 14000 Personen interessierten sich für die frischen Früchte, die Marmelade und das Trockenobst aus der Kolonie.

Eingekreist von den »farbigen Völkern«

Die Niederlage kam im Osten überraschend. Hier erschien die Kapitulation als geradezu widersinnig. Während der Verlust des Kolonialreichs in Übersee von der Bevölkerung größtenteils mit einem Achselzucken quittiert wurde, löste die Abtrennung von Ostgebieten des Reiches ganz erhebliche Reaktionen aus. In der historischen Literatur wird das manchmal so gesehen, als hätte eine Verschiebung stattgefunden von den kolonialen »Objekten« in Übersee hin zu solchen im Osten. Es macht aber mehr Sinn, im Osten, in Gebieten wie Posen, Westpreußen und Danzig, die eigentlichen Kolonien zu sehen, das deutsche »Indien«, die Siedlerkolonie, deren Abtretung als mindestens so tragisch empfunden wurde wie die Unabhängigkeit des indischen

Subkontinents für England oder die Entkolonisierung Algeriens für Frankreich. In der Konsequenz sorgte der Vertrag von Versailles für die Stärkung des Bedrohungsgefühls, des Eindrucks der Einkreisung durch die westliche Herrschaft und die »asiatischen Horden«. Nicht nur rückten von Osten die stets als unfähig und anarchisch gescholtenen Polen ein, die eigentlich von der Geschichte längst besiegt worden waren, sondern von Westen besetzte der französische Erzfeind erneut das preußische Rheinland. Dabei wurden unter anderem Truppen senegalesischer Herkunft eingesetzt, was von Politik und Presse fast durchgängig als »schwarze Schmach« thematisiert wurde.

Die Kultur, die wenige Jahre zuvor noch auf einer Mission war, wurde nun quasi von alles Seiten bedroht. Wenn die Schwarzen von Westen und die Polen von Osten einrückten, dann schien die deutsche Kultur, die Ordnung des Landes, von einem Zurücksinken in die Natur bedroht zu werden. Die Natur, so sie nicht »kultiviert« war, war in Deutschland immer als chaotisch und unberechenbar, ungezähmt und überwältigend erschienen. Bei dieser Wahrnehmung spielten auch die Erfahrungen der Ohnmacht im Dreißigjährigen Krieg eine Rolle. Natur bedeutete auch »Naturzustand« im Sinne Thomas Hobbes' den »Krieg aller gegen alle«, der angeblich nur durch die Monopolisierung der Gewalt im starken Staat überwunden werden konnte. Das Schreckensbild in den Diskursen waren die »Überschwemmung«, die »Flut« etc. Solche Vokabeln organisieren sogar heute noch – etwa beim Thema Einwanderung – die entsprechenden Bedrohungsszenarien.

Bedroht wurde die Kultur angeblich auch durch universale Ansprüche, die sich über die (national-ethnische) Kultur hinwegsetzen wollten, seien es nun jene der Französischen Revolution oder die des kapitalistischen Amerika oder der bolschewistischen Sowjetunion. Universalismus galt traditionell als »gekünstelt«, in der Weimarer Zeit dann als unorganisch, vor allem aber als aggressiv-zerstörerisch. Die über Grenzen hinweg behauptete Geltung von Menschenrechten, Wirtschaftsweisen oder kommunistischen »goldenen Zeitaltern«, so hieß es auf der erstarkenden rechten Seite des politischen Spektrums, aber auch oft in bürgerlichen Kreisen, wolle das Besondere der Völker zerstören – ihre Kultur. Die aberwitzigen Vorstellungen von Gleichheit »zersetzten« oder »vermischten« das Gemeinwesen. Solche Behauptungen blieben recht abstrakt, solange sie nicht irgendwie fassbar gemacht werden konnten. Antisemitismus war schon im Kaiserreich weit verbreitet, nun wurde die jüdische Bevölkerung – und zwar gerade die assimilierte, bürgerliche Bevölkerung, die wichtige Positionen bekleidete – zur Verkörperung dieses Universalismus. Schließlich waren »sie« ja überall, »sie« waren einflussreich, »sie« arbeiteten an der Auflösung der Nation im Dienste ihrer weltumspannenden Ansprüche. Die nationalsozialistische Bewegung schließlich unterstellte »ihnen« sogar die Macht, alle anderen universalistischen Player zu steuern – »sie« standen überall »dahinter«.

Ab 1900 hatte sich – das wurde bereits erwähnt – die Idee der »Rasse« weitgehend durchgesetzt, sie erschien als wissenschaftlich fundierte Wahrheit. Die »Rassen«-Forscher verkündeten aber im Rahmen ihrer scheinbar neutralen Analysen auch gleichzeitig ein politisches Programm. Hans F. K. Günther etwa, dessen *Rassenkunde des deutschen Volkes* für den Nationalsozialismus von enormer Bedeutung war, zeichnete nicht nur ein Bild der unterschiedlichen »Rassen« innerhalb der deutschen Bevölkerung, sondern verkündete zugleich eine Verminderung des Anteils der doch angeblich so hochwertigen »nordischen Rasse«, eine »Entnordung«, die sich durch die hohen Verluste (der Besten) im Ersten Weltkrieg beschleunigt habe. Dieser Prozess müsse aufgehalten werden, meinte er, es müsse ein »Bestreben geben, dem deutschen Volke wieder denjenigen Kern nordischer Rasse zu schaffen, auf dessen Bestehen seine eigentliche ›Deutschheit‹ beruht«. Diese »Aufnordung« erfordere ein klares eugenisches Programm, eine »staatliche Erbgesundheitspflege«. Als Beispiel zitierte Günther im Übrigen den Kollegen Alfred Grotjahn, der vorgeschlagen hatte, alle Tuberkulosepatienten zu sterilisieren, damit sie ihre Minderwertigkeit nicht fortpflanzen könnten. Grotjahn war aber keineswegs Nazi, sondern für die SPD im Reichstag und schrieb sogar die gesundheitspolitischen Passagen des »Görlitzer Programms« von 1922. Solche Ideen waren also in den relevanten Kreisen der Weimarer Republik weit verbreitet.

Völkermord und Vertreibung in Anatolien

Auch auf der internationalen Ebene war die Zustimmung für extreme Maßnahmen im Dienste der nationalen Homogenität gewachsen. Zumal Ereignisse rund um einen alten Verbündeten, nämlich das Osmanische Reich, zeigen das. Als der Kaiser mit Abdul Hamid II. anbändelte, war dieser im Westen bereits als der »blutige« oder »rote Sultan« bekannt. Etwa 300 000 Personen armenischer Herkunft waren nach Aufständen in den 1880er Jahren getötet worden. Obwohl diese Massaker nicht den Organisationsgrad des späteren Völkermords erreichten, müssen die Straßen von Konstantinopel noch blutverschmiert gewesen sein, als der Kaiser dort 1898 seinen ersten Besuch abstattete. Als 1908 – mit Unterbrechungen – die Militärherrschaft der revolutionären »Jungtürken« begann, deutete sich zunächst ein Tauwetter in den Beziehungen zur griechischen und armenischen Minderheit in Anatolien an. Doch der Schein trog, und die Regierung nutzte den Ersten Weltkrieg, um die systematische Auslöschung der armenischen Bevölkerung zu betreiben. Es gibt keinen Zweifel daran, dass die deutsche Seite sehr frühzeitig über den Völkermord Bescheid wusste. Seit Jahren wird gestritten, ob es sogar eine direkte Verwicklung des Deutschen Reiches gegeben hat. Obwohl die Beweise für Letzteres nicht stichhaltig sind, wurde das Töten beim Verbündeten aus Gründen der Staatsräson definitiv in Kauf genommen.

Stefan Ihrig, Geschichtsprofessor in Haifa, konnte jüngst zeigen, wie die deutsche Öffentlichkeit auf die andauernde Verfolgung der Armenier regierte. Zweifellos fanden sich prominente Ankläger aus dem organisierten Christentum wie Johannes Lepsius oder Martin

Rade, aber im Großen und Ganzen wurde das Morden schöngeredet. Schon 1899 hatte Friedrich Naumann in seinen Reiseberichten einen deutschen Töpfermeister erzählen lassen, dass Konstantinopel von den Armeniern »moralisch verpestet« würde, weil die Armenier »alle Wucher« trieben. Es gebe, ließ Naumann den Töpfermeister weiter berichten, kein »geordnetes Mittel, um sich gegen die Armenier zu schützen«. Dass Naumann diese Stimme unterstützte, wurde deutlich, als er unterstrich: »Wir haben keine Stimme gehört, die sich anders äußerte.« Und später in seinem Buch noch einmal betonte, es handele sich – bei aller Abscheu vor den Gräueln – um eine »innertürkische politische »Angelegenheit«, und er glaube an die »Notwehr der Türken«.

Sowohl im politischen Geschehen im Deutschen Reich als auch in der deutschen »Rassenkunde« wurden die Bevölkerungen armenischer und auch griechischer Herkunft mit den Juden in Europa in Verbindung gesetzt – im Übrigen keineswegs nur in Deutschland. Manchmal wurde behauptet, diese Gruppen stellten für die Türkei als Minderheiten das gleiche »Problem« dar wie die jüdische Bevölkerung für die europäischen Nationen. Ein anderes Mal bildeten sie zusammen mit den Juden und einigen arabischen Ethnien eine »vorderasiatische« oder »armenoide Rasse« (etwa bei Hans F. K. Günther) mit besonderen Fähigkeiten im Handel.

Wieder andere Male schien die Präsenz dieser Gruppen bei gleichzeitiger Abwesenheit von jüdischen Bevölkerungsteilen in Kleinasien zu beweisen, dass diese Gruppen die Juden sogar verdrängt hatten. Hitler selbst meinte in einer Rede von 1927, die »Arier« seien den Juden immer wirtschaftlich unterlegen, nicht aber die Griechen und die Armenier. Diese hätten die Juden »besiegt«, aber nur um den Preis ihrer eigenen »Verjudung«, sie trügen nun »jene spezifischen erbärmlichen Eigenschaften, die wir an den Juden verurteilen«. Nicht einmal das erfolglose Ende des Weltkriegs konnte die Solidarität mit den Massenmördern beenden – viele der »jungtürkischen Führer« gingen ins Exil nach Deutschland. Enver Pascha etwa fand Unterschlupf bei dem

Kunsthistoriker Friedrich Sarre, der mit der Tochter des Pergamon-»Entdeckers« Humann verheiratet war und zu jener Zeit ehrenamtlich die islamische Abteilung der Berliner Museen leitete, also das heutige Museum für islamische Kunst auf der Museumsinsel.

Hitler war zudem ein großer Bewunderer von Kemal Atatürk und dessen konsequenter Vertreibungspolitik – diesmal primär gegenüber den Griechen. Konstantinopel musste nach dem Ersten Weltkrieg mit dem Vertrag von Sèvres ein ähnliches Abkommen abschließen wie das Deutsche Reich in Versailles. Das hatte in der Türkei zu einem erheblichen und nicht nachlassenden Widerstand geführt. Die Briten aber waren kriegsmüde und ermunterten die griechische Regierung, die nach Sèvres ein Gebiet um Smyrna (das heutige Izmir) besetzen durfte, gegen die Türkei in den Krieg zu ziehen, um sich größere Gebiete einzuverleiben. Doch als die griechische Armee losschlug, wurde sie von den Briten nicht wie versprochen unterstützt. Der türkische Widerstand war überraschend zäh und erwies sich als siegreich.

Danach kam es zu dem, was in Griechenland als »kleinasiatische Katastrophe« bezeichnet wird – der kompletten Vertreibung der griechischen Bevölkerung aus Anatolien. Zugleich mussten die Bewohner türkischer Herkunft das Gebiet Griechenlands verlassen. Im Januar 1923 segneten die Großmächte, die Balkanstaaten und selbst der Völkerbund die Vertreibungen im Vertrag von Lausanne ab. Bis zum Inkrafttreten des Vertrags im Mai waren eineinhalb Millionen Personen griechischer und eine halbe Million türkischer Herkunft vertrieben worden. Die sogenannte zivilisierte Welt hatte damit anerkannt, dass die Deportation von Minderheiten ein probates Mittel sei, um Konflikte innerhalb von Nationalstaaten nachhaltig zu lösen. Hitler äußerte sich mehrfach positiv über Atatürk, und die Sanktionierung der Umsiedlungen verlieh dem nachfolgenden nationalsozialistischen Kolonialprogramm sowohl Sinn als auch Legitimität.

»Rassisches« Aufräumen im Osten

Beim nächsten Versuch der kolonialen Aneignung eines »deutschen Ostens« am Ersten September 1939 hatte die nationalsozialistische Planung quasi die extremsten denkbaren Schlüsse aus der bisherigen Geschichte gezogen. Die herkömmlichen Ziele der Eroberung, der deutschen Besiedlung und der Schaffung von Ordnung waren weiterhin gültig. Doch der »Führer« zeigte sich absolut pessimistisch über die Möglichkeiten einer »Germanisierung« der polnischen Bevölkerung. Ebenso verwarf er die »Mitteleuropa«-Ideen des Ersten Weltkriegs, die auf der Gewährung einer gewissen Autonomie basierten. Sein Mitteleuropa fußte, daran ließ er in seiner programmatischen Reichstagsrede vom 6. Oktober 1939 keinen Zweifel, »auf einer neuen Ordnung der ethnographischen Verhältnisse, das heißt, einer Umsiedlung der Nationalitäten, so, daß sich am Abschluß der Entwicklung bessere Trennungslinien ergeben, als das heute der Fall ist«. Nun wurde der Begriff Ethnographie falsch eingesetzt, denn er meint einfach nur die Beschreibung von Gruppen. Was Hitler wollte, verdeutlichte er in einer Instruktion vom 20. Oktober: Einen »harten Volkstumskampf, der keine gesetzlichen Bindungen gestattet. Die Methoden werden mit unseren sonstigen Prinzipien unvereinbar sein.«

Polen wurde erneut zerstückelt, in einen Teil, der direkt dem Reich angegliedert wurde, und das sogenannte Generalgouvernement. Die Idee war, über »rassische« Auslese zwei voneinander geschiedene Bereiche herzustellen, der eine völkisch rein deutsch, der andere ein »Lebensreservat« für die verbliebene polnische Bevölkerung. Über den kolonialen Charakter ließ der Leiter der Verwaltung, Hans Frank, in einer Sitzung mit Abteilungsleitern im November 1939 keinen Zweifel: »Maßgebend für die Regierungstätigkeit im Generalgouvernement sei der Wille des Führers, dass dieses Gebiet das erste Kolonialgebiet der deutschen Nation sei.« Es müsse als Ganzes »der wirtschaftlichen

Verwertung zugeführt werden und in seinem ganzen wirtschaftlichen Wert dem deutschen Volke zugutekommen«. Ein halbes Jahr später betonte Frank: »Wir müssen im Generalgouvernement eine koloniale, imperiale Rechtsordnung aufbauen und diese imperiale Mission in unserer Justiz auch verwirklichen.« Während der eine Teil also mit der Zeit komplett im Reich aufgehen sollte, ganz ohne Erinnerung an so etwas wie polnische Nationalität, war der andere vorgesehen für eine abhängige, ungebildete Bevölkerung, deren »polnische Wirtschaft«, wie Hitler in oben genannter Instruktion meinte, sogar »zur Blüte« kommen sollte. Tatsächlich aber stellten die brutalen Maßnahmen der deutschen Verwaltung ihr eigenes Klischee erst her: Am Ende des Krieges war in diesem Gebiet ein Großteil der Intelligenz bewusst liquidiert worden, Städte und Landschaften geplündert und zerstört, Hunderttausende waren getötet und verschleppt worden, verhungert oder an Epidemien gestorben, oder aufgrund der andauernden Unterernährung und der katastrophalen hygienischen Verhältnisse krank und schwach.

Zweifellos hatte das Nazi-Programm eine Verwurzelung in der vorangehenden Geschichte von Nationalstaatlichkeit und Kolonisierung, doch in der Radikalität bedeutete es einen Bruch. Zunächst machte das Reich einige Konzessionen an Italien und die Sowjetunion, indem es deutsche Minderheiten »heim« ins Reich holte. Fast 200 000 Personen wurden ab Ende 1939 aus Südtirol auf österreichischem Gebiet angesiedelt. Dann mussten etwa 65 000 Personen deutscher Herkunft aus Lettland und Estland in die neu annektierten polnischen Gebiete umziehen. Bis Ende 1939 hatte die Sicherheitspolizei – eine Mischung aus Gestapo und Kriminalpolizei – aus demselben Gebiet bereits 120 000 Menschen ins Generalgouvernement vertrieben. 300 000 Menschen wurden in den kommenden zwei Jahren ins Reich zur Zwangsarbeit verpflichtet. Die jüdische Bevölkerung wurde in Ghettos eingesperrt und jüdische Bürger aus dem Reich ins Gouvernement deportiert. Das Ziel war, wie SS-Chef Heinrich Himmler es ausdrückte, erst einmal ein »Land frei von Menschen« zu schaffen, ein leeres Land, das wieder von deutschen Siedlern »kolonisiert« werden konnte. Eine umfangreiche »Ostforschung« an den Universitäten hatte die Landnahme akribisch vorbereitet. Dabei war auch der mehrfach erwähnte Ethnologe Otto Reche, der von der Expedition in die »Südsee« direkt in den »wilden Osten« gewechselt war. Er verfasste schon im September 1939 ein Memorandum, das die Pläne des »Führers« aus wissenschaftlicher Sicht interpretierte. Reche schlug noch großräumigere Deportationen vor. Dabei verwies er darauf, dass selbst ein schwacher Staat wie Griechenland eineinhalb Millionen Menschen aufnehmen konnte – da sollte es doch für das mächtige Deutsche Reich kein Problem sein, das Land von Polen und Juden zu reinigen und zehn Millionen Menschen in wenigen Jahren umzusiedeln.

Im Oktober 1939 hatte Hitler den Reichsführer SS Heinrich Himmler zum »Reichskommissar für die Festigung des deutschen Volkstums« ernannt. In Polen kamen von Anfang an die »Rasseexperten« des »Rasse- und Siedlungshauptamtes der SS« zum Einsatz. Etwa fünfhundert extra ausgebildete Personen begutachteten laufend die Voraussetzungen für Siedlungen und die »Humanressourcen«. Welches Land kam in Frage, was musste beschlagnahmt werden, welche Menschen sollten da leben? Die Beamten nahmen sowohl die Einheimischen unter die Lupe als auch die eintreffenden Personen deutscher Herkunft aus dem Baltikum und später aus Rumänien und der Sowjetunion. An Abertausenden Menschen nahm man Untersuchungen von Körperbau, Schädel-, Nasen- und Haarform sowie Augen- und Haarfarbe vor. Mithilfe einer »Rasseformel« wurde aus diesen Informationen der sogenannte Rassewert errechnet.

Für Personen polnischer Herkunft konnte das Ergebnis auch bedeuten, dass sie als »Rückdeutschungs-« oder »Wiedereindeutschungsfähig« galten und bleiben durften. Für Neuankömmlinge deutscher Herkunft konnte es das Gegenteil heißen: Wurden sie als »fremdvölkisch« oder gar als »asozial« eingeordnet, dann drohte die Abschiebung ins Generalgouvernement. Durch diese Bewertung nach scheinbar objektiven, biologischen Maßstäben sollte ein erneuter Verlust der polnischen Kolonialgebiete endgültig verhindert werden. Bis Ende 1940 wurde auf diese Weise eine halbe Millionen Menschen brutal umgesiedelt. Im zentralpolnischen Reichsgau Wartheland mit der Verwaltungshauptstadt Posen haben bis Ende 1941 geschätzt ca. 630 000 Personen erzwungenermaßen den Wohnsitz gewechselt – bei einer Gesamtbevölkerung von etwa vier Millionen.

Als im Juni 1941 der Russlandfeldzug begann und zunächst schnell voranging, wurde »Chefideologe« Alfred Rosenberg neuer Minister für die besetzten Ostgebiete. Als das Ministerium auf einem Presseempfang im November 1941 vorgestellt wurde, erklärte Rosenberg, das alte Gotenreich habe sich vom Baltischen bis zum Schwarzen Meer erstreckt, und nun sei das Reich in der Lage, den Rang dieses Gotenvolkes einzunehmen – eine »neue Weltgeschichte« habe begonnen. Mitte 1942 folgten verschiedene Versionen eines »Generalplans Ost«, in dem die Grenze der Germanisierung vorgeschoben wurde, mindestens auf das Gebiet des Generalgouvernements, in manchen Plänen aber sogar bis in den Leningrader Raum. Trotz aller Widrigkeiten des Krieges begann die SS mit dem Kolonisierungsprogramm. Noch Ende 1942 – in dem Moment, wo sich bei Stalingrad die Wende andeutete – wurden im Kreis Zamość 2500 »volksdeutsche« Bauernfamilien eingewiesen, etwa 10 000 Menschen. Dafür wurden 50 000 Polen aus ihren Wohnung vertrieben – ursprünglich sollten es doppelt so viele Personen sein. 1943 war das Gouvernement sogar ein Fall für ein »Reisehandbuch« aus der berühmten *Baedeker*-Reihe. Während der Reiseführer einen Trip schilderte durch die »verschütteten Zeugen alter deutscher Kultur- und Pionierarbeit« und den großen kulturellen Rückstand des Gebiets mit dem »Wesen und der Rasse der einheimischen Bevölkerungen« erklärte, war die Lage vor Ort schon einigermaßen außer Kontrolle. Die Aktion in Zamość ließ den polnischen Widerstand geradezu sprunghaft anwachsen – und die Situation wurde immer schwieriger, je mehr es Richtung Kriegsende ging. Die deutsche Kolonialherrschaft bestand mehr oder minder aus blankem Terror gegenüber der Bevölkerung.

Die Verwaltung der Kolonien in Polen und der Sowjetunion war von Anfang an schwieriger als gedacht. Die Pläne der politischen »Rasseexperten« der SS kamen in Konflikt mit den auf den Krieg bezogenen Maßnahmen der Wehrmacht, der »zivilen« Verwaltung, des Ostministeriums und einer Reihe weiterer hineinregierender Ämter. Im Dezember 1942 versuchte das Ostministerium die Siedlungspolitik in seinem Bereich zum Stillstand zu bringen und in die Zeit nach dem Krieg zu verlegen. Rosenberg gab ein Schreiben an die Behörden heraus, darüber, wie Verlautbarungen zu formulieren und Diskussionen zu führen seien: »Zu vermeiden sind Wendungen, daß Deutschland im Osten Kolonien errichten und eine Kolonialpolitik betreiben wolle oder das Land und seine Bewohner als Ausbeutungsobjekte betrachtet. Diese Ausdrücke werden von der Sowjetpropaganda dahin ausgenützt, daß Deutschland die Völker des Ostens auf eine Stufe mit N***** stelle.« Ab 1943 dienten die Begutachtungen der SS dann nicht mehr der Ausdehnung des Reiches, sondern nur noch dem Vernichtungsprogramm an der jüdischen Bevölkerung. Insgesamt hat Polen in den sechs Kriegsjahren 22 Prozent seiner Bevölkerung verloren.

Nationale Stereotype oder Kolonialrassismus

Auch die Nazi-Herrschaft zeigt – sicher in der extremsten Ausprägung – wie der »Apparat« des Rassismus funktioniert. Ein Gebiet wird einbezogen in die Ordnungsvorstellungen und Herrschaftspraktiken eines Staates, und zugleich findet ein Ausschluss statt: In diesem Fall durch die systematische Diskriminierung, Ausbeutung und teilweise Vernichtung der Bevölkerung. Gleichzeitig gibt es ein Wissen, das diesen Ausschluss erklärt und legitimiert – über natürliche Unterschiede. »Sie« sind ihrem »Wesen und der Rasse« nach für diese Behandlung auserkoren. Der »feste Griff«, der benötigt wird, gilt als moralische Aufgabe. Insgesamt war dieses Arrangement seit den polnischen Teilungen aktiv und wurde 1848 in die »Volksherrschaft« überführt. Die Nazis aber begleiteten ihre Landnahme mit der Behauptung von extremen Bedrohungen – durch »Polonisierung«, durch den jüdischen Internationalismus und die »asiatischen Horden«. So konnte auch die Vernichtung zur moralischen Aufgabe erklärt werden – die »Kulturmission« hatte sich nach Nazi-Auffassung historisch als wirkungslos erwiesen. Diese Art der Landgewinnung wurde auf eine historisch durchaus einmalige Weise vorbereitet – durch Propaganda, durch »Rassentheorien«, durch wissenschaftliche Forschung, durch allgemeine und besondere Ausbildung. Die Geschichte der »Ostkolonisation« seit dem Mittelalter, die Relevanz des Völkischen und die Forderung nach Raum wurden dabei schon in der Schule verbreitet. Bereits vor dem Krieg wusste praktisch jedes Kind Bescheid. In den späteren, internen Verlautbarungen der Nazis für die Soldaten, Polizisten und Beamten, die in den besetzten Gebieten tätig waren, finden sich unentwegt Appelle an die Pflicht, die Härte, das Durchhaltevermögen. »Wir haben nur unsere Pflicht getan«, war eine der meistgehörten Entschuldigungen nach dem Ende des Zweiten Weltkriegs. Es war eine moralisch gerechtfertigte Aufgabe, es *musste sein.*

Am Ende erklärt das immer noch nicht erschöpfend, wie eine solche organisierte Vernichtung von Menschen möglich war. Oder wie es möglich war, dass die Wehrmacht 40 Prozent aller sowjetischen Kriegsgefangenen, also etwa 3,3 Millionen, in Lagern hat verhungern lassen. Hier existiert keine einfache Kontinuität zur Geschichte davor. Eine Kontinuität allerdings besteht in jenem »Drang nach Osten«, in dem Versuch, in den europäischen Nachbargebieten des Reiches Kolonien und Orte mit imperialer Abhängigkeit zu schaffen. Allerdings sind auf allen Seiten erhebliche Vorbehalte zu spüren, diesen Prozess als Kolonialismus zu bezeichnen. Obwohl sich Gebiete mit überwiegend polnischsprachiger Bevölkerung weit über hundert Jahre lang unter deutscher Herrschaft befanden, darf das Wort »Kolonie« offenbar nicht verwendet werden.

Der Germanist Hubert Orlowski hat 1998 ein fünfhundert Seiten starkes, fein recherchiertes Buch herausgebracht über das Klischee der »polnischen Wirtschaft«. Darin spricht er wiederholt von einer »antidialogischen Linie« in der deutsch-polnischen Nachbarschaft. Die Verweigerung von Dialog macht von Anfang an ein Element des Rassismus aus – das wurde eingangs am Beispiel Kolumbus bereits beschrieben. Doch Orlowski und andere Forschende befassen sich durchweg mit nationalen »Stereotypen«, als handele es sich um ein rein mentales Phänomen zwischen zwei Nationalstaaten, um schlichte Vorurteile. Hier kommt vielleicht auch zum Tragen, was Rosenberg so unverblümt ausdrückte: In Europa darf kein Kolonialismus sein, in Europa möchte kein Land auf einer Stufe mit außereuropäischem Kolonialbesitz landen. Die Vermeidung dieser Diskussion könnte also selbst wieder einen rassistischen Unterton haben.

Aber auch von der anderen Seite, von der Seite der postkolonialen Diskussion aus, spielen europäische Zusammenhänge keine Rolle. Im Lexikon *Wie Rassismus aus Wörtern spricht (K)Erben des Kolonialismus im Wissensarchiv deutsche Sprache* kommt der »Drang nach Osten« nicht vor. Dabei hatte auch dieser Kolonialismus tiefgreifende Nachwirkungen. Noch heute existieren in Deutschland ganz erhebliche rassistische Wissensbestände über Menschen polnischer Herkunft, Klischees über »Polenmärkte«, informelle Wirtschaft, Autoschieberei oder Alkoholkonsum. Zudem taucht Polen – und das ist historisch regelrecht perfide – in den deutschen Medien häufig dann auf, wenn es um Phänomene eines übersteigerten Nationalismus geht. Auch die enorme Einwanderung aus Polen deutet auf einen postkolonialen Kontext hin – polnische Emigranten stellen die zweitgrößte Herkunftsgruppe nach den Personen türkischer Herkunft dar.

Bei dieser Einwanderung wirken zudem die geschichtlichen Ansprüche an »Germanisierung« durchaus nach. Im autobiographischen Buch *Wir Strebermigranten* beschreibt die Journalistin Emilia Smechowski, wie ihre Eltern sich als polnische Eingewanderte in Deutschland für ihr »unterentwickeltes Land« förmlich geschämt haben. Für

Smechowski selbst entwickelte sich daraus ein »verordnetes Deutschsein«, in dem sie als Person aber niemals aufging. Homi Bhabha hat einmal davon gesprochen, die Nachahmung der postkolonialen Einwanderer erzeuge »a subject of difference that is almost the same, but not quite«, also ein Subjekt der Differenz, das fast das Gleiche ist, aber eben nicht ganz. »Dieses Gefühl«, meint Smechowski, »anderen etwas vorzuspielen und dennoch unvollständig zu sein, diese Angst, bald durchschaut und dann nicht mehr gemocht zu werden: Sie verfolgen mich im Grunde bis heute. Es war, als wäre ich mit Deutschland verheiratet worden, ohne vorher gefragt zu werden.« Sie erzählt auch, wie die Wiedervereinigung dafür sorgte, dass die Anpassungsleistungen der Eltern plötzlich auf dem Spiel standen. Nun kamen neue Personen aus dem Osten, die aber diese Nachahmung gar nicht leisten mussten, weil sie bereits Deutsche waren. Nun ist die Einigung bekanntlich nicht so harmonisch verlaufen, wie damals versprochen wurde. Tatsächlich hat sich in Teilen der neuen Bundesländer ein Geschichtsbewusstsein entwickelt, das sich aus der Erfahrung speist, von der »Treuhand« quasi kolonisiert worden zu sein und zugleich als »Ossi« abgewertet zu werden. In diesem Sinne steht eine postkoloniale Analyse der Wiedervereinigung noch aus.

Kryptokoloniales Griechenland

Der deutsche »Drang nach Osten« war zugleich aber auch ein Drang nach Südosten. Nun ist es im Rahmen dieses Buches, das ja eher ein Denkanstoß als eine historische Abhandlung sein soll, nicht möglich, die ganze Geschichte des deutschen Imperialprojekts »Mitteleuropa« zu erzählen. In Südosteuropa wurde nur in den Phantasien einiger Radikaler eine direkte Kolonisierung angestrebt, und dennoch gab es den planvollen Versuch, einen Raum von friedlich »durchdrungenen« Staaten zu schaffen, die im Rahmen einer »mitteleuropäischen« Gesamtkonzeption von Deutschland wirtschaftlich und politisch abhängig waren. Neben der wirtschaftlichen Erschließung wurde die oben erwähnte »moralische Eroberung« angestrebt, eine kulturelle Durchdringung durch die Gründung von deutschen Schulen, die Unterstützung von vor Ort wirkenden Freundschaftsvereinen und die Ausweitung auswärtiger Kulturpolitik. Alle Anzeichen – die historischen Verflechtungen, die Aufbewahrung von Erbe in Deutschland, die Migration, der Tourismus – deuten darauf hin, dass hier eine Beziehung besteht, die als postimperial bezeichnet werden könnte.

Ich möchte hier noch auf Griechenland eingehen, nicht nur weil Griechenland jüngst in der europäischen »Schuldenkrise« die prominenteste Rolle gespielt hat, sondern auch weil es als »anderer Ort« in meiner Familiengeschichte vorkommt. In der Erinnerung meiner griechischen Familie tauchte (unter anderem) immer wieder eine bestimmte Episode auf, die mein Vater und mein Onkel stets den Tränen nah als sehr schlimm beschrieben. Die ganze Familie hatte sich während der deutschen Besatzung nach 1941 vom zu unruhigen Nikea (bei Piräus) zu Verwandten in einen ruhigen Teil von Chaidari ausquartiert, wo alle sieben Mitglieder in einem Raum schliefen. In Chaidari gab es eine deutsche Kaserne (und auch ein Konzentrationslager). Eines Nachts drang – zum großen Entsetzen der Erwachsenen – ein völlig betrunkener deutscher Offizier mit einer Handfeuerwaffe in den Wohnraum ein. Dieser beruhigte sich erst, als er die Kinder sah. Er ließ sie antreten, streichelte ihnen über den Kopf und erzählte, seine Kinder seien bei einem Bombenangriff ums Leben gekommen. Dann verließ er das Haus wieder.

Natürlich war das plötzliche Auftauchen des Deutschen in der Nacht die maximal angsteinflößende Situation. Die Deutschen waren in Griechenland gelandet, um den verbündeten Italienern zu Hilfe zu kommen, die das Land überfallen hatten. Vor dem italienischen Einmarsch hatte in Athen der Diktator Ioannis Metaxas regiert, ein faschistischer Verbündeter, im Grunde ein Mann der Deutschen. Im Land gab es also Nazi-freundliche Kreise, und dennoch erwies sich die Besatzung als regelrechte Schreckensherrschaft. Absurderweise wurde das Land für die Besatzung zur Kasse gebeten und zu einer größeren Anleihe gezwungen. Die Deutschen zerschlugen Fabriken, transportierten brauchbare Teile ins Reich, sie raubten Rohstoffe und landwirtschaftliche Produkte, plünderten Museen und Bibliotheken und trieben Personen in die Zwangsarbeit (teilweise im Reich). Als der Widerstand zumal der kommunistischen Partisanen größer wurde, reagierte die Wehrmacht mit unerbittlicher Härte. »Dabei ist zu bedenken«, schrieb Generalfeldmarschall Wilhelm Keitel schon 1941 in einer Weisung, »dass ein Menschenleben in den betroffenen Ländern vielfach nichts gilt und eine abschreckende Wirkung nur durch ungewöhnliche Härte erreicht werden kann. Als Sühne für ein deutsches Soldatenleben muss in diesen Fällen im Allgemeinen die Todesstrafe für 50–100 Kommunisten als angemessen gelten. Die Art der Vollstreckung muss die abschreckende Wirkung noch erhöhen …«

Ganze Dörfer wurden praktisch ausgerottet, Dörfer wie Klissura, Kandanos, Kalavrita oder Distomo. 80 Prozent der jüdischen Bevölkerung fielen der Ausrottung zum Opfer. Als die Deutschen 1944 abzogen, lag das Land in Trümmern: 1600 Dörfer waren zerstört, eine Million Menschen obdachlos, Zehntausende verhungert, 30 000 bei Strafaktionen umgekommen, über 90 000 als Geiseln erschossen. Insgesamt dürften sich die Bevölkerungsverluste Griechenlands auf eine halbe Million summieren, das entspricht 7,2 Prozent der Vorkriegsbevölkerung.

Der Anthropologe Michael Herzfeld hat Griechenlands Position in Europa einmal als »kryptokolonial« bezeichnet. Dieser Begriff funktioniert ähnlich wie »semikolonial« und bezeichnet den Zustand von Staaten, die zwar nominell politisch unabhängig sind, aber aufgrund der wirtschaftlichen Dependenz effektiv auf eine oftmals durchaus erniedrigende Weise abhängig bleiben. Alle Staaten des Balkans funktionierten auf diese Weise – sie blieben auch nach ihrer Unabhängigkeit vom Osmanischen Reich den Ränkespielen der europäischen Mächte unterworfen, die teilweise nach Belieben ihren Einfluss auf die Innenpolitik ausübten. Vor allem nach dem Ersten Weltkrieg gab es im Deutschen Reich eine beeindruckende Parallelität von staatlicher Politik und industriellen Interessen im Hinblick auf ein deutsch dominiertes »Mitteleuropa«. Wirtschaftliche und politische Verträge wurden, schrieb der Historiker Reinhard Frommelt 1977, »mehr oder minder bewußt als Instrument einer expansionistischen, letztlich imperialistischen Politik gegenüber weniger entwickelten Regionen in Europa« betrachtet. In einer jüngeren Publikation hat der US-Geschichtswissenschaftler Stephen G. Gross 2015 das damalige Deutsche Reich als »Export Empire« bezeichnet und für diese Periode von »German Soft Power« gesprochen. Bis zum Kriegsausbruch verfolgten die Nazis diese Politik weiter. 1937 hatte die »sanfte« Strategie ihren Höhepunkt erreicht – der deutsche Anteil an der Gesamtausfuhr Südosteuropas betrug im Durchschnitt 27,6 Prozent und an der Gesamteinfuhr sogar 34,5 Prozent.

In diesem imperialen Projekt war Griechenlands Rolle allerdings nicht klar festgelegt. Für die deutsche Außenpolitik war wie beschrieben der ökonomische Zugriff auf das Osmanische Reich wichtiger, und dieser Zugriff bedurfte der Unterstützung des Sultans. Diese Politik brachte Konflikte mit dem potentiell türkenfeindlichen Griechenland mit sich. Zudem waren alle deutschen Pläne stets davon abhängig, inwiefern der traditionell relevantere Einfluss Frankreichs und Englands zurückgedrängt werden konnte. Das gelang vor dem Ersten Weltkrieg durch deutschlandfreundliche Eliten um den Kronprinzen Konstantin, der in Deutschland studiert hatte und die preußische Ordnung bewunderte. Nach dem Krieg versuchte das Reich eben über die staatlich gelenkte Wirtschaftsaktivität an Kontrolle zu gewinnen und war damit überaus erfolgreich. Vor allem Tabak wurde ins Deutsche Reich eingeführt. Griechenland war einer der Hauptexporteure von Orient-Tabak, und schon in den 1920er Jahren ging fast die Hälfte der Ausfuhren ins Deutsche Reich, was dem Reich gleichzeitig in der Rangliste der Gesamtexporte den ersten Platz sicherte. Die Marke »Ernte 23« basierte komplett auf griechischen Pflanzen. Zudem hatte das Reich mit allen Balkanstaaten sogenannte Clearing-Abkommen geschlossen. Um Währungseffekte abzumildern, wurden die Beträge aller Einkäufe zwischen den Staaten an eine Clearingstelle überwiesen und gegeneinander aufgerechnet. Das bedeutete, dass die hohen Exporte ins Reich dazu führten, dass auch deutsche Produkte in großer Zahl gekauft werden mussten.

Wessen Erbe ist die Antike?

Die Besatzung Griechenlands durch die Nazis war nicht vorgesehen, aber 1941 wähnte Deutschland sich einfach allmächtig. Diese Mentalität kommt in einer Szene zum Ausdruck, die der kroatische Schriftsteller Slavko Goldstein in seinem Buch über das Jahr 1941 schildert. Als die Wehrmacht im Frühjahr in seinem Wohnort Karlovac ankam, belauschte er als kleiner Junge das Gespräch von deutschen Soldaten, die an ihrem Panzer lehnten. Sie unterhielten sich darüber, wo es als Nächstes hingehen würde. Der eine meinte, es sei die Türkei, um den Suezkanal zu sichern, und von da aus zu den irakischen Ölfeldern und nach Indien. Nein, Russland, meinte der andere, er werde schon sehen. Was war angesichts solcher Pläne schon das kleine Griechenland? Nur ein Stützpunkt auf dem Weg zur Weltherrschaft. Das erklärt die Härten der Besatzungszeit immer noch nicht, aber die Neugriechen waren für die Nazis eben nur eine »vorderasiatische Rasse«, deren Unterjochung kein Problem darstellte.

Darüber hinaus bezogen sich die Nationalsozialisten ideologisch nicht auf die griechische Antike, sondern auf den »indogermanischen« Sprachraum. Sie verorteten den Ursprung der »nordischen Rasse« im »Ariertum« der Inder und Perser. Entsprechend verwendeten sie die Swastika, ein Glückssymbol aus dem asiatischen Raum. In seinem Buch über die *Ungleichheit der Rassen* hatte der französische Diplomat Arthur des Gobineau den angeblichen Weg des Ariertums verfolgt, das sich mal hier und mal dort in der Geschichte in bestimmten Völkern verkörpere, und nun eben in den Deutschen. Die antiken Griechen galten zwar auch als Arier, doch ihre Rolle war eher untergeordnet. Die alten Griechen waren irgendwann abgestiegen. In seinem Buch *Mythos des 20. Jahrhunderts* behauptete Alfred Rosenberg, die Griechen seien »vorderasiatisch« geworden, als sie sich der Demokratie zuwandten: »Diese Demokratie aber ist nicht Volksherrschaft, sondern Herrschaft Vorderasiens über die ihre Menschen und Kräfte zerstreuenden griechischen Stämme, überall herrscht der hemmungslos gewordene Menschenauswurf über die verweichlichten, nicht durch rassisch-verwandtes Bauerntum gestärkten Hopliten.« Immerhin hatten sie, meinte Rosenberg, im fünften Jahrhundert vor Christus die damals schon nicht mehr »arischen« Perser von der Eroberung Europas abgehalten.

Allerdings ist die Frage, ob der Philhellenismus die Besatzung gemildert hätte. Denn die Beanspruchung der Antike als europäisches oder »nordisches« Erbe stand schon immer im Konflikt mit der Existenz der Neugriechen. Diese Beanspruchung spielte traditionell im deutschen nationalen Projekt eine enorme Rolle. Es gab in all den kleinen und größeren staatlichen Gebilden, die später das Deutsche Reich wurden, ab der Wende vom 18. zum 19. Jahrhundert eine geradezu besessene Begeisterung für die griechische Antike. In der Antike fand man, wie es der damals populäre Kunsthistoriker Johann Joachim Winckelmann ausdrückte, eine »edle Einfalt« und »stille Größe«. Das so verstandene »Griechische« setzte Winckelmann gegen das als universalistisch, gekünstelt und despotisch-kolonial wahrgenommene »Römische«. Es war unschwer zu erkennen, dass mit diesem »Römischen« damals Frankreich identifiziert wurde. Der nachfolgende Einfluss dieses »Griechischen« auf den Kunstbegriff, die Literatur (Weimarer Klassik), die Vorstellungen von Erziehung und »Bildung« (Wilhelm von Humboldts Reform des Bildungswesens in Preußen, die Entstehung des »humanistischen Gymnasiums«), auf die Organisation der Universitäten oder auch auf die Ausrichtung und Bedeutung der

Archäologie ist nachgerade unglaublich. Die Identifikation mit dem »Griechischen« und die Rückkehr zum »Griechischen« definierten das deutsche nationale Projekt. Allerdings handelte es sich häufig um schiere Projektion; viele Annahmen über die Kultur der Antike erwiesen sich als falsch.

Eine erhebliche Herausforderung für die deutsche Einverleibung des griechischen Erbes stellte das Auftauchen der höchst realen Neugriechen dar. Fünfhundert Jahre hatte das Gebiet des heutigen Griechenland zum Osmanischen Reich gehört, als die Bevölkerung sich 1821 gegen dessen Herrschaft erhob. In Deutschland kam sofort die Frage auf, ob diese Personen eigentlich als legitime Nachfolger des »Griechischen« zu sehen wären oder nicht. Die »Philhellenen« kamen – natürlich ohne jegliche Erfahrung – zu dem Ergebnis, dass dem schon so sei, aber dass diesen von der Türkenherrschaft deformierten und zurückgebliebenen Einheimischen der griechischen Gefilde geholfen werden musste, dieses Erbe wieder oder gar neu zu entdecken. Sie mussten von den Preußen oder Bayern, die sich unterdessen als die eigentlichen Nachfolger der Antike betrachteten, hellenisch unterrichtet und erzogen werden. Ein »philhellenisches« Gemälde von Georg E. Opitz illustriert das. In den 1820er Jahren entstand ein Bild mit den Titel *Obrist Lieutenant Heidegger in Mitten seines edeln Wirkens für der Griechen Wohl*, auf dem eigentlich Karl W. von Heideck zu sehen ist, der Leiter einer den Aufständischen zu Hilfe geeilten bayrischen Militärdelegation. Der Deutsche ist die größte Person auf dem Bild, alle Beteiligten sind ihm zugewandt – der Freiheitskämpfer in orientalisch anmutender Tracht, die Popen im Hintergrund, eine Mutter mit Kind, kniend vor dem »Entwicklungshelfer«. Links freuen sich weitere Kinder über die mitgebrachten Bücher, rechts alle möglichen Personen über das – offenbar ebenfalls mitgebrachte – Brot. Es war zweifellos ein imperiales Verhältnis, das hier abgebildet wurde.

Die Neugriechen: unzuverlässige, barbarische Kinder

Wenn nun der einverleibte Andere im imperialen Verhältnis nicht so funktioniert wie geplant, dann steht auch das eigene Selbstbild auf dem Spiel. So kann die Schwärmerei rasend schnell in ihr Gegenteil umschlagen. Während des Unabhängigkeitskampfes gingen eine Reihe von »Philhellenen« als Kämpfer nach Griechenland und kehrten desillusioniert zurück. Von Darmstadt aus wurde etwa mit der Hilfe eines dubiosen griechischen »Senators« eine Legion von 120 Freiwilligen organisiert, die im Dezember 1822 völlig überraschend an der Küste der Peloponnes auftauchte. Dort wurden die Truppen keineswegs mit offenen Armen empfangen. Die Aufständischen hatten nämlich kein Interesse an unangemeldetem, fremdem Eingreifen. Geradezu furchterregend erschien zudem die Ankündigung der Deutschen, ab jetzt kämen in monatlichen Abständen neue Expeditionen. In diesem Sinne hielten die Griechen die Legion konsequent vom Einsatz ab, die Mitglieder hingen tatenlos in den Straßen von Nafplio herum, bis sie irgendwann zumeist individuell wieder versuchten, sich in ihre Heimat durchzuschlagen. Kurz nach dem Beginn des Befreiungskampfes hatte sich die Begeisterung sehr gelegt: Die »Neugriechen« galten als undankbar, unzuverlässig und gierig.

Schließlich wurde Griechenland unabhängig, blieb aber abhängig vom Willen der Großmächte, zumal Englands, Frankreichs und Russlands. Aufgrund der permanenten Instabilität beschlossen diese Länder 1830, einen bayrischen Jugendlichen, Sohn des späteren Königs Ludwig I., zum König von Griechenland zu machen. Die bayrische Herrschaft – Otto I. war zum Zeitpunkt der Thronbesteigung erst sechzehn – versuchte ab 1832 zunächst von Nafplio und dann von Athen aus die Prinzipien der deutschen Verwaltung, des Finanzwesens und des Städtebaus mithilfe von importierten Beamten absolutistisch über das Land zu stülpen. Die ersten vier Gesetzbücher wurden von dem Münchener Juraprofessor Georg Ludwig von Maurer auf Deutsch verfasst und dann erst ins Griechische übertragen. Sie dienten nach Maurer der »Erziehung und der Anhebung des geistigen Niveaus dieses so liebenswerten Volkes«. Die von den Garantiemächten versprochene Verfassung führte Otto erst gar nicht ein; sein Vater hielt die Griechen damals für nicht reif genug zur Selbstverwaltung. Doch trotz aller Revolten und Reformen hielt sich Otto durch geschickte Verhandlungen immerhin dreißig Jahre an der Macht, erst 1862 wurde er vertrieben. Da Griechenland in jener Zeit von England und Frankreich nach Belieben als militärisches Aufmarschgebiet missbraucht wurde, etwa im Krimkrieg, lässt sich dieses seltsame Gesamtregime wohl ganz zu Recht mit der Bezeichnung »kryptokolonial« umschreiben.

Mitten in die grassierende Ernüchterung der Philhellenen und den Amtsantritt Ottos fiel 1830 das Erscheinen eines überaus erfolgreichen Werkes, das der Enttäuschung gewissermaßen eine rationale Färbung gab. Der Orientalist Jakob Philipp Fallmerayer »bewies« in einem Buch über die Geschichte der Peloponnes, dass das Hellenentum im Gebiet des damaligen Griechenland »ausgerottet« sei. Die Bewohner seien allesamt eingewanderte Slawen und Albaner – nicht eine Familie dort besitze noch hellenisches Blut. Das Scheitern der Selbstregierung war im Grunde vorprogrammiert. Im zweiten Teil von 1836 hatte sich Fallmerayer weiter radikalisiert. Die heutigen Griechen seien, »geistig todt«, eine »gleichartige, rohe und brachliegende Masse«, »barbarisch unwissend«, »moralisch schlecht«, »elend und verkümmert«, politisch anzusiedeln zwischen »Stambul und Moskwa«, »häufig eben so sehr vom Geiste der Intrige als von der Sehnsucht nach Unterricht und aufrichtiger Vaterlandsliebe beseelt, und mitten aus der Barbarei und Verderbtheit des Orients in die abendländische Lichtregion verpflanzt«. Zwischen »diesen Leuten« und den Europäern existiere nun »eine auf ewige Zeiten bestehende Scheidewand«. Insofern: »Lasset endlich ab von dem nutzlosen Versuch«, diese Leute »in Europäer umzuschaffen; denn Glaube und Sitte der Griechen stellen solcher Umwandlung so unbesiegbare Hindernisse entgegen wie als das Gesetzbuch und die Nationalgewohnheiten der Moslimen des Orients«.

Im Fadenkreuz des imperialen Blicks hatten die Neugriechen von vornherein eigentlich nur die Wahl, sich des imaginären Bildes einer antiken Größe anzupassen (und davor angesichts der Realität notwendig versagen zu müssen) oder auf das Erbe gleich zu verzichten, also eine erbärmliche Existenz darzustellen, die weder richtig »slawisch« noch richtig »orientalisch« war. Einen Ausweg hätte nur echte Unabhängigkeit bringen können, doch die ließ sich vor allem wegen der permanenten Verschuldung im Westen nicht realisieren. Schon in den 1820er Jahren hatte Griechenland erste Kredite aufnehmen müssen. Die nicht abreißenden Auseinandersetzungen auf dem Balkan und der Preisverfall für Exportprodukte führten schließlich 1893 zum ersten griechischen Staatsbankrott. Nach dem verlorenen Krieg gegen die Türkei 1897 wurde es noch schlimmer – Athen musste sogar internationale Finanzkontrolle im Land akzeptieren. Zwei Jahre später besuchte der bereits erwähnte »liberale« Politiker Friedrich Naumann Athen, weil er eine Reise in den Orient antrat. »Man tritt in Athen ein wie in ein Bankhaus«, schrieb er in dem erwähnten Buch *Asia*, »von dem man weiß, dass es schon am Konkurs stand. Wie werden die ›schuldbeladenen‹ Griechen aussehen? Man sucht in ihren Augen, in ihrem Gang, in ihren Anlagen ihre Zukunft zu lesen, und man liest wenig tröstliches heraus. Die Menschen sind elastisch, biegsam, gewandt, aber nicht straff. Es scheint, dass sie ein leidlich gutes Material sein könnten, wenn sie von einem festen Willen kommandiert werden, aber als souveränes Volk erscheinen sie nicht nur uns, sondern auch anderen, weit landeserfahreneren Beurteilern einfach lächerlich.« Früher einmal habe »eine andere Rasse« dort Großes geschaffen. Nun sehe er nur »große Kinder, die in den Kaffeehäusern sitzen, oft überraschend jugendlich im Aussehen trotz fortgeschrittenen Alters, die jetzigen Stiefkinder Europas, ein armes Volk, gleichsam heruntergekommener Adel«. Die Griechen sind also – ebenso wie die Bewohner der Kolonien – Kinder, deren Selbständigkeit nur lachhaft ist. Sie warten auf einen »festen Willen«. War es dieser »Wille«, der 1941 auf Kreta landete?

Geschichtslosigkeit als Genuss

Nach dem Zweiten Weltkrieg spielten sowohl das traditionell einverleibte »Griechische« als auch das eben noch ausgeplünderte reale Griechenland auf neue Weise eine Rolle. Ein bekanntes Freundespaar verkörperte diese Neuinterpretation; der eine, der Philosoph Martin Heidegger, wollte zum »Griechischen« zurückkehren, der andere, der Schriftsteller Erhart Kästner, war gerade buchstäblich von einem Einsatz mit der Wehrmacht nach Deutschland zurückgekehrt. 1953 hatte Heidegger einen unglaublich erfolgreichen Vortrag gehalten, *Die Frage nach der Technik.* In dieser Rede beklagte er, dass von der immer unabhängiger agierenden Technik – vom »Ge-stell« – die Gefahr der Vernichtung aller spezifisch menschlichen, aktiven Erkenntnis und »Wahrheit« drohe. Doch unter der Maschinen-Technik verstecke sich immer noch eine ursprüngliche, »griechische« Technik des Hervorbringens oder »Hervorkommenlassens«, die sich im Handwerk oder in der Kunst äußere. Ganz besonders wichtig sei es daher, den »Anfang«, also das »Griechische«, zu bedenken und »andenkend zu hüten«. Der Philosoph, der bekanntlich die Machtübernahme der Nazis beklatscht hatte, kehrte mit dieser Volte natürlich primär zu Deutschland zurück, und zwar zu jenem angeblich ungekünstelten, anti-materialistischen, einfachen »Deutschtum«, das er mit dem »Griechischen« identifizierte. Die Nazis dagegen gehörten jetzt zur Welt des »Ge-stells«, mit der Heidegger nichts mehr zu schaffen haben wollte.

1962 unternahm Heidegger eine Reise nach Griechenland. Diese Reise verdeutlichte, wie wenig sich das »Griechische« und das Neugriechische im imperialen Blick nähergekommen waren. Denn Heidegger, unterwegs auf dem Kreuzfahrtschiff »Jugoslavija«, zeigte sich höchst unzufrieden mit Land und Leuten. Korfu sah nicht aus, wie Homer es beschrieben hatte, es war zu »italienisch«. Heidegger ging erst gar nicht von Bord. Im Italienischen verbarg sich ja das Römische, also der verhasste Universalismus. Ithaka erschien ebenso unbefriedigend, denn da begegnete ihm »Morgenländisches, Byzantinisches« – ein orthodoxer Pope hatte ihm eine Kirche gezeigt. Auf Kreta erwiesen sich sowohl Knossos als auch der »Bazar« von Iraklion als zu »ägyptisch-orientalisch«. Auf Rhodos blieb er wieder auf dem Schiff. Das Schiff war derweil der kleinasiatischen Küste näher gekommen, und Heidegger begann, sich auf die Auseinandersetzung mit dem »Asiatischen« zu konzentrieren – etwas »Wildem« mit »dunklen Kräften«. In dieser Auseinandersetzung, meinte der Philosoph, entscheide sich noch weitaus mehr als in der Antike »das Schicksal Europas«. Offenbar hatten die Nazis die »Wilden« nicht aufhalten können ... In Athen wiederum verhüllten der »Dunst über der modernen Großstadt«, die US-Mittelmeerflotte und das »lebhafte Gewimmel der Südländer« die Erfahrung des »Griechischen«.

Im Grunde diente die Reise dazu, das gesuchte »Griechische« von allen »fremden« Einflüssen zu reinigen. Denn es war schon vorher klar, wo er sein authentisches Erlebnis haben würde. Schon 1953 hatte er in einem Brief davon gesprochen, dass Delos sein Traum sei, zumal die Insel in Hölderlins »Gesang des Deutschen« einen prominenten Auftritt hatte. Auf Delos spürte Heidegger sofort einen »bislang nirgends vernommenen Anspruch«. Am Strand der Insel warteten Frauen, die »Webereien und Stickereien« zum Verkauf anboten. Die hätte Heidegger an jedem anderen Ort als wertlosen Touristenplunder abgetan, hier aber wurden sie ihm zur »Kunde von einem zwar dürftigen, aber fleißigen Leben«. Ansonsten war die Insel vor allem kaum bewohnt, öde und verlassen. Während Heidegger den Gipfel des Berges Kynthos in der Mitte der Insel erklomm, fand er Identität: das »Griechische«, das Abendland, Deutschland, sich selbst. Und daher kam auch erst mit dem Abschied von Griechenland die Ankunft des »Griechischen«.

Heidegger hatte die Reise von seinem Freund Erhart Kästner geschenkt bekommen, den die deutsche Öffentlichkeit als Autor des Buches *Ölberge, Weinberge* gut kannte. Dieses Buch war ursprünglich 1942 erschienen, seinen Erfolg jedoch verdankte es einer bearbeiteten Wiederveröffentlichung beim Insel-Verlag im Jahr 1953. *Ölberge, Weinberge* wurde zu *dem* Nachkriegsbestseller über Griechenland, Mitte der 1970er Jahre hatte es zwanzig Auflagen erreicht. Wer das Buch heute zur Hand nimmt, findet darin eine seltsame Verflechtung von Eroberung und Tourismus. Kästner war 1941 mit der Wehrmacht nach Griechenland gekommen und befand sich dort – wie so viele junge Männer damals – im Grunde auf seiner ersten großen Auslandsreise. Zudem hatte er vom kommandieren General im Luftgau Südost den Auftrag erhalten, ein Buch über Griechenland zu schreiben. In der Ursprungsversion verherrlichte Kästner den deutschen Einmarsch als Rückkehr der »arischen Rasse« in ein angestammtes Gebiet. In der Version von 1953 stellte er seinen Aufenthalt als bewusste Eulenspiegelei gegenüber dem Militär dar, um Griechenland sehen zu dürfen. »So waren wir denn«, schrieb Kästner, »dem Untier Militarismus auf Haupt und Schultern geflogen und genossen die Aussicht von Herzen.«

Dabei inszenierte er sich tatsächlich als »Aussteiger«. Wie die späteren Hippie-Touristen lag er in seinem Schlafsack unter dem südlichen Sternenhimmel, verschmolz mit der Landschaft und machte esoterische Erfahrungen: »Alles kreist. Alles kehrt wieder.« Kästner suchte nach einer ursprünglichen Freiheit außerhalb der dekadenten, mechanisierten, überverwalteten Welt, jenseits des »verhaßten Zahnrades« der Zeiteinteilung, jenseits von »Dauer, Besitz«. Selbstverständlich begegnete er nur jenen Griechen, die noch einfach lebten, wie Bauern, Hirten oder Fischern. Schließlich war Griechenland eine »Wildnis«. Dabei wollte Kästner die »südländischen« Griechen in Schutz nehmen gegen die üblichen Unterstellungen der Faulenzerei und Betrügerei. Nach seiner Auffassung schwelgten sie vielmehr in einer »südlichen Sorglosigkeit« vor sich hin, die so weit ging, dass selbst ihre Dächer

»sorglos mit Wellblech gedeckt« waren. Alles sei »im gewohnten Zustand des Halbkaputten«, schrieb er vom Piräus, »für das der Süden eine solche Leidenschaft hat«. Dass die Griechen nur wenig Möbel in ihren Häusern hatten, wurde ebenfalls zum Ausdruck ihrer »südlichen Art«: »nur nicht zuviel Eigentum«.

Nachdem Deutschland seinen Versuch, Geschichte zu machen, erfolglos beendet hatte, genoss Kästner in Griechenland die Erfahrung, »wie das ist, wenn die Völker noch vollends ins Geschichtslose glitten«. Das »Geschichtslose« ist in der Nachkriegszeit kein Anlass mehr für Eroberungsgelüste, sondern eine »Wohltat« für den »Aussteiger« auf der Suche nach ursprünglicher Freiheit. Begeistert ruft er aus: »Heil dem Geschichtslosen.« Tatsächlich findet eine neue Form der Eroberung statt, denn wahlweise mit den Reiseführern für die antiken Stätten oder mit Kästners Buch in der Hand kommen ab den 1960er Jahren Hunderttausende deutsche Reisende nach Griechenland. Das Griechenland dieses Tourismus basierte auf den beiden genannten Formen von »Geschichtslosigkeit«, dem antiken »Griechischen« und dem »Halbkaputten«, die im touristischen Angebot endlos wiederholt werden. Im Grunde passte es gar nicht zu diesem Erlebniskosmos, dass die Neugriechen richtige »Europäer« werden. 2004, im Jahr der gut organisierten Olympischen Spiele in Athen und des Sieges der griechischen Mannschaft in der Fußball-Europameisterschaft, sah es kurzzeitig so aus, als sei die Peripherie gleichgezogen. Aber kurz danach kam die nächste »Schuldenkrise«, und mittlerweile ist »griechische Krise« nahezu weltweit eine Redewendung geworden. Die einen verwenden die Bezeichnung, um Fehler im staatlichen Handeln zu bezeichnen, die anderen, um neue Formen von Kolonialismus zu brandmarken.

Schulden und Schuld in postimperialen Beziehungen

Für die Krise gab es viele Erklärungen, aber es dürfte klar sein, dass die Länder des europäischen Südens nicht alleine verantwortlich waren, sondern dass zuvor auch der »Exportweltmeister« Deutschland ein Interesse daran hatte, dass der Konsum auf Kreditbasis massiv ausgeweitet wurde. Doch wer Schulden hat, der hat zugleich auch Schuld auf sich geladen. Als Deutschland sich das Sparen auf die Fahnen geschrieben hatte, wurde Griechenland in Politik und Medien zum Exempel einer moralischen Verfehlung. Wenn diese Leute in dieser Situation waren, dann hatte es offenbar keine strukturellen Ursachen, sondern es war ihrem miesen Charakter zu verdanken. Griechenland, so *Bild* 2010, war das »Land der Bankrotteure und Luxusrenten, Steuerhinterzieher und Abzocker«, und das war keineswegs nur der Tenor im Boulevard. Auf dem Cover des *Stern* war die griechische Fahne als Lunte an einer Bombe zu sehen, die wiederum die Fahne Europas trug. Offenbar sollten nicht einmal 1,5 Prozent der europäischen Wirtschaftsleistung ausreichen, um das große Ganze in Gefahr zu bringen. Der Leiter der Eurogruppe, der niederländische Sozialdemokrat Jeroen Dijsselbloom, brachte 2017 die moralische Schuld Griechenlands in einem Interview so auf den Punkt: Wer sein Geld mit Frauen und Schnaps durchbringe, der könne sich schließlich danach nicht hinstellen und die Hand aufhalten. 2019 ließ sich der deutsche Innenminister Horst Seehofer sogar zu der Bemerkung hinreißen, es wäre besser für Griechenland gewesen, wenn die Bayern als Herrscher dort geblieben wären, was im Gesamtkontext überhaupt nicht scherzhaft wirkte.

Dieser Gesamtkontext hatte schon immer (krypto-)koloniale Züge. Das wird in Europa kaum einmal angesprochen, weil die Vorstellungen von Kolonialität gemäß der Salzwasser-Theorie funktionieren. Doch gibt es einen Zweifel daran, dass die Deutschen als Kolonisatoren in Osteuropa und den Balkanstaaten geblieben wären, wenn sie den Krieg gewonnen hätten? Für außereuropäische Betrachter erscheint der Zusammenhang dagegen offensichtlich. Der renommierte indische Politikwissenschaftler Ranabir Sammaddar, Direktor der Calcutta Research Group, hat eine »postkoloniale Untersuchung« der europäischen Schuldenkrise geschrieben und kommt zu dem Ergebnis, dass die europäische Peripherie einem Skript folgt, dass den Postkolonien schon lange bekannt ist: Die wirtschaftliche Abhängigkeit, die Verschuldung und die »Schuld« führen immer wieder zu einem Verlust der politischen Souveränität.

Die postimperiale Beziehung äußert sich auch darin, dass die »griechische Krise« im sich überschneidenden Territorium die Migration nach Deutschland wieder verstärkt hat. Ein Rückblick zeigt, dass nahezu ein Zehntel der Bevölkerung Griechenlands sich temporär oder dauerhaft zum Arbeiten in Deutschland aufgehalten hat. In den 1960er Jahren wurden diese Arbeitskräfte oftmals als »Katzelmacher« oder »Kanaken« abgewertet. Rainer Werner Fassbinder hat einen seiner Spielfilme *Katzelmacher* genannt und in diesem Film gezeigt, wie Begehren und Projektionen rund um die nahezu sprachlose Person des Griechen »Jorgos« kreisen. Dieses Begehren und diese Projektion sind Teil der postimperialen Beziehung. Hier lässt sich eine lange, verästelte Geschichte erzählen. In Deutschland aber wird diese Postimperialität nie als Analyse-Instrument verwendet, um Geschichte, wirtschaftliche Strukturen, Wissensbestände oder auch kulturelle Artefakte wie Literatur, Kunst oder Musik zu untersuchen. Im englischsprachigen Bereich haben diese Analysen aber in vielen Feldern enorme Früchte getragen: Sie machen es möglich, den »Kanon« noch einmal neu zu betrachten.

Aber eine solche Diskussion wirft natürlich auch die Frage der Verantwortung auf. Heute sind Polen und Griechenland die Länder in Europa, die am lautesten und am deutlichsten ihre Forderungen nach Reparationen aufrechterhalten, nach »Wiedergutmachung« für Zerstörung, Terror und Ausplünderung während des Zweiten Weltkriegs. Die Strategie der Bundesregierung im Hinblick auf solche

Forderungen ist ziemlich eindeutig. Die verbale Anerkennung moralischer Schuld wird begleitet von einer totalen Weigerung, irgendwelche finanziellen Kompensationen auch nur in Betracht zu ziehen. In Bezug auf Reparationen gibt es fast durchgängig eine Politik der Verweigerung, des Aufschiebens, der Aufrechnung von Verbrechen oder der rechtlichen Kniffe. Im postkolonialen oder postimperialen Zusammenhang wird die »Schuld« nicht beglichen, weil das auch die Anerkennung beinhalten würde, dass die Eroberung keineswegs moralisch gerechtfertigt war. Doch Reparationen sind wichtig. Die US-Anthropologin Susan Slyomovics hat ein Buch darüber geschrieben, wie schwer sich ihre jüdische Familie mit der Akzeptanz von finanziellen Entschädigungen aus Deutschland getan hat, doch gleichzeitig hält sie die Reparationen für unabdingbar, weil darin eine Anerkennung des Leidens stattfindet. Im Rahmen von kolonialen oder imperialen Eroberungen aber hat eine solche materielle Anerkennung letztlich noch nirgendwo ernsthaft stattgefunden.

Das Verhältnis von Deutschland und den Staaten Ost- und Südosteuropas kann also als postimperial bezeichnet werden. Daher existiert auch so etwas wie eine »Imperialität«, die in die ökonomischen Verhältnisse und in die Wissensstrukturen in den sich überschneidenden Territorien eingelassen ist. Bei der Analyse dieser Imperialität geht es nicht primär darum, Schuldige und Opfer zu unterscheiden. In Räumen der Halbabhängigkeit zu leben, macht weder komplett machtlos noch besonders sensibel. In Polen und in Griechenland und anderen Ländern gibt es alle möglichen Leute, Faschisten, Populisten, Ausbeuter oder Anpasser. Aber alle Aktionen bleiben in einer gewissen Struktur, in der die ökonomische Macht und die Wissensstrukturen in Deutschland weitaus größere Auswirkungen haben als umgekehrt. Historische Verantwortung bedeutet nicht nur, vergangene Verbrechen anzuerkennen, sondern um diesen strukturellen Rahmen zu wissen, diesen in die Analyse einfließen zu lassen und zugleich auch auf Veränderung hinzuwirken. Wenn die Europäische Union nur ein Staatenverbund ist, der die Ungleichheiten, die ja am Ende auf sehr konkrete Ungleichheiten zwischen individuellen Bürgern hinauslaufen, nur noch dauerhaft verwaltet, anstatt sie auch zu verändern, dann gäbe es tatsächlich kaum Veranlassung mehr, die EU gegen ihre populistischen Feinde zu verteidigen.

Kapitel 4
Erinnerung außer Konkurrenz

Die erweiterte Erinnerung

Wessen Erinnerung zählt? Woran sich erinnern? Wie sich erinnern? Und warum? Obwohl die Bundesrepublik so viel Erfahrung mit dem Gedenken hat, bleiben diese Fragen eigentlich immer virulent. Die jüngste Debatte um den Kolonialismus ist ein Anlass, die Erinnerungskultur selbst noch mal zu hinterfragen. Es ist nicht möglich, die bisherigen Formen einfach zu übernehmen. Der Erfahrungsraum der Gesellschaft hat sich inzwischen gewandelt, weil die Gesellschaft selbst sich verändert hat. Sie ist eine Vielheit geworden. Ich verwende diesen Begriff ganz bewusst, um den oft verniedlichenden Assoziationen von »Vielfalt« zu entkommen. Vielheit bedeutet, in einem Gemeinwesen zu leben, in dem unterschiedliche Erfahrungszusammenhänge, Referenzsysteme und Lebensweisen existieren. Das ist sicher kein Grund für eine panische Angst vor dem Auseinanderfallen, doch klar ist, dass Berührungspunkte in Bezug auf Erinnerung nicht immer selbstverständlich vorhanden sind. Die »Einigkeit«, von der in der Hymne der Bundesrepublik die Rede ist, kann nicht vorausgesetzt werden, sondern sie muss aktiv hergestellt werden. Das wissen auch jene, die in letzter Zeit versuchen, die »Einigkeit« autoritär herbeizuzwingen. Letzteres kann aber nicht die Art und Weise sein, wie ein demokratisches Gemeinwesen mit Vielheit umgeht.

Zu dieser Vielheit haben eine ganze Reihe von Veränderungen beigetragen. In erster Linie ist die Einwanderung zu nennen. Wenn heute in einem gewöhnlichen Klassenraum in einer Stadt der alten Bundesländer die Kinder mit Migrationshintergrund die Mehrheit darstellen, dann erweitert sich der Raum der Erinnerung. Eltern bringen andere Geschichte und andere Geschichten mit an den Tisch. Kinder haben eine andere Perspektive auf die Historie des deutschen Nationalstaats, wenn dieser Staat etwa die eigenen Vorfahren als minderwertig angesehen hat, als zu beeinflussende oder zu erobernde Bevölkerung oder gar als Menschen, die vernichtet werden mussten. Die zunehmende Integration und die Osterweiterung der Europäischen Union hat auch Erinnerungen neu aktiviert – zumal in Momenten der Krise, in denen Deutschland außenpolitisch als starker Akteur auftrat, der wahlweise moralisch aufgeladene Formen von Kontrolle gegenüber dem Süden ausübte (»Sparen«) oder unilateral weitgehende Entscheidungen traf, ohne die europäischen Partner, zumal im Osten, zu informieren, geschweige denn einzubeziehen (»Flüchtlingskrise«).

Zum Zweiten ist der Raum der Erfahrung durch die Globalisierung größer geworden. Medien, Reisen und persönliche Kontakte haben Netzwerke über nationale Grenzen hinweg ermöglicht, in denen Erinnerungen kommuniziert und in bestimmte Formen gebracht werden. 2001 haben Nathan Sznaider und Daniel Levy ein Buch über den Holocaust geschrieben, das *Erinnerungen im globalen Zeitalter* hieß. Dort konnten sie zeigen, wie der »Holocaust« durch seine mediale Verbreitung zunehmend zu einem global verfügbaren Gefäß der Erinnerung wurde, zu einer Art Schablone, auf die sich andere Gruppen beziehen mussten, wollten sie denn, dass ihre Leidenserfahrung gehört wurde. Um der Geschichte des transatlantischen Sklavenhandels Gehör zu verschaffen, wurde der Vergleich mit dem Holocaust oftmals bemüht. Heute ist von den Vereinigten Staaten aus die »schwarze« Erfahrung wiederum selbst globalisiert worden – von »Black Lives Matter« haben im Westen sehr viele Menschen schon einmal gehört.

Eine weitere große Veränderung schließlich war die deutsche Wiedervereinigung, die eigentlich eine neue Vereinigung war. Immer noch unterscheiden sich die alten und die neuen Bundesländer gewaltig – sowohl von ihrer Sozialstruktur her als auch von den Referenzsystemen der Bevölkerung. Dass die Erinnerung an die DDR und die Art und Weise, wie die »Wende« vollzogen wurde, in den letzten Jahren eine größere Rolle spielt, hat auch damit zu tun, dass die Vereinigung lange Zeit als organischer Prozess angesehen wurde. Ein »Unrechtsstaat« war verschwunden, es wuchs zusammen, was zusammengehörte, und der Westen stellte das verbindliche Modell dar. Während alle anderen Staaten des »Ostblocks« als »countries in transition«, als Übergangsländer, bezeichnet wurden, schien die ehemalige DDR bloß einen Sprung in eine größere Bundesrepublik zu absolvieren. Doch die Angleichung fand nicht statt, der Unterschied ist nicht verschwunden. Die Abqualifizierung der DDR war auch eine Dequalifizierung von persönlichen Erfahrungen. Heute artikuliert sich eine neue Erinnerung daran, vom Westen überrollt und als »Ossi« abgewertet worden zu sein. Das Auftauchen von Erinnerung hat auch immer etwas mit Zugehörigkeit zu tun: Seine Erinnerung artikulieren, ins Spiel bringen, zum Einsatz machen, zur Beschwerde nutzen kann nur, wessen Zugehörigkeit zum Gemeinwesen nicht zur Disposition steht.

Erinnerung im Konflikt

Nun ist auch klar, dass die Räume der Erinnerung sich keineswegs harmonisch ineinanderfügen. Israel und Polen etwa hatten wiederholt Auseinandersetzungen über die Rolle der polnischen Zivilbevölkerung bei der »Endlösung« der Judenfrage – über drei Millionen der getöteten Juden waren Polen. Jüngst haben polnische Historiker recherchiert, dass im Generalgouvernement regelrechte »Judenjagden« organisiert wurden, weil es für die Auslieferung von Juden Belohnungen gab. Nun ist es nicht leicht, Ambivalenzen anzuerkennen, wenn die Selbstwahrnehmung auf anderen Fundamenten ruht. Bis dahin war

Polen das Land gewesen, das in der Gedenkstätte von Yad Vashem viel Ehre erfuhr: Die meisten Namen an der Tafel mit den »Gerechten unter den Völkern«, also jenen, die Juden unterstützt haben, sind polnisch. Umgekehrt ließe sich darauf hinweisen, dass im Ersten Weltkrieg das Personal der Kolonialverwaltung von Ober Ost zu einem nicht unbeträchtlichen Teil aus jüdischen Deutschen bestand, die zweifellos die herrschenden Sichtweisen über den zurückgebliebenen Osten teilten.

In der Gesellschaft der Vielheit stehen die Räume der Erfahrung oftmals im Konflikt. Meine Großeltern väterlicherseits waren beispielsweise pontische Griechen, die in Anatolien gelebt haben, in Trapezunt, dem heutigen Trabzon, etwa 200 Kilometer entfernt von der georgischen Grenze. Sie mussten 1922 nach Athen fliehen. Meine ganze Familie dort hatte auf die eine oder andere Weise mit der Flucht aus Kleinasien zu tun, selbst die angeheirateten Personen stammten aus Smyrna (heute Izmir) oder ähnlichen Orten mit vormals großer griechischer Bevölkerung. Heute ist die griechische Präsenz in Trapezunt komplett ausgelöscht – so gut wie nichts mehr deutet darauf hin, dass hier einmal Griechen gelebt haben, obwohl manche der liebsten Sehenswürdigkeiten der lokalen Bevölkerung einen klaren Bezug zu dieser Vergangenheit haben. In diesem Sinne stört es mich, wenn Personen türkischer Herkunft oder manche Verbände, in denen sie organisiert sind, den Völkermord an den Armeniern relativieren, der ja wie geschildert den großen Vertreibungen vorausging. In Köln etwa ist es 2018 zu einem Konflikt über ein Mahnmal zu diesem Völkermord gekommen. Diese Mahnmal wurde ohne Genehmigung aufgestellt, bei der Einweihung waren Personen und Initiativen, die unter anderem armenischer, deutscher, türkischer und auch namibischer Herkunft waren. Die Stadt hat das Mahnmal erstaunlich schnell wieder abmontieren lassen, vor allem weil Konflikte in der Stadt befürchtet wurden.

Erinnerung bedeutet aber Streit – und die Bundesrepublik muss sich daran gewöhnen, dass die Erinnerungen der Eingewanderten nicht »importiert« sind, sondern dazugehören. Im Rückblick war auch die Erinnerung an die Shoah niemals unumstritten – zumal über die Form wurde immer wieder diskutiert. Das Gedenken war jedoch unumgänglich; nicht nur wegen der Dimension des Verbrechens, sondern auch aufgrund des Drucks aus dem westlichen Ausland und aus Israel. Zwar wurde Deutschland nach dem Zweiten Weltkrieg aus antikommunistischer Räson schnell wieder in den Kreis der westlichen Staaten aufgenommen, aber zu Beginn blieb die Rolle prekär – die Deutschen mussten regelrecht beweisen, dass sie etwas gelernt hatten. Das Andenken blieb in den Nachkriegstagen oft instrumentell, zumal viele ehemalige Nationalsozialisten im Beamtenapparat ihre Arbeit wieder aufgenommen hatten. Erst mit der Revolte der 1960er Jahre wurde das Erinnern sozusagen demokratisiert. Die junge Generation wollte sich tatsächlich erinnern. Sicher gibt es von heute aus auch vieles zu kritisieren, doch es handelte sich um einen Fortschritt in der Art und Weise, wie Gesellschaften ihre Vergangenheit reflektieren.

Die damalige Bewegung wurde häufig getragen von Personen, die den Krieg höchstens als Babys miterlebt hatten, die also selbst nicht an den Verbrechen beteiligt waren. Diese Situation hat sich heute verallgemeinert: Was Europa betrifft, so liegen die Taten, um die es geht, so weit zurück, dass praktisch keine lebende Person noch eine direkte Erfahrung mitbringt. Es gibt also keine Täter mehr im eigentlichen Sinne. Es gibt nur Gemeinwesen, die von Verbrechen profitiert haben oder deren internationale Machtposition sich schwerwiegenden Ungerechtigkeiten verdankt. Und es gibt Individuen, die in diesen Gemeinwesen leben und die aufgrund der Vergangenheit gewisse Privilegien genießen. Wird eine Person heute in Deutschland geboren, dann bedeutet die Geburt an diesem Ort einen großen Vorteil: Zugang zu Ressourcen, zu Gesundheitsversorgung, Bildung, ordentlich bezahlten Tätigkeiten oder sozialstaatlichen Leistungen. Die Migration nach Deutschland verdankt sich einem internationalen Gefälle, das auf den postimperialen Beziehungen aufbaut, die in diesem Buch geschildert wurden. Wird eine Person nicht nur in Deutschland geboren, sondern ist sie auch noch deutscher Herkunft und aus einer Familie mit akademischer Bildung, dann bedeutet das einen weiteren großen Vorteil: Alle Statistiken zeigen, wie sehr der familiäre Hinterrund quasi »vererbt« wird. Erinnerung bedeutet also nicht nur Gedenken, sondern auch die Verantwortung dafür, dass diese Privilegien abgebaut werden.

Postimperiale Verflechtungen

Es kann kein Zweifel bestehen, dass das imperiale Gefüge für die Bundesrepublik nach dem Zweiten Weltkrieg noch eine Rolle gespielt hat. Der »Drang nach Osten« hatte sich angesichts der Existenz des »Ostblocks« erledigt. Durch die Vertreibungen aus den von der Wehrmacht besetzten Ländern kamen nun die »Volksdeutschen« aus dem Osten tatsächlich zum größten Teil »heim« – nicht nur war die Zeit der Expansion vorbei, die Bewegungsrichtung hatte sich quasi umgekehrt. Als die Einwanderung von Deutschstämmigen durch den Bau der Mauer beendet wurde, hatte die Bundesrepublik schon sukzessive Anwerbeverträge geschlossen, und zwar hauptsächlich mit Staaten, die ehedem in der imperialen Planung eine Rolle gespielt hatten: Griechenland, Türkei, Marokko, Jugoslawien (mit Italien hatte es schon im späten 19. Jahrhundert ähnliche Vereinbarungen gegeben; Spanien und Portugal können als Ausnahmen gelten, aber beide Staaten waren damals faschistische Diktaturen). Das oben erwähnte »Wir sind hier, weil ihr bei uns wart« trifft auf diese Einwanderung natürlich auch zu. Die wirtschaftliche »Durchdringung«, die »moralische Eroberung« unter anderem durch auswärtige Kulturpolitik, die Zurschaustellung der Überlegenheit – all das veranlasste Menschen, die zu Hause wenig Perspektiven hatten, nach Deutschland zu kommen, um dort ein paar Jahre zu arbeiten. Selbst die Erfahrungen während des Zweiten Weltkriegs konnten davon nicht abhalten.

In den 1960er und 1970er Jahren suchte die Bundesrepublik allerdings keine Fachkräfte wie heute, sondern Personen, die unqualifizierte Industriearbeit verrichten würden. Selbst wenn Qualifikation da war, wurde diese nahezu systematisch nicht anerkannt. Die »Gastarbeiter« erledigten »Ausländerjobs«. Das führte zu einer Art statistischer Diskriminierung: Die Eigenschaften der Jobs wurden auf die Personen übertragen. Wenn »sie« diese Jobs machten, dann waren »sie« auch prädestiniert dafür. Hier gab es wieder jenen Ausschluss durch Einbeziehung, von dem in diesem Buch eingangs die Rede war. Personen wurden in den Arbeitsmarkt einbezogen, aber nur unter der Bedingung, dass sie im untersten Segment tätig waren.

Diese Formen von Ausschluss wurden durch ein restriktives System der Zugehörigkeit noch verschärft. Bis 2000 galt noch das Staatsangehörigkeitsrecht von 1913, dessen exklusive Wirkung in seiner Entstehung bereits vorgesehen war. »Ausländer« wurden in der Bundesrepublik als vorübergehende Erscheinung angesehen und – wenn sie politisch aktiv waren – als potentielle Unruhestiftende. Sie unterstanden dem »Ausländergesetz«, einer Sondergesetzgebung, die sie de facto zu Bürgern zweiter Klasse machte. Die Praxis der Trennung zwischen »uns« und »ihnen« ging also den »Vorurteilen« voraus: Das rassistische »Wissen« darüber, dass »sie« unterentwickelt, langsam, ungebildet, schmutzig und ungewaschen waren, simulierte, die Unterschiede seien natürlich. Das Wissen erklärte den Unterschied und legitimierte ihn zugleich.

Dass in diesem Wissen die imperiale und koloniale Geschichte eine Rolle spielte, steht außer Frage. Die ersten Einwanderer wurden oftmals mit dem Schimpfwort »Kanake« belegt. Während dieser Ausdruck weitgehend verschwunden ist, werden Migranten in den neuen Bundesländern von manchen immer noch als »Fidschis« bezeichnet. Der Bezug zur »Südsee« ist deutlich. Kanaken sind Teil der ursprünglichen Bevölkerung von Neukaledonien, wobei Neukaledonien wie auch das Fidschi-Archipel kein deutsches Kolonialgebiet waren. Diese Gebiete gehörten aber zu Melanesien, das im Gegensatz zu Polynesien damals keineswegs als Paradies betrachtet wurde, sondern als barbarisch und gefährlich – die Referenz hat also Kontinuität. Auch viele andere Wissensbestände, die im Verlauf dieses Buches geschildert wurden, lassen sich heute noch finden. Die Reden über »den Islam« auf dem Kolonialkongress erscheinen auch deshalb vertraut, weil bestimmte Topoi sich erhalten haben. Wenn die protestantischen Pfarrer sich über das Schicksal der »armen arabischen Frau« erregen, dann steht das erstaunlich im Verhältnis zur Rolle der eigenen Frauen, die in den konservativen Haushalten der Redner kaum emanzipiert gewesen sein dürften. Das ist von heute bekannt, wenn Politiker, die gestern noch gestandene Antifeministen waren, die Gleichheit zwischen Mann und Frau plötzlich zur »Leitkultur« erklären, um die »Parallelgesellschaften« zu zivilisieren. Wenn die Medien über die Einwanderung aus Südosteuropa berichten, dann stehen selten eine rumänische IT-Spezialistin oder ein bulgarischer Ingenieur im Vordergrund, sondern die Armutsmigration in »unsere« Sozialsysteme. Wenn über diese Länder berichtet wird, dann selten über die enormen Fortschritte, die dort nach dem harten Absturz in den postkommunistischen Jahren gemacht wurden, sondern Probleme mit Korruption und Misswirtschaft. Das heißt im Übrigen keineswegs, dass solche Probleme nicht existent wären – es geht hier um das »Agenda-Setting«, um die Themen, die die öffentliche Wahrnehmung dominieren.

Seitdem viele Geflüchtete nach Deutschland gekommen sind, scheint auch die Bedrohung aus dem »Osten«, aus dem »Orient« – über die »Balkanroute« – wieder akut. Hier liegt aber auch der große Unterschied zur Kolonialperiode: Die westlichen Staaten sind heute nicht mehr expansiv, sie wollen im Grunde nicht einmal mehr »humanitäre Interventionen« unternehmen. Der Westen selbst erscheint bedroht von der Einwanderung und muss verteidigt werden. Die zitierte Bemerkung des Philosophen Oswald Spengler aus den 1920er Jahren, »wir« müssten Barbaren werden, um »uns« vor den »farbigen Völkern« zu schützen, hat in Teilen von Politik und Gesellschaft offenbar an Plausibilität gewonnen. Im rechten Populismus wird zudem betont, es handele sich dabei um eine Art Völkermord an der einheimischen Bevölkerung, denn die »multikulturellen Eliten« des Westens würden durch die Einwanderung einen »großen Austausch« der Bevölkerung organisieren. Einen geradezu ikonischen Auftritt hatte in dieser Hinsicht ein Neonazi namens David Köckert in Köthen, nachdem in der Stadt eine Person deutscher Herkunft (zuvor als Rechtsextremist aufgefallen) in einer Auseinandersetzung mit Geflüchteten ums Leben kam. Köckert, Gründer von »Thügida« war im Gesicht tätowiert. Solche Gesichtstätowierungen stammen ursprünglich aus dem pazifischen Raum, aus der »Südsee«. Köckert trug im Gesicht unter anderem eine halbierte »schwarze Sonne«, ein Symbol der SS (das allerdings halbiert nicht funktioniert, weil es auf der Zahl Zwölf basierte). In Köthen sprach er von einem »Rassenkrieg gegen das deutsche Volk«. Es ist eindeutig, was hier kommuniziert wird: »Wir« sind heute die eigentlichen Ureinwohner, die von einer neuen Form der Kolonisierung und des »Rassenkriegs« bedroht werden. Verantwortung für die Vergangenheit spielt hier ebenso wenig eine Rolle wie die globalen Machtverhältnisse. Wenn die »weißen« Deutschen selbst die Opfer sind, dann ist deren Widerstand legitim, wenn nicht sogar eine Verpflichtung.

Kompetitive Erinnerung

Diese Selbstviktimisierung ist in einem Kontext entstanden, in dem Erinnerung, wie der Anglist David Rothberg sagt, kompetitiv angelegt ist. Die eigene historische Erfahrung als Opfer wird quasi absolut gesetzt, und andere Erfahrungen werden dabei an die Seite gedrängt. Der kompetitiven Erinnerung wird oft vorgeworfen, instrumentell zu sein, weil mit dem historischen Opferstatus aktuelles Handeln legitimiert wird; Handeln, das ansonsten kritikwürdig wäre. So würde die Shoah dafür benutzt, heißt es über die Politik Israels, sich gegen die Kritik vor allem an der Behandlung der Palästinenser zu schützen. Ob das zutrifft, soll hier nicht diskutiert werden, wichtig ist an dieser Stelle, dass jede Erinnerung auf die eine oder andere Weise instrumentell ist. Welche Ereignisse und welche Ausschnitte der Vergangenheit aktualisiert werden, hat immer damit zu tun, was (innen- oder außen-)politisch erreicht werden soll. In den frühen Jahren nach der Gründung des Staates Israel spielte die Opfererfahrung in Europa noch keine Rolle; das passte überhaupt nicht zum heroischen Gestus des »Sabra«, des zionistischen Pioniers in einer feindlich gesinnten Umgebung. Erst nach der Konsolidierung des Staates konnten die Auswirkungen des Völkermords ein Thema werden, und das Bild dieser wahrhaftigen Hölle sorgte dabei auch für Zusammenhalt, Wachsamkeit und Wehrhaftigkeit im Dienste des Staates Israel.

Erinnerung trägt auch dazu bei, Gruppen zu konstituieren und ihnen eine gewisse Geschlossenheit zu verleihen. Im nationalen Rahmen waren solche Erinnerungen gewöhnlich positiv – Erinnerungen an die eigene Größe, an gewonnene Schlachten oder historische Errungenschaften. In den letzten Jahrzehnten wird »Identität« sehr viel öfter hergestellt durch die Erinnerung an Herabsetzungen, Verletzungen oder Beleidigungen. Und weil »wir« das früher erleiden mussten, gibt »uns« das heute das Recht, uns um jeden Preis zu verteidigen. Die so gefundene »Identität« bleibt aber imaginär, sie basiert auf der nahezu ausschließlichen Wahrnehmung der eigenen Wunden, während andere Erinnerungen ausgeschaltet werden müssen, nach innen und nach außen. Im ehemaligen Jugoslawien hat sich in den 1990er Jahren gezeigt, wie der extremste Fall einer Opferkonkurrenz aussehen kann, in der sich die Beteiligten komplett in den Spiegelungen einer imaginären Vergangenheit verlieren. Als der Krieg ausbrach, waren die betreffenden Gruppen innerhalb von Jugoslawien zumal in den Städten gar nicht so klar unterscheidbar. Doch die Gewalt im Rahmen einer angeblichen Selbstverteidigung ließ irgendwann keine Ambivalenzen mehr zu. Noch heute scheitern Diskussionen mit unterschiedlichen Beteiligten vor Ort, weil die jeweiligen Personen nur die Opfererfahrungen der eigenen Ethnie (die zugleich immer »gut« war) anerkennen. Wenn aber alle Beteiligten nur noch die Momente sehen, in denen sie Opfer geworden sind, und es gleichzeitig keinen gemeinsamen

Rahmen für Verhandlungen gibt, dann kann der Konflikt per se nicht beendet werden. Wenn nichts geschieht, handelt es sich nur um eine Pause.

Das Aufrufen von Erinnerung im Rahmen von Antirassismus verschafft auch immer eine moralische Sprechposition. Weil Verletzungen historisch stattgefunden haben, bin ich berechtigt, die »Weißen«, die von den Taten der Vergangenheit zehren und aufgrund ihrer Hautfarbe Privilegien genießen, zu allen möglichen Formen von Selbstreflexion zu bewegen. Dabei sollen sich diese Reflexionen häufig auf dem Gebiet der Sprache abspielen. Mittlerweile sind ganze Bände darüber gefüllt worden, welche Worte welche Vergangenheit haben und welche Behauptungen welche Personen benachteiligen. Nun ist die Bedeutung von Sprache in solchen Zusammenhängen sicher nicht zu unterschätzen, aber diese Diskussionen spielen sich sehr oft in universitären Zirkeln ab, wo alle Personen – auch wenn sie Diskriminierung erleben – über ganz erhebliche finanzielle und kulturelle Ressourcen verfügen. Wenn die Sprachkritik sich dann an Personen adressiert, die über solche Ressourcen nicht verfügen und die historisch etwa als »Proletarier« von ganz ähnlichen Ausgrenzungen betroffen waren, dann bekommt die antirassistische Erinnerung eine erhebliche Schlagseite. Es kann bei aller Berechtigung des Anliegens bei Antirassismus nicht darum gehen, einen Elitendiskurs zu führen, moralische Überlegenheit auszuüben und die eigenen Verletzungen nicht mehr im Verhältnis zu sehen. Die »Unterweisung« in Antirassismus kann negative Effekte haben, wenn sie auf die Widerstände von Personen trifft, die aufgrund ihrer niedrigen sozialen Position oft genug moralisiert oder belehrt worden sind.

Wenn Fragen der Erinnerung allein als Fragen von Schuld oder Moral verhandelt werden, also als Fragen von Gut und Böse, dann bleibt den Nachkommen der Täter auch keine andere Rolle mehr als das Bekenntnis zur Schuld. In der einheimischen urbanen Mittelschicht gibt es ein solches Schuldgefühl, das in den Vereinigten Staaten als »liberal guilt« bezeichnet wird, als liberales schlechtes Gewissen. Doch wenn die Motivation für Antirassismus sich nur aus diesem schlechten Gewissen speist und letztlich keine politischen Ambitionen hat, dann kann die Stimmung schnell umschlagen. Nämlich dann, wenn sich die vermeintlichen Opfer in moralischer Hinwicht nicht als einwandfrei erweisen. Viele Personen haben sich aus einer gewissen historischen Verantwortung heraus 2015 an der Hilfe für die Geflüchteten beteiligt. Dabei wurden die Geflüchteten häufig nur als Opfer gesehen, als unschuldige, verfolgte, »gute« Personen. Die Ereignisse in der Silvesternacht 2015/16 in Köln, als bei Diebstahlsversuchen auch sexualisierte Gewalt ausgeübt wurde, schienen dann zu belegen, dass man sich getäuscht hatte. Obwohl es sich bei den Tätern um eine vollkommen andere Personengruppe handelte, schlug die Stimmung in der Öffentlichkeit um. Nun spiegelt das keineswegs die allgemeine Stimmung wider – über die Hälfte der Personen, die sich 2015 engagiert haben, sind immer noch dabei. Aber der mediale Umschwung zeigt, dass schlechtes Gewissen, gepaart mit unrealistischen Vorstellungen von »Willkommenskultur« und der undifferenzierten Wahrnehmung von Geflüchteten, kaum eine langfristige Handlungsweise und Perspektive begründen. Eine Perspektive, die einbezieht, dass Menschen widersprüchlich sein können und dass Menschen nicht zwangsläufig »gut« sind, weil sie es schwer hatten.

Autorität der Erinnerung

Nun gibt es auch ein konservatives bürgerliches Milieu, das auf eine seltsame Weise auf rassistischen Beleidigungen besteht. Sehr viele in Deutschland geborene Personen mit Migrationshintergrund oder »People of Color« stören sich an der Frage »Woher kommst du?«, weil oftmals erst die Nennung eines anderen, »fremden« Ortes die angebliche Neugier befriedigt, was wiederum wie eine ausgrenzende Identitätskontrolle wirkt. Obwohl das zigmal erklärt worden ist, meinen manche Personen dennoch, das müsse man doch sagen dürfen. Mit der gleichen Verve besteht man darauf, das N-Wort sei in historischen Texten unproblematisch oder könne weiter »neutral« verwendet werden. Dieses Verhalten erscheint vor allem vom Standpunkt des Anstands her erstaunlich. Wenn mir jemand erklärt, dass bestimmte Worte beleidigend oder gar verletzend wirken, warum könnte ich darauf bestehen, diese Worte zu verwenden? Das mache ich offenbar nur, wenn ich beleidigen oder verletzten *will.* Hier geht es darum, das Monopol darüber zu behalten, was überhaupt gesagt werden kann und was nicht. Man möchte die eigenen Privilegien behalten, sich keine Problemagenda, keine Selbstreflexion aufdrängen lassen von Feminismus, Queer-Aktivismus oder Antirassismus. Häufig werden dabei auch Erinnerungen oder Erfahrungen entwertet oder disqualifiziert. Die Personen, die Probleme mit dem kolonialen Erbe oder Diskriminierungen ansprechen, werden als »überempfindlich« oder gar »neurotisch« bezeichnet – »sie« übertreiben, es kann doch nicht alles falsch gewesen sein, die Leute früher waren ja nicht alle »Bösmenschen«. Gleichzeitig wird unterstellt, die so Betroffenen seien ja zu »Objektivität« nicht in der Lage. Es ist gar nicht einfach, gegen diese Disqualifizierungen und Relativierungen anzukommen. Dabei geht es auch darum, auf der Subjektivität der eigenen Erfahrung zu beharren, ja diese sogar als Methode zu betrachten.

Selbstverständlich können Personen mit Migrationshintergrund oder »People of Color« weder beanspruchen, für alle zu sprechen, die historisch von Imperialismus betroffen waren oder aktuell Rassismus erleben. Ebenso wenig ist es möglich, für alle Juden, Polen, Griechen oder »Schwarzen« zu sprechen. Aber es begründet einen anderen Erfahrungsraum, wenn die eigenen Großeltern oder Eltern unter deutscher Kolonialherrschaft gelebt haben oder den SS-Terror am eigenen Leibe spürten. Ebenso macht es einen Unterschied, ob Personen es erlebt haben, dass sie aufgrund ihrer Herkunft keine Wohnung oder Arbeit fanden. Es gibt eine Autorität der Erfahrung, die eine Sensibilisierung mit sich bringt. Diese Autorität ergibt sich gerade aus der

Subjektivität, aus der Praxis der historischen und aktuellen Beziehungen. Aber Autorität bedarf auch der Verantwortung, der Reflexion, des Bewusstseins der eigenen Relativität. Wenn Erfahrung absolut gesetzt wird, gar nicht mehr hinterfragt werden darf, wenn die Ambivalenz in der Geschichte verleugnet wird und man keinen Widerspruch mehr duldet von jenen, die nicht über diese Erfahrung verfügen, dann gibt es keinen Raum mehr für Verhandlungen. Dann begründet die eigene Verletzung nur noch eine Unversöhnlichkeit, die letztlich die Unterwerfung aller Anderen unter die eigenen Ansprüche an geschichtliche oder gegenwärtige Gerechtigkeit erfordert.

Auch bei der Diskussion über Kolonialismus wäre die Frage, ob die Erinnerung kompetitiv oder – wie David Rothberg sagt – multidirektional gestaltet werden soll. Mit einem gewissen Rückenwind aus der Theoriebildung und Diskussion aus den Vereinigten Staaten wird die Debatte unterdessen oft in einen Zusammenhang mit einer Kritik am »Weißsein« gebracht. »Weiß« wird dabei nicht als Hautfarbe thematisiert, sondern als historisch gefestigte Position in der Welt, die bestimmte Privilegien mit sich bringt. Allerdings birgt die Konzentration auf »Weißsein« die Gefahr, dass implizit die Hautfarbe doch buchstäblich verstanden wird und alle Weißen plötzlich zu undifferenzierten Privilegienträgern mutieren und alle Schwarzen zu Unterdrückten ohne Ambivalenzen. Zudem wäre die Frage, ob sich Modelle aus den USA auf die Bundesrepublik und Europa übertragen lassen. In den Vereinigten Saaten gab es in den 1920er Jahren einen verbreiteten, unverhohlenen Rassismus gegen Ost- und Südosteuropäer. Danach aber fand sozusagen eine Integration der unterschiedlichen weißen Einwanderergruppen statt. Die »Weißen« konnten sich gemeinsam abgrenzen von der damals aus den ländlichen Gebieten im Süden in die Städte des Nordens einwandernden schwarzen Bevölkerung. In Deutschland jedoch verlief die Geschichte – wie geschildert – ganz anders. Bei den Diskussionen im gleichen Zeitraum im Deutschen Reich ging es um die jüdische Bevölkerung und jene polnischer Herkunft, also um Personengruppen, die phänotypisch nicht einmal von den Personen deutscher Herkunft unterscheidbar waren. Wenn in Deutschland nun die Diskussion über Rassismus mit den Kategorien »Weiß« und »Schwarz« geführt wird und zudem die postkoloniale Diskussion in Deutschland fast ausschließlich über die Kolonien in Afrika geht, dann garantiert das eine internationale Anschlussfähigkeit, erscheint aber verkürzend. Weder ist der analytische Rahmen passend, noch können die europäischen, postkolonialen und postimperialen Erfahrungen thematisiert werden.

Postkolonial, dekolonial, postimperial

In der Bewertung erscheint Kolonialismus heute kaum mehr umstritten: Wer würde die Besetzung anderer Länder und die Unterdrückung von Menschen schon gutheißen? Die sogenannte Entkolonisierung hatte in den progressiven Teilen der westlichen Gesellschaften eine hohe Legitimität. Die Kämpfe der »Dritten Welt« wurden unterstützt, von der terroristischen »Stadtguerilla« sogar mit Gewalt. Die postkoloniale Theorie der 1990er Jahre, wie sie von Personen wie Edward Said, Homi Bhabha oder Gayatri Spivak vorgetragen wurde, setzte schon an einem Punkt nach der Unabhängigkeit der Kolonien an. Es gab, grob gesagt, drei Ausgangspunkte. Zum Ersten hatten sich die Eliten aus den Befreiungsbewegungen häufig schon bald nach der Unabhängigkeit als problematisch entpuppt: Eine antiimperialistische Rhetorik rechtfertigte oft Diktatur, Gewalt gegen Minderheiten und Andersdenkende, Korruption. Daher konnte, wie Edward Said in *Kultur und Imperialismus* meinte, keine einfache Geschichte von Befreiung mehr erzählt werden. Zum Zweiten befasste sich postkoloniale Theorie damit, wie die Kolonisierten auf die Strategien der Kolonisatoren reagierten, wie sie sich Religion, Sprache und Wissen auf spezifische Weise aneigneten und dadurch ganz neue kulturelle Räume entstanden. Drittens wurde die Migration aus den Kolonien thematisiert, die eine neue Form der Transnationalität ins Spiel brachte und die »hybriden« kulturellen Räume weiter ausbaute. Mit diesem theoretischen Ansatz waren auch neue Formen der Geschichtsschreibung verbunden, die von vornherein transnationale Verbindungen betonten, multiperspektivisch dachten und die Initiative und Handlungsmacht nicht immer nur auf der Seite der Kolonisatoren verordneten.

In den letzten Jahren ist international der Begriff der »Decolonization« zurückgekehrt, der in einer neuen Bedeutung auf die Phase der Unabhängigkeit verweist. In Deutschland war dafür eigentlich der Begriff der Entkolonisierung üblich. Unterdessen tragen eine ganze Reihe von Initiativen, die sich mit dem kolonialen Erbe befassen, den Namen »Decolonize«. Im Englischen geht die jüngste Verwendung auf den in den USA lehrenden argentinischen Literaturwissenschaftler Walter Mignolo zurück. Mignolo verwendet aber den Begriff »Dekolonialität« als Gegensatz zu »Kolonialität«, womit nicht mehr Kolonialismus im eigentlichen Sinne, sondern eine Kontinuität eurozentristischer Sichtweisen und Praktiken vor allem im Bereich von Institutionen der Wissensbildung wie Universitäten oder Museen angesprochen wird. Bei Mignolo umfasst »Kolonialität« im Grunde alle Probleme der Welt; Rassismus und Sexismus in allen Formen des Wissens; imperiale Ausprägungen von Politik- und Wirtschaftseliten; falsche Ansprüche auf Universalität durch Wissenschaft, Philosophie, Ethik etc. sowie das Patriarchat in allen Formen des menschlichen Lebens. Diese Kolonialität funktioniert, so Mignolo, wie die Matrix im gleichnamigen Film: Eine Minderheit erzeugt eine Illusion (Modernität), wozu sie Energie benötigt. Die bezieht sie aus der Ausbeutung von menschlichen Körpern (Arbeit), Biosphäre (Wasser, Land, Luft) und Kosmos (Sonnen- und Mondlicht). Der Kampf gegen diese Kolonialität wiederum wird von global verteilten, dekolonialen, planetaren Energien geführt, die sich mal hier und mal dort materialisieren: Im historischen antikolonialen Widerstand, im Kampf von Subcommandante Marcos in Chiapas in den 1990er Jahren ebenso wie in aktuellen Bewegungen von Indigenen etc.

Hier wird der Begriff der »Kolonialität« so umfassend verstanden, dass darin eigentlich alles aufgeht: kapitalistische Wirtschaftsbeziehungen, ökologische Vernutzung und Feminismus. Da stellt sich die Frage, ob hier nicht »Kolonialität« selbst zu einem falschen Universalismus wird. Zudem stehen Leute wie Mignolo gar nicht auf der Straße an der Seite solcher Bewegungen. Er hat an der Pariser »École pratique des hautes études« promoviert und lehrt an der Duke University, und so spielt sich der Kampf primär in den Räumen von Elite-Universitäten ab. Die Bemühungen zur Dekolonialität richten sich entsprechend primär auf Bewusstsein und Wissensformen, was Denker wie Mignolo ungemein attraktiv macht für eine kritisch eingestellte internationale Kunstszene. Seine Gedanken zeigen aber auch: Der Kolonialismus ist historisch nicht mehr aus der Geschichte zu entfernen, wir leben alle mit seinen Konsequenzen, mit den Wissensbeständen, Aufbewahrungsorten (wie Museen), kulturellen Hervorbringungen, nationalen Grenzen, globalen Machtgefällen etc., die aus einer Hunderte von Jahren währenden Geschichte von Sklaverei, Eroberungen, Kolonialismus und Migration hervorgegangen sind. Diese Geschichte wiederum ist auch die Geschichte der kapitalistischen Moderne, die eben nicht nur aus dem Gegensatz von Kapital und Arbeit besteht, sondern die Arbeit noch weiter auffächert: Es braucht unbezahlte Arbeit wie die Reproduktionsarbeit und erzwungene Arbeit beziehungsweise »ethnisierte« Arbeit, die schlechter entlohnt wird. Im Gegensatz zu Mignolo würde ich Rassismus (wie Sexismus) als eines der großen Ungleichheitsverhältnisse der Moderne betrachten und Kolonialismus als eine spezifische Periode in diesem Verhältnis. Das erklärt auch, warum die rassistischen Wissensbestände bei aller Variation so eine frappierende Gleichförmigkeit aufweisen.

Aber noch vor solchen theoretischen Erörterungen geht es in Deutschland darum, den tatsächlichen deutschen Kolonialismus dem Vergessen zu entreißen. Die Aktiven in den »Decolonize«-Gruppen haben eine klare Agenda, was sie erreichen wollen. Das lässt sich etwa in der »Erklärung des bundesweiten Netzwerks zur Dekolonisierung der Erinnerungskultur« von November 2018 nachlesen: Restitution von menschlichen Überresten und akquirierten Gegenständen; Stärkung der Provenienzforschung; Anerkennung des Genozids an den Herero und Nama; Globalisierung des Geschichtsunterrichts und der (nationalen) Leiterzählung in Museen. Zudem sollen Mahnmale für die Opfer von Kolonialismus, Versklavung und Rassismus sowie Lern- und Gedenkstätten errichtet werden – etwa am Ort der Berliner Konferenz von 1884. Auch wird die Entwicklung von »umfassenden Konzepten« gefordert – »unter maßgeblicher Beteiligung der Nachfahr*innen Kolonisierter und in enger Zusammenarbeit mit zivilgesellschaftlichen Initiativen«. Nur ist das in der Praxis gar nicht einfach. 2014 hat Hamburg die Erarbeitung eines Erinnerungskonzepts für die ganze Stadt beschlossen und dazu auch einen »runden Tisch« eingerichtet, was ohne Zweifel ein entschiedener Schritt vorwärts in Sachen Aufarbeitung war. Vier Jahre später allerdings zeigen die Protokolle dieses »runden Tisches«, dass zumindest in Sachen Konzeptentwicklung nicht ungeheuer viel geschehen ist. Das hat auch mit der Art der Zusammenarbeit zu tun. Wie so oft bei partizipativen Ansätzen wird nur wenig über die Organisation eines Verfahrens nachgedacht, in dem professionelle Strukturen wie Verwaltung oder Museen auf zivilgesellschaftliche Akteure treffen, die ja weder über den gleichen Organisationsgrad noch über die gleichen Finanzressourcen verfügen. Auch wird häufig nicht vorab geklärt, wie eigentlich Entscheidungen getroffen werden, wenn Personen an »runden Tischen« zusammensitzen.

Ein Problem ist aber auch, dass es wie schon in der erwähnten Erklärung nur um die überseeischen Kolonien und – das hat natürlich auch mit dem bewundernswert hohen Engagement der Gruppen, Verbände und Gremien der Schwarzen Communities und People of Color zu tun – um die afrikanischen Besitzungen geht. Da die (post-)imperiale Geschichte in Europa ausgeblendet wird, eine Kontextualisierung im Rassismus nur im Hinblick auf die »schwarzen Communities« stattfindet und auch der Aspekt der »Kolonialität« ausschließlich für diese

Gruppen beansprucht wird, lässt sich der Kolonialismus letztlich als eine Art Sonderthema abhandeln. Das läuft erfahrungsgemäß darauf hinaus, dass etwa in den Museen irgendwo Schaukästen zum Thema aufgestellt werden oder Sonderausstellungen stattfinden, die aber die Gesamtstrukturen, das Personal, die Erzählungen, die grundsätzlichen Herangehensweisen, die Arten der Präsentation unberührt lassen. Müsste nicht zugleich über die grundsätzliche Rolle von Denkmälern, Museen, von nationalem Erbe insgesamt nachgedacht werden? Darüber, was historische Verantwortung heißen kann, wenn niemand mehr lebt, der tatsächlich verantwortlich war? In welchen Formen wir in einer Gesellschaft Erinnern organisieren wollen? Auf welche Weise Individuen und Gruppen Anspruch auf Erinnerung erheben können und wie darüber verhandelt wird? Was eigentlich gelernt werden soll, wenn es »Lernorte« über den Kolonialismus geben soll? Und wie Erinnerung multidirektional sein kann und in einem Rahmen des Gemeinsamen stattfindet?

Kontrapunktische Herangehensweisen

Ein Besuch in der 2006 eröffneten Dauerausstellung des Deutschen Historischen Museums in Berlin, also eines zentralen Orts der nationalen Geschichtserzählung, ist in der Hinsicht interessant. Es fällt sofort auf, dass diese Geschichtserzählung offenbar nicht perspektivisch ist, sondern »objektiv«. Zu Beginn der Ausstellung gibt es zwar einige Gedanken über »Grenzen« und wie sie überhaupt gezogen werden können, aber bald danach wird chronologisch die Geschichte eines Kollektivs erzählt. In diesem Kollektiv spielen Kaiser, Fürsten, Adelige und später dann mächtige Bürger die größte Rolle; Bauern, Dienstpersonal und später die Arbeiterklasse kommen deutlich weniger vor. Was andere Nationen betrifft, so hat Frankreich eine Bedeutung, Polen aber so gut wie gar nicht. Geschlechterverhältnisse werden am Rande berührt, ebenso wie sexuelle Orientierung. Kolonialismus hat seinen Kasten, die Migration ist praktisch nicht zu finden. Ein Besuch in diesem Museum vermittelt nicht den Eindruck, als sei Deutschland 2019 ein Land, in dem eine Vielheit lebt, in dem verschiedene Vergangenheiten in einem transnationalen Rahmen präsent sind und sich überlagern. In der traditionellen Art der Geschichtserzählung lassen sich andere Perspektiven per se nicht unterbringen, weil es ja angeblich gar keine Perspektive gibt, nur eine »objektive« Nacherzählung der nationalen Geschichte.

In seinem Buch *Kultur und Imperialismus* hat Edward Said eine andere Herangehensweise vorgeschlagen, nämlich eine »kontrapunktische« Lesweise der »kulturellen Archive«, »mit dem Bewusstsein der Gleichzeitigkeit der metropolitanen Geschichte, die erzählt wird, und jener anderen Geschichten, gegen die (und im Verein mit denen) der Herrschaftsdiskurs agiert«. Der Begriff des Kontrapunkts, darauf weist Said hin, kommt aus der Musik. Traditionell geht es dabei um die Frage, wie eine bereits vorhandene Tonfolge mit anderen Stimmen kombiniert werden kann. Heute allerdings hat sich der Begriff des Kontrapunkts erweitert, in der modernen Musiklehre umfasst dieser Begriff alle Formen des Zusammentreffens von Klangereignissen (nicht nur Noten, sondern auch Geräuschen oder Samples). Eine vielheitliche Gesellschaft benötigt tatsächlich einen Kontrapunkt ihrer eigenen Geschichtlichkeit und ihres Erbes.

Die Debatte über den Kolonialismus wäre ein Anlass, um die Fragen von Erzählung und Erbe allgemein aufzugreifen. Die ganze Gesellschaft zeigt eine erhebliche Verunsicherung darüber, was eigentlich erinnert und was weitergegeben werden soll. Was ist »unser« Archiv, beziehungsweise was soll »unser« Archiv sein? Es leitet sich nicht mehr aus der Geschichte des »Deutschtums« ab, es kann auch nicht von Fachleuten einfach dekretiert werden, sondern es muss verhandelt werden. Zurzeit wird das Problem zumeist ignoriert; man führt gewissermaßen die Tonfolge weiter auf, die immer aufgeführt wurde. Ab und an wird eine Gegenstimme laut genug, dann soll sie »integriert«

werden, was nicht gelingt. Im Kontrapunkt können natürlich auch Dissonanzen zum Teil der Musik werden. Doch die fortgesetzte Ignoranz erzeugt nur immer mehr Krach. »Wir« sind inmitten eines Reformstaus. Zugleich werden autoritäre Stimmen lauter, die eine Rückkehr zu nationalen Erzählungen fordern, als hätte sich die Gesellschaft überhaupt nicht verändert.

Rückgabe und darüber hinaus

Forderungen nach Rückgabe von Objekten könnten eigentlich ein Anlass zur Freude sein. Solche Forderungen bieten die Möglichkeit, das eigene Archiv noch einmal neu zu durchqueren, mehr über den Kontext zu erfahren und zugleich mit anderen Personen mit ganz anderen Herkünften und Perspektiven zusammenzuarbeiten. Aktuelle Rückgaben haben gezeigt, dass ein gemeinsames Gedenken organisiert wird und quasi eine gemeinsame Exploration des sich überschneidenden Territoriums stattfindet. Es gibt den Versuch, zu verstehen, was geschehen ist und welche Rolle die eigenen Ahnen gespielt haben, und so kann jede Zeremonie auch ein Akt der Versöhnung werden. Allerdings besteht bei der nun allerorten angemahnten und betriebenen »Provenienzforschung« die Gefahr, dass die Forschung zum musealen Selbstzweck wird. Plötzlich scheint das Thema die »Biographie der Objekte« zu sein, als würden diese im Mittelpunkt stehen und nicht die Vergangenheit und das Erbe von lebenden Subjekten. Dabei werden in erster Linie Stellen an den Museen geschaffen, wobei das Personal im »Unter sich« die Autorität über den Diskurs behält. Wenn es eine Zusammenarbeit mit den Herkunftsländern gibt, dann wird diese von den Institutionen in der Metropole dominiert, die über die entsprechenden Finanzmittel verfügen.

Der oft gehörte Verweis auf eine »shared heritage« wirkt angesichts des globalen Ungleichgewichts schal. Wie sollten Personen aus

Tansania die deutschen Archive nutzen, wenn es sogar für Wissenschaftler aus Afrika schwierig ist, ein Visum für die Bundesrepublik zu erhalten? Eine deutlich stärkere Kollaboration mit unterschiedlichen Öffentlichkeiten wäre auch notwendig, weil dem häufig homogenen Personal dieser Einrichtungen der Wandel alleine nicht zuzutrauen ist. In der Restitutionsdebatte haben wir vierzig Jahre Stillstand hinter uns, die Aufarbeitung des kolonialen Kontextes ist fast nur auf Druck der Öffentlichkeit begonnen worden – das sind nicht die Voraussetzungen, die es erlauben, alles einfach den Experten zu überlassen. Wenn das Erbe tatsächlich »geteilt« werden soll, dann würde das heißen, über die jeweilige Bedeutung des Gesammelten, den Prozess des »Teilens« und die Zugänge sehr sorgfältig nachzudenken und die Realisierung eines entsprechenden Plans in die Wege zu leiten.

Die Objekte, über die diskutiert wird, sind – auf viele Aspekte weist auch der Report von Savoy und Sarr hin – alles Mögliche zugleich: Ritualobjekte ohne und mit aktueller Verwendung, »designte« Alltagsgegenstände, Erinnerung an Widerstand, (zumeist anonyme) Kunst mit einem durchaus anderen als dem im Westen gängigen Kunstbegriff. Sie sind auch Verkörperungen von bestimmten Formen des Zusammenlebens, in denen sie eine Rolle gespielt haben. All diese Kontexte können aber nur dann eine Rolle spielen, wenn nicht auf »objektive« Weise die »Biographie« der Objekte im Zentrum steht, sondern die Bedeutung, die Subjekte ihnen geben, also nicht der Wert dieser Objekte als gut aufbewahrte kulturelle Artefakte, sondern ihr sozialer Wert.

Diese Frage nach dem sozialen Wert betrifft viel mehr Gegenstände als jene aus den afrikanischen Kolonien. Es geht auch um die Objekte, die in imperialen Zusammenhängen entstanden sind oder aus postimperialen Räumen stammen. Was Berlin betrifft, so stellt sich die Frage nach einem postimperialen, kontrapunktischen und auf die Vielheit abgestimmten Blick nicht nur für die ethnologischen Sammlungen, sondern auch für das Pergamon-Museum, das Museum für islamische Kunst, das Neue Museum, die Stadtmuseen oder auch das

Naturkundemuseum. Dabei geht es nicht nur um die Beteiligung der »Communities«, die aufgrund ihrer Herkunft mit den betreffenden Gegenständen etwas verbindet. Die Gesellschaft ist heute eine Vielheit, und anhand von Objekten können die Unterschiedlichkeit von Zugängen, die Geschichte der »sich überschneidenden Territorien« und auch unterschiedliche Positionen in der Vergangenheit ausgelotet werden. Die technischen Möglichkeiten würden sogar eine umfangreiche Einbeziehung von Personen der Herkunftsländer erlauben. Museen wären dann nicht mehr Container, in denen primär gesammelt, aufbewahrt und ausgestellt wird, sondern offene Plattformen für die Verhandlung von vielheitlicher Erinnerungskultur.

Das bedeutet auch die Notwendigkeit von strukturellen Veränderungen. Strukturell heißt dabei, dass die weiterhin bestehende Fixierung der Museen auf die Sammlung und die wissenschaftliche Erforschung in Frage gestellt werden muss. Als die deutschen Museen, zumeist im 19. Jahrhundert, gegründet wurden, waren sie weniger an das allgemeine Publikum adressiert als vielmehr an die Gemeinschaft der Forschenden – sie sollten Räume von »objektiver« Autorität und wissenschaftlicher Ordnung sein. Die umfangreiche Sammeltätigkeit hat dazu geführt, dass die Museen heute auf so großen Mengen von Objekten sitzen, dass sie oftmals bewegungsunfähig geworden sind. Geld ist praktisch nur für die Instandhaltung von Gebäude und Sammlung da, ein wenig für das Ausstellen, alles andere wird auf Projektbasis organisiert. So können sich die Museen nicht adäquat an die Öffentlichkeit wenden.

Im Grunde müssten die Funktionen – Ort der Forschung einerseits und öffentlicher Raum andererseits – getrennt werden. Wenn bestimmte Sammlungen eigentlich der Forschung dienen, warum werden sie dann nicht an Universitäten ausgelagert? Im englischsprachigen Bereich sind in den letzten Jahren umgekehrt viele Museen auch Universitäten geworden, um die Funktionen intern klarer abzugrenzen. Die Museen sitzen als Erinnerungsorte in der strukturellen Falle, weil sie beide Rollen miteinander vermischen. Denn im Hinblick auf die Öffentlichkeit dominieren andere Aspekte und andere Kriterien als in Bezug auf Wissenschaft.

Im Hinblick auf die Öffentlichkeit wäre die relevante Frage, welche Rolle der museale Raum für die demokratische Erinnerungskultur spielt. Und da sind die Kriterien andere als die möglichst akkurate Darstellung einer »fremden Kultur« oder der kulturellen Entwicklung der Menschheit oder der Geschichte oder der neuesten wissenschaftlichen Erkenntnisse. Die Kritik an Ausstellungen oder am Humboldt-Forum oder am Betrieb ist keine Störung, das ist der Normalfall in einem demokratischen Gemeinwesen. Wenn Museen sich konsequent an die Öffentlichkeit richten, oder besser Teil der Öffentlichkeit sind, dann könnten die Kriterien für gelungene Arbeit zum Beispiel folgende sein: Aufklärung über die zeitrelevanten Ausschnitte der Vergangenheit organisieren, Formen der Aushandlung über das Erbe schaffen, die Gemeinsamkeit des Erinnerns fördern, Versöhnung in einer vielheitlichen Gesellschaft einleiten. Die verschwiegenen Anderen der postimperialen/postkolonialen Geschichte sitzen dabei auch mit am Tisch.

Die Vertiefung der Demokratie

Schon seit den 1970er Jahren wird über »neue Museologie« diskutiert, die aber in Deutschland nur mancherorts – und wiederum oft nur in einzelnen Projekten – Fuß fassen konnte, eine Museologie, die sich auf die Funktion der Museen für die Bürger und für die Gesellschaft konzentriert. Im Jahr 1919 hat die sogenannte Novembergruppe (zu der unter anderem Otto Dix, Raoul Hausmann und Hannah Höch gehörten), die für den Aufbruch der Künstler in die postrevolutionäre Weimarer Republik stand, für die »Umwandlung« der Museen Folgendes gefordert: »Aufhebung der einseitig geführten Sammlertätigkeit – Beseitigung ihrer wissenschaftlichen Überfüllung – Umwandlung zu Volkskunststätten«. Der Anspruch auf Demokratisierung klingt aktuell, weil der Autoritätsanspruch – das Humboldt-Forum ist das bekannteste Beispiel – oftmals weiter besteht.

Piotr Bienkowski, ehemals Archäologieprofessor und Museumsleiter in Manchester und heute Organisationsentwickler, hat in einem Aufsatz 2014 vorgeschlagen, dass die Museen ihren Anspruch auf Besitz von Objekten aufgeben und ein Ort deliberativer Demokratie werden sollten. Gerade die Herausforderung durch die Restitutionsdebatte würde die Museen auf das zurückwerfen, was doch ihre eigentliche Aufgabe sei, nämlich einen Ort zu bieten für offenen, respektvollen Dialog um die Interpretation der Vergangenheit, über die Zugehörigkeit zu Gruppen und die Ansprüche an Besitz. Die Debatten über das Erbe betreffen alle Menschen in der Bundesrepublik und potentiell auch aus den sich überschneidenden Territorien. Es wird niemals möglich sein, in dieser Hinsicht einen perfekt inklusiven Ort zu schaffen, aber es bedarf zumindest energischer Schritte, um »kollaboratives Kuratieren« (Bayer / Terkessidis) zu realisieren oder das, was die Kulturwissenschaftlerin Nora Sternfeld das »radikaldemokratische Museum« nennt.

Im Grunde ist die Frage, wie die Erinnerungsarbeit genau aussehen soll, kaum exakt zu beantworten. Brauchen wir so etwas wie Mahnmale, oder ist es nicht der Tod von Erinnerung, wenn sie in Stein gemeißelt wird? Wie muss Unterricht in der Schule aussehen? Wie sollen die »Lernorte« beschaffen sein, von denen heute so viel die Rede ist – ist es schon klar, was dort eigentlich gelernt werden soll und wer dort lernt? Offenbar scheinen das alle bereits zu wissen, wichtig ist nur die Einrichtung des Ortes selbst. Doch das ist keineswegs der Fall. Im Rahmen der Erinnerung an die Shoah wurden in Deutschland extrem viele Debatten geführt. James E. Young, der »Memory Studies« betreibt, hat sich intensiv mit der Erinnerung an den Holocaust befasst und meint: Eigentlich sei das beste Denkmal, das Deutschland in Erinnerung an die faschistische Ära und ihre Opfer geschaffen habe, die niemals auflösbare Debatte darüber, welche Erinnerung auf welche

Weise konserviert werden soll, in wessen Namen und mit welchem Zweck. Es geht also darum, die Auseinandersetzung weiter zu führen und dabei den Bereich der Debatte zu erweitern auf das Feld des Postimperialen. Zugleich muss die Debatte »demokratisiert« werden, was bedeutet, dass nicht nur Personen in bestimmten Positionen oder mit bestimmten Expertisen an ihr teilnehmen sollten. Ich habe an anderer Stelle geschrieben, dass Partizipation dafür ein zu schwacher Begriff ist. Oftmals werden Leute nur eingeladen, um zu diskutieren, während die Entscheidungen woanders getroffen werden. Eine echte Kollaboration, wie ich es nennen würde, ist aber mit dem Risiko verbunden, einen Teil der Kontrolle aufzugeben und sich im Prozess auch zu verändern. Es muss also genau darüber nachgedacht werden, wie dieser Prozess gestaltet werden soll, wer teilnimmt, was das Ziel sein soll und wie Entscheidungen getroffen werden.

In einer vielheitlichen Gesellschaft muss das Erbe aus vielen Erinnerungen bestehen, also multiperspektivisch sein. Die unterschiedlichen Sichtweisen dürfen aber nicht von Expertenrunden am grünen Tisch entwickelt werden, was in Deutschland oft genug üblich ist. Heute repräsentieren die Klassenräume an Schulen die Vielheit der Gesellschaft. In vielen Schulen, in Gedenkstätten und Exkursionen etc. werden heute bereits die unterschiedlichen Perspektiven verhandelt, ohne dass daraus eine große Sache gemacht wird. Es *ist* aber eine große Sache. Denn in diesen Verhandlungen liegt der Keim von neuen Herangehensweisen und einer Neudefinition des gemeinsamen Erbes. Diese Lernenden kritisieren und setzen sich der Kritik aus und lernen dabei die heute entscheidende Fähigkeit zur Kritik und zum Kritisiertwerden. Aus der Gemeinsamkeit etwa als deutsche Schulklasse heraus verorten sie sich und ihre Herkunft, entdecken auch oft Geschichte, die ihnen die eigenen Eltern oder Großeltern nicht erzählt haben. Das Territorium, das durch die familiären Verflechtungen heute in einem Klassenraum abgedeckt wird, ist so viel größer als nur das Territorium der Bundesrepublik. Zugleich war die deutsche Geschichte immer schon transnational, und mit einer postimperialen Sichtweise lässt sich das historische Terrain der aktuellen Verflechtungen bearbeiten. Das betrifft alle Unterrichtsfächer. Wie würde über *Effi Briest* in der Schule gesprochen werden, wenn dieser Roman als postkolonial betrachtet würde?

In den letzten Jahren ist oft danach gefragt worden, wie sich denn Jugendliche nicht deutscher Herkunft zum Holocaust verhalten oder wie die Holocaust-Erziehung eigentlich mit den neuen Räumen der Geschichte umgehen soll. Das sind legitime Fragen, zugleich aber müssen viele weitere Erinnerungen auch einen Platz erhalten. Dabei ist es auch wichtig, dass die Kinder einer bestimmten Herkunft nicht nur für Erinnerungen zuständig sind, die aufgrund ihrer Herkunft als »ihre« Erinnerungen angesehen werden, sondern Multiperspektivität zu einer universalen Perspektive wird. Der Grund, warum Kinder und Jugendliche nicht deutscher Herkunft etwas über die Shoah lernen sollen, liegt ja auch darin, dass die Erfahrung des Täterwerdens thematisiert werden soll. Die Frage »Wie konnten wir, wie konnte ich das tun?« ist eine, die für alle relevant sein muss. Zweifellos treffen manche Menschen die bewusste Entscheidung, Täter zu werden, aber nur festzustellen, diese seien »böse«, macht die ganze Funktionsweise von Rassismus und das Mitwirken vieler andere Personen nicht deutlich. Auch nicht die Art, wie Diskriminierung hergestellt und legitimiert wird. Wie konnten Leute annehmen, bei Kolonisierung oder sogar Ausrottung hätte es sich um Aufgaben in einem moralischen Sinne gehandelt?

Wenn es um gesellschaftliche Postionen und Privilegien geht, die auf historischem Unrecht gründen, dann ist es aber auch oft Zufall, wer in welcher Position und mit welchen Privilegien aufwächst. Postimperiale Opfererfahrungen gemacht zu haben, macht eine Person – das wurde mehr als einmal gesagt – nicht zu einem besseren Menschen. Es stattet mit einer gewissen Autorität aus, aber gerade diese Autorität will auch ausgeübt werden: Opfer haben weder grundsätzlich recht, noch führt eine moralische Argumentation automatisch weiter. Jede Form der Verhandlung benötigt einen universellen Rahmen, damit sich die

Beteiligten nicht in imaginären Vergangenheiten und aktuellen Identitätsbildern verlieren, die sich gegenseitig ausschließen. Insofern geht es nicht nur um die Frage, welche Worte verletzend wirken oder nicht, oder wer was sagen darf, sondern auch darum, welche materiellen Veränderung angestoßen werden müssen.

Das oben erwähnte – imperiale – Reichs- und Staatsangehörigkeitsrecht von 1913 wurde im Jahr 2000 verändert. Diese Änderung beinhaltete eine Umstellung von einem fast lupenreinen »ius sanguinis«, bei dem die Zugehörigkeit auf dem Kriterium der Abstammung beruhte, auf ein »ius soli«, das die Mitgliedschaft im Nationalstaat an die Geburt auf einem bestimmten Territorium koppelt. Das war für deutsche Verhältnisse durchaus eine postimperiale Revolution, weil zum ersten Mal die Vielheit der Bevölkerung anerkannt wurde: Seither wird »Deutschsein« im Gesetz nicht mehr ethnisch verstanden, sondern es gibt deutsche Bürger nicht deutscher Herkunft – keineswegs als Ausnahme, sondern als Regel. Dieser Wandel hat den Raum der notwendigen Verhandlungen dramatisch erweitert. Nur wenn dieser Raum auch gestaltet wird, lassen sich neue Regeln, neue Prozeduren für das Aushandeln etablieren. Postimperial bedeutet zu verstehen, dass wir alle auf sich überschneidenden Territorien leben, dass alle unsere Vorstellungen von uns selbst durch Andere hindurchgegangen sind. Andere, die uns diskriminiert haben, uns nicht zu Wort kommen ließen und für uns antworteten, oder Andere, die wir unterdrückt haben, die wir zum Schweigen brachten oder die wir zum Objekt unseres Wissens degradierten. Die große menschliche Aufgabe bleibt, den Anderen zu sehen und den Dialog zu beginnen.

Verwendete Literatur

Um den Text besser lesbar zu machen, habe ich mich entschlossen, auf Fußnoten zu verzichten. Hier wird daher die verwendete Literatur kapitelweise ohne exakte Zuordnung aufgeführt. Wenn im Text direkt zitiert wurde, sind in Klammern die Seitenangaben angeführt.

Zum Vorwort

»Ein neuer Aufbruch für Europa. Eine neue Dynamik für Deutschland. Ein neuer Zusammenhalt für unser Land«. Koalitionsvertrag zwischen CDU, CSU und SPD, Berlin, 7. Februar 2018 (S. 170, 171)

Hegel, G. W. F.: *Vorlesungen über die Philosophie der Geschichte. Werke 12*, Frankfurt a. M.: Suhrkamp 1986 (S. 129, 422)

Kanak TV: »Weißes Ghetto« (2002, https://www.youtube.com/watch?v=Gwdy_GAPBJQ); »Das Märchen von der Integration« (2002, https://www.youtube.com/watch?v=ZJtmdzRJjUo);(2005, »Recolonize Cologne« https://www.youtube.com/watch?v=oBheTy9lGwo)

Mayer, Ruth & Mark Terkessidis: *Globalkolorit. Multikulturalismus und Populärkultur*, St. Andrä: Hannibal 1998

Nelson, Robert L.: Introduction: Colonialism in Europa? The Case Against Salt Water, in: Ders. (Ed.): *Germans, Poland, And Colonial Expansion to the East*, New York: Palgrave Macmillan 2009

Said, Edward: *Kultur und Imperialismus. Einbildungskraft und Politik im Zeitalter der Macht*, Frankfurt a. M.: Fischer 1994

Terkessidis, Mark: *Psychologie des Rassismus*, Wiesbaden: Westdeutscher Verlag 1998; Nomadische Energien, Rezension von Edward Saids »Kultur und Imperialismus«, in: *die tageszeitung*, 17. 02. 1995; Global Culture in Germany or: How Repressed Women and Criminals Rescue Hybridity, in: *Communal/Plural. Journal of Transnational & Crosscultural Studies*, Vol. 8, No. 2, 2000, S. 219–236; »Nur meine Augen bleiben«, Rezension von Homi Bhabhas *Die Verortung der Kultur*, in: *Die Zeit*, 07, 08. 02. 2001; »Der lange Abschied von der Fremdheit. Kulturelle Globalisierung und Migration«, in: *Aus Politik und Zeitgeschichte*, 22. März 2002

Zu Kapitel 1

Abgeordnetenhaus Berlin: Wortprotokoll. Ausschuss für kulturelle Angelegenheiten, 31. Sitzung, 2. Dezember 2013 (S. 5, 6, 8, 27, 28, 24)

AfricAvenir International (Hrsg.): *No Humboldt 21! Dekoloniale Einwände gegen das Humboldt-Forum*, Berlin: AfricAvenir 2017

Appel, Michaela: *Ozeanien. Weltbilder der Südsee*, München: Staatliches Museum für Völkerkunde 2005 (S. 10, 176)

Barthes, Roland: *Mythen des Alltags*. Vollständige Ausgabe, Berlin: Suhrkamp 2010 (S. 159)

Bastian, Adolf: *Der Mensch in der Geschichte. Zur Begründung der psychologischen Weltanschauung*, Dritter Band, Leipzig: Wiegand 1860 (S. 424, 425); *Der Völkergedanke im Aufbau einer Wissenschaft vom Menschen*, Berlin: Dümmlers 1881; *Die Vorgeschichte der Ethnologie*, Berlin: Dümmlers 1881 (S. 56, 58, 59); *Die mikronesischen Colonien aus Ethnologischen Gesichtspunkten*, Berlin: Asher 1899 (S. 349–351, 357)

Bayer, Natalie & Mark Terkessidis: »Über das Reparieren hinaus. Eine antirassistische Praxeologie des Kuratierens«, in: N. Bayer et al. (Hg.): *Kuratieren als antirassistische Praxis*, Berlin: de Gruyter 2017

»Bayern in Lateinamerika. Neuerscheinung«, in: *Akademie Aktuell. Zeitschrift der Bayerischen Akademie der Wissenschaften*, Heft 04, 2011, S. 37

Blackburn, Robin: *The Making of New World Slavery. From the Baroque to the Modern 1492–1800*, London: Verso 1997

Bredekamp, Horst: »Ich lehne diese Argumentation der Gleichsetzerei ab«, Interview, Deutschlandfunk Kultur, 26. 11. 2018, https://www.deutschlandfunkkultur.de/bredekamp-widerspricht-savoys-empfehlungen-ich-lehne-diese.1013.de.html?dram:article_id=434280

Brinkmann, Vinzenz et al. (Hrsg.): *Bunte Götter: Die Farbigkeit antiker Skulptur*, Katalog zur Ausstellung in Berlin, Pergamonmuseum, München: Hirmer 2010

Casas, Bartolomé De las: *Bericht von der Verwüstung der westindischen Länder*, herausgegeben von Hans Magnus Enzensberger, Frankfurt am Main: Insel 1981 (S. 85 f.)

Chaniotis, Angelos: Rede, »Universität Heidelberg übergibt Parthenon-Fragment an griechischen Kulturminister«, 04. 09. 2006, https://idw-online.de/de/news173589

Clair, William St.: Lord Elgin & The Marbles. *The Controversial History of The Parthenon Scupltures*, 3rd Edition, Oxford: University Press 1998; »Imperial Appropriations of the Parthenon«, in: John H. Merryman (Ed.): *Imperialism, Art and Restitution*, Stanford: University Press 2006

Dogerloh, Hartmut: »Digitale Zugänglichkeit«, in: *Politik & Kultur, Zeitung des Deutschen Kulturrates*, 1/2 2019

Evans, Andrew D.: »Anthropology at War. Racial Studies of POWs During World War I«, in: H. G. Penny & M. Bunzl (Eds.): *Worldly Provincialism. German Anthropology in the Age of Empire*, Ann Arbor: Univesity of Michigan Press 2003

Fabri, Friedrich: *Bedarf Deutschland der Kolonien? Eine politisch-ökonomische Betrachtung*, Gotha: F. A. Perthes 1979 (S. 65, 107)

Fanon, Frantz: »Rassismus und Kultur«, in: Ders.: *Für eine afrikanische Revolution. Politische Schriften*, Frankfurt a. M.: März 1972 (S. 44, 49)

Fischer, Hans: *Die Hamburger Südsee-Expedition. Über Ethnographie und Kolonialismus*, Frankfurt a. M.: Syndikat 1981

Geisenhainer, Katja: »›War in particular offers exceptionally favourable opportunities for surveying foreign racial material‹: The Effects of World Wars on

Anthropologist Otto Reche's Activities«, in: *Anthropological Notebooks*, 15 (2), S. 35–49, 2009

Haebler, Konrad: *Die überseeischen Unternehmungen der Welser und ihrer Gesellschafter.* Leipzig: Verlag Hirschfeld 1903

Helm, Antje: »Im ersten Jahr vom Schiffe aus. Die Hamburger Südsee-Expedition in der Inselwelt von Neuguinea«, in: *Hamburg: Südsee. Expedition ins Paradies, Mitteilungen aus dem Museum für Völkerkunde Hamburg,* Neue Folge, Bd. 33,2 2003 (S. 134)

Herwig, Holger: *Germany's Vision of Empire in Venezuela,* 1871–1914, Princeton: University Press 1986

Hug, Alfons et al. (Hrsg.): *Die Tropen. Ansichten von der Mitte der Weltkugel,* Bielefeld: Kerber 2008 (S. 7, 15)

Humboldt, Alexander von: *Ansichten der Natur mit wissenschaftlichen Erläuterungen,* Erster Band, Tübingen: Cotta'sche Buchhandlung 1808 (S. 11, 41 ff., 142 ff.); *Versuch über den politischen Zustand des Königreichs Neu-Spanien,* Tübingen: Cotta'sche Buchhandlung 1809 (Widmung, S. 160, 189, 115); *Pittoreske Ansichten der Cordilleren und Monumente americanischer Völker,* Tübingen: Cotta'sche Buchhandlung 1810

Kandt, Richard, zit. nach Cornelia Essner: »Berlins Völkerkunde-Museum in der Kolonialära. Anmerkungen zum Verhältnis von Ethnologie und Kolonialismus in Deutschland«, in: H. J. Reichardt (Hg.): *Berlin in Geschichte und Gegenwart.* Jahrbuch des Landesarchivs, Berlin: Siedler 1986 (S. 77)

Klein, Herbert S.: *The Atlantic Slave Trade.* Second Edition, Cambridge: University Press 2010.

Kolumbus, Christoph: *Das Bordbuch,* Wiesbaden: marixverlag 2013 (S. 117)

Kösting, Karl: *Columbus. Ein historisches Trauerspiel,* Wiesbaden: Julius Riedner 1863 (S. Xif.)

Kramer, Fritz W.: *Verkehrte Welten. Zur imaginären Ethnographie des 19. Jahrhunderts,* Frankfurt a. M.: Syndikat 1977 (S. 79)

Kümmel, Otto: »auf Erlaß des Herrn Reichsministers und Chefs der Reichskanzlei RK 118 II A vom 19. August 1940 und auf Erlaß des Herrn Reichsministers für Volksaufklärung und Propaganda BK 9900 – 02/13. 8. 40/89 – 1/6 vom 20. August 1940: betr. Kunstwerke und geschichtlich bedeutsame Gegenstände, die seit 1500 ohne unseren Willen oder auf Grund zweifelhafter Rechtsgeschäfte in ausländischen Besitz gelangt sind«; Teil I–III; abgeschlossen 31. Dezember 1940

Lehmann, Klaus-Dieter, in: »Mehr als eine Opfer-Täter-Geschichte«, Deutschlandfunk Kultur, 22. 11. 2018, https://www.deutschlandfunkkultur.de/kolonialismus-und-raubkunst-mehr-als-eine-opfer-taeter.1013.de.html?dram:article_id=433968

Mosen, Markus: *Der koloniale Traum. Angewandte Ethnologie im Nationalsozialismus*, Bonn: Holos 1991

»Namibische Herero- und Nama-Stämme. Charité gibt Gebeine von Kolonialopfern zurück«, in: *Berliner Zeitung*, 05. 03. 2014.

Ortiz, Tomas, zit. nach Horst Gründer: *Christliche Heilsbotschaft und weltliche Macht: Studien zum Verhältnis von Mission und Kolonialismus. Gesammelte Aufsätze*, Münster: LIT 2004, (S. 31)

Parzinger, Hermann: *Das Humboldt-Forum. »Soviel Welt mit sich verbinden als möglich«. Aufgabe und Bedeutung des wichtigsten Kulturprojekts in Deutschland zu Beginn des 21. Jahrhunderts*, Berlin: Stiftung Berliner Schloss 2011 (S. 43); Zeitenwende oder Ablasshandel?, in *F. A. Z.*, 28. 11. 2018

Penny, H. Glenn: Bastian's Museum: »On the Limits of Empiricism and the Transformation of German Ethnology«, in: H. G. Penny & M. Bunzl (Eds.): *Worldly Provincialism. German Anthropology in the Age of Empire*, Ann Arbor: University of Michigan Press 2003

Pratt, Mary Louise: *Imperial Eyes, Travel Writing and Tranculturation*, London: Routledge 1992 (vgl. S. 111 ff.)

Price, Sally: *Paris Primitive. Jacques Chiracs Museum on the Quai Branly*, Chicago: University Press 2007

»Projekt ›Multaka‹ in Berlin: Wenn Flüchtlinge die Berliner Museen entdecken«, in: *Berliner Zeitung*, 19. 12. 2015

»Promenoria betreffend die Behandlung der aus den Schutzgebieten seitens der vom Reich ausgesandten Reisenden und Forscher eingehenden wissenschaftlichen Sammlungen«, in: *Mitteilungen aus dem Museum für Völkerkunde Hamburg*, Anhang I, Band 18, 1988, (S. 176)

Sarr, Felwine & Beìneìdicte Savoy: »Rapport sur la restitution du patrimoine culturel africain. Vers une nouvelle eìthique relationnelle«, Novembre 2018, http://restitutionreport2018.com/sarr_savoy_fr.pdf

Schoonover, Thomas: *Germany in Central America. Competitive Imperialism, 1821–1929*, Tuscaloosa: Univ. of Alabama Press 1998

Schulze, Frederik: *Auswanderung als nationalistisches Projekt: »Deutschtum« und Kolonialdiskurse im südlichen Brasilien (1824–1941)*, Köln: Böhlau 2016

Staatliche Museen zu Berlin (Hrsg.): *Komm mit in die Wunderwelten. Eine Entdeckungsreise zum zukünftigen Humboldt-Forum*, Tübingen: Ernst Wasmuth 2009

Stiftung Preußischer Kulturbesitz (Hg.): *Humboldt Forum. A Palace in Berlin for the Whole World*, Berlin: Tempus 2017 (S. 2)

Todorov, Tzvetan: *Die Eroberung Amerikas. Das Problem des Anderen.* Frankfurt am Main: Edition Suhrkamp 1985 (S. 177)

Wallerstein, Immanuel: *Die Sozialwissenschaft »kaputtdenken«. Die Grenzen der Paradigmen des 19. Jahrhunderts*, Weinheim: Beltz Athenäum (vgl. S. 102)

»Wie umgehen mit dem kolonialen Erbe? Museale Subjekte«, in *die tageszeitung*, 25. 11. 2018.

Wintzer, Wilhelm: »Die Deutschen im tropischen Amerika«, *Der Kampf um das Deutschtum* Heft 15, hrsg. vom Alldeutschen Verband, München: J. F. Lehmann 1900 (S. 74, 82)

Witte, Emil: *Aus einer deutschen Botschaft. Zehn Jahre Deutsch-Amerikanischer Diplomatie*, Leipzig: Zeitbilder-Verlag 1907 (S. 108 f.)

Zantop, Susanne M.: *Kolonialphantasien im vorkolonialen Deutschland (1770–1870)*, Berlin: Erich Schmidt Verlag 1999 (S. 10; vgl. S. 197 ff.)

Zu Kapitel 2

Arbeitsausschuss der Deutschen Kolonial-Ausstellung (Hg.): *Deutschland und seine Kolonien im Jahre 1896. Amtlicher Bericht über die erste deutsche Kolonial-Ausstellung*, Berlin: Reimer 1897 (S. 13 ff., 32, 42)

Al-Azmeh, Aziz: *Die Islamisierung des Islam. Imaginäre Welten einer politischen Theologie*, Frankfurt a. M.: Campus 1996 (S. 182)

Baden, Max von: »Die Denkschrift des Prinzen Max von Baden über den ›ethischen Imperialismus‹« (ungekürzter Originalwortlaut) (20. März 1918), in: Reinhard Opitz Hg.): *Europastrategien des deutschen Kapitals*, Bonn: Pahl-Rugenstein Nachf. 1994 (S. 436)

Bhabha, Homi: *The Location of Culture*, London: Routledge 1994 (S. 114)

Bethe, Heinrich: »Bericht über einen Zug nach Ruanda«, in: *Deutsches Kolonialblatt*, X. Jg, 1. 1. 1899 (S. 11)

Bibo, Hermann: *Wie erzieht man am besten den N**** zur Plantagenarbeit?* Berlin: Walther & Apolant 1887 (S. 17)

Brockhaus Konversations-Lexikon, 14. Aufl., Band 12, Leipzig: Brockhaus 1908 (S. 230)

Caprivi, Leo von: *Die Reden des Grafen von Caprivi im deutschen Reichstage, preußischen Landtage und bei besonderen Anlässen. 1883–1893*, hrsg. von Rudolf Arendt, Berlin: Hoffmann 1894 (S. 51, 56)

Dernburg, Bernhard: »Rede vor dem Reichstag, 08. 03. 1908«, in: *Verhandlungen des Reichstages*, Bd. 231, 1907/1908 (S. 4079)

Fanon, Frantz: *Schwarze Haut, weiße Masken*, Frankfurt a. M.: Suhrkamp 1985 (S. 91)

Fischer, Fritz: *Griff nach der Weltmacht. Die Kriegszielpolitik des kaiserlichen Deutschland 1914/18*, Düsseldorf: Droste 1961

Frobenius, Leo: *Paideuma – Umrisse einer Kultur- und Seelenlehre* (Erlebte Erdteile, Bd. IV), 3. Aufl., Frankfurt a. M.: Frankfurter Societäts-Druckerei 1928 (S. 213)

Froberger, Josef: »Welches ist der Kulturwert des Islam für koloniale Entwicklung?«, in: *Verhandlungen des Deutschen Kolonialkongresses 1905 zu Berlin am 5., 6. und 7. Oktober 1905*, hrsg. vom Redaktionsausschuss, Berlin: Reimer 1906, (S. 529 f., 531)

Fuhrmann, Malte: *Der Traum vom deutschen Orient: Zwei deutsche Kolonien im Osmanischen Reich: 1851–1918*, Frankfurt am Main: Campus 2006; »Anatolia as a site of German Colonial Desire and National Re-awakenings«, in: *New Perspectives on Turkey*, no. 41 (2009), S. 117–150; »Germanys Adventures in the Orient. A History of Ambivalent Semicolonial Entanglements«, in: V. Langbehn & M. Salama (Eds.): *German Colonialism. Race, the Holocaust, and Postwar Germany*, New York: Columbia Univ. Press 2011

Götzen, Gustav Adolf Graf von: *Durch Afrika von Ost nach West*, Berlin: Reimer 1895 (S. 156, 158, 160, 162; 29); *Deutsch-Ostafrika im Aufstand 1905/1906*, Berlin: Reimer 1909 (S. VI, 247, 248)

Goltz, Colmar Freiherr von der: *Der thessalische Krieg und die türkische Armee. Eine kriegsgeschichtliche Studie*, Berlin: E. S. Mittler und Sohn 1898 (S. 252)

Grothe, Hugo: *Auf türkischer Erde. Reisebilder und Studien*, Berlin: Allg. Verein für Deutsche Literatur 1903 (S. 231–233)

Habermas, Rebekka: »Debates on Islam in Imperial Germany«, in: D. Mortadel (Ed.): *Islam and the European Empires*, Oxford: University Press 2014

Hall, Stuart: »Old and new ethnicities«, in: A. D. Kind (Ed.): *Culture, Globalization and the World-System*, Basingstoke: Palgrave McMillan 1991

Hasse, Ernst: »Weltpolitik, Imperialismus und Kolonialpolitik«, Erstes Heft des zweiten Bandes (Weltpolitik) von *Deutsche Politik*, München: Lehmann's 1908 (S. 2)

Haupt, Werner: *Die deutsche Schutztruppe 1889/1918*, Eggolsheim: Dörfler 2001

Höpp, Gerhard: *Muslime in der Mark. Als Kriegsgefangene und Internierte in Wünsdorf und Zossen*, Berlin: Das arabische Buch 1997 (S. 120)

Honke, Gudrun et al.: *Als die Weißen kamen, Ruanda und die Deutschen 1995–1919*, Wuppertal: Peter Hammer 1990

Iliffe, John: *Tanganyika under German Rule 1905–1912*, Cambridge: University Press 1969

Jäckh, Ernst über »Mitteleuropa als Organismus«, den »Sinn für das Organische« und den »geopolitischen Zwang«. Eine Aufsatzfolge in der Zeitschrift *Deutsche Politik* (16. Juni–14. Juli 1916), in: Reinhard Opitz Hg.: *Europastrategien des deutschen Kapitals*, Bonn: Pahl-Rugenstein Nachf. 1994 (S. 372, 377)

Kaiser Wilhelms II.: *Die Reden in den Jahren 1896–1900*, gesammelt und hrsg. von Johs Penzler, Zweiter Teil, Leipzig: Philipp Reclam Jun. 1904 (S. 127, »Hunnenrede« S. 210 f.)

Kampen, Wilhelm von: *Studien zur deutschen Türkeipolitik in der Zeit Wilhelm II.* Dissertation, Kiel 1968

Keskinkilic, Ozan Zakarya: »Islam und ›Türkenfieber‹ im kolonialen Gefüge. Zum Verhältnis von Orient-, Kolonial- und Islampolitik im deutschen Reich«, in: I. Attia & M. Popa: *BeDeutungen dekolonisieren. Spuren von (antimuslimischem) Rassismus*, Münster: Unrast 2018

Klamroth, Martin: »Beitrage zum Verständnis der religiösen Vorstellungen der Saramo im Bezirk Daressalam (Deutsch-Ostafrika)«, in: *Zeitschrift für Kolonialsprachen*, Band 1, Heft 2, Berlin: Reimer 1911 (S. 140)

Klein-Arendt, Reinhard: »Ein Land wird gewaltsam in Besitz genommen. Die Kolonie Deutsch-Ostafrika«, in: F. Becker & J. Baez (Hg.): *Der Maji-Maji-Krieg in Deutsch-Ostafrika 1905–1907*, Berlin: Ch. Links 2005

Klosterhuis, Jürgen: *»Friedliche Imperialisten«. Deutsche Auslandsvereine und auswärtige Kulturpolitik 1906–1918*, Teil I und II, Frankfurt a. M.: Peter Lang 1994

Kreutzer, Stefan M.: Dschihad für den deutschen Kaiser. Max von Oppenheim und die Neuordnung des Orients (1914–1918)

Kröger, Martin: »Mit Eifer ein Fremder. Im Auswärtigen Dienst«, in: G. Teichmann & G. Völger: *Faszination Orient. Max von Oppenheim. Forscher, Sammler, Diplomat*, Köln: Dumont 2001

Kuß, Susanne: »Kriegführung ohne hemmende Kulturschranke: Die deutschen Kolonialkriege in Südwestafrika (1904–1907) und Ostafrika (1905–1908)«, in: T. Klein & F. Schumacher (Hg.): *Kolonialkriege. Militärische Gewalt im Zeichen des Imperialismus*, Hamburg: Hamburger Edition 2006

Liebhafsky Des Forges, Alison: *Defeat is the Only Bad News. Rwanda under Musinga 1986–1931*, Madison: University of Wisconsin Press 2011

Loth, Heinrich: *Kolonialismus und »Humanitätsintervention«*, Berlin: Akademie 1966

Medlicott, W. N.: *The Congress of Berlin and after. A Diplomatic History of the Near Eastern Settlement 1878–1880*, London: Cass 1963

Michels, Stefanie: »Postkoloniale kamerunische Gedächtnistopografien – Medien, Akteure, Topoi«, in: S. Hobuß & U. Lölke (Hrsg.): *Erinnern verhandeln. Kolonialismus im kollektiven Gedächtnis Afrikas und Europas*, Münster: Westfälisches Dampfboot 2007

Morlang, Thomas: »›Die Wahehe haben ihre Vernichtung gewollt.‹ Der Krieg der ›Kaiserlichen Schutztruppe‹ gegen die Hehe in Deutsch-Ostafrika (1890–1898)«, in: T. Klein & F. Schumacher (Hg.): *Kolonialkriege. Militärische Gewalt im Zeichen des Imperialismus*, Hamburg: Hamburger Edition 2006; *Rebellion in der Südsee. Der Aufstand auf Ponape gegen die deutschen Kolonialherren 1910/11*, Berlin: Ch. Links 2010

Naipaul, V. S.: *An der Biegung des großen Flusses*, Köln: Kiepenheuer & Witsch 1980 (S. 27)

Naumann, Friedrich: *Mitteleuropa*, Berlin: Reimer 1915 (S. 101)

Okey, Robin: *Taming Balkan Nationalism. The Habsburg ›Civilising‹ Mission in Bosnia 1978–1914*, Oxford: University Press 2007

Osterhammel, Jürgen: »Semicolonialism and Informal Empire in Twentieth Century China: Towards a Framework of Analysis«, in: Ders. & W. J. Mommsen (Eds.): *Imperialism and after: Continuities and Discontinuities*, London: Allen and Unwin 1986

Paasche, Hans: *Die Forschungsreise des Afrikaners Lukanga Mukara ins innerste Deutschland*, Hamburg: Junge Menschen 1921; *Das verlorene Afrika*, Berlin: Neues Vaterland 1919

Paice, Edward: *Tip & Run. The Untold Tragedy of the Great War in Africa*, London: Phoenix 2007

Peters, Carl: *Die Gründung von Deutsch-Ostafrika. Kolonialpolitische Erinnerungen und Betrachtungen*, Berlin: C. A. Schwetschke und Sohn 1906 (S. 5, 252)

Richter, Jan Stefan: *Die Orientreise Kaiser Wilhelms II. 1898. Eine Studie zur deutschen Außenpolitik an der Wende zum 20. Jahrhundert*, Hamburg: Verlag Dr. Kovac

Richter, Julius: »Der Islam, eine Gefahr für unsere afrikanischen Kolonien«, in: *Verhandlungen des Deutschen Kolonialkongresses 1905 zu Berlin am 5., 6. und 7. Oktober 1905*, hrsg. vom Redaktionsausschuss, Berlin: Reimer 1906 (S. 510, 512, 519, 512)

Rohrbach, Paul: *Der deutsche Gedanke in der Welt*, Leipzig: Langewiesche 1912 (Seite 6, 7, 8, 217, 224)

Ross, Ludwig: *Kleinasien und Deutschland (1850)*, Charleston: BiblioBazaar 2008 (S. XIV)

Rummier, Major Peter M.: »The Influence of Field Marshal Colmar Von Der Goltz on Ottoman Military Effectiveness in Mesopotamia: December 1915 to April 1916«, Quantico: United States Marine Corps 2012, https://apps.dtic.mil/dtic/tr/fulltext/u2/a601454.pdf

Said, Edward: *Kultur und Imperialismus. Einbildungskraft und Politik im Zeitalter der Macht*, Frankfurt a. M.: Fischer 1994

Scharlach, Julius: *Koloniale und politische Aufsätze und Reden*, hg. von H. von Poschinger, Berlin: Mittler 1903 (S. 27)

Scheurmann, Erich: *Der Papalagi*, Zürich: Oesch 2000; *Erinnerungen aus der Besetzungszeit Samoas*, Korbach: Bing 1935; *Zweierlei Blut. Ein Südsee-Roman*, München: Ludendorffs 1936 (S. 117)

Schmokel, Wolfe M.: *Der Traum vom Reich. Der deutsche Kolonialismus zwischen 1919 und 1945*, Gütersloh: Sigbert Mohn 1967 (S. 159)

Schwarz, Thomas: *Ozeanische Affekte. Die literarische Modellierung Samoas im kolonialen Diskurs*, Kelkheim: Teia 2013

Senghor, Léopold Sédhar: *Afrika und die Deutschen*, Tübingen: Erdmann (S. 111 f.)

Spengler, Otto: *Jahre der Entscheidung. Deutschland in der weltgeschichtlichen Entwicklung*, München: dtv 1961 (1933) (S. 195, 210, 206, 208)

Terkessidis, Mark: »Postkoloniale Phantasielosigkeit / Post-colonial Lack of Imagination – oder was man mit ›postkolonialer‹ Theorie im deutschsprachigen Raum anstellen kann, wenn man sich nicht nur auf die ehemaligen Kolonien in Übersee bezieht«, in: *Shedhalle Zeitung / Newspaper*, Zürich, 02/2005

Tippu Tip. Lebensbild eines zentralafrikanischen Despoten, nach seinen eigenen Angaben dargestellt von Dr. Heinrich Brode, Berlin: W. Baensch 1905

Utermark, Sören: *»Schwarzer Untertan versus schwarzer Bruder«. Bernhard Dernburgs Reformen in den Kolonien Deutsch-Ostafrika, Deutsch-Südwestafrika, Togo und Kamerun*, Diss. Kassel 2011

Zimmerer, Jürgen & Joachim Zeller (Hg.): *Völkermord in Deutsch-Südwestafrika. Der Kolonialkrieg (1904–1908) in Namibia und seine Folgen*, Berlin: Ch. Links 2003

Zu Kapitel 3

»Antrag im Bundestag: Die vergessenen Opfer«, in: *die tageszeitung*, 30. 01. 2109

Arndt, Susan & Nadja Ofuatey-Alazard (Hg.) *Wie Rassismus aus Wörtern spricht. (K)Erben des Kolonialismus im Wissensarchiv deutsche Sprache*, Münster: Unrast 2011

Bhabha, Homi: *The Location of Culture*, London: Routledge 1994 (S. 86)

Broszat, Martin: *Zweihundert Jahre deutsche Polenpolitik*, Frankfurt a. M.: Suhrkamp 1972 (S. 53)

Brudzinska-Nemec, Gabriela: *Polenvereine in Baden. Hilfeleistung süddeutscher Liberaler für die polnischen Freiheitskämpfer 1831–1832*, Heidelberg: Winter 2006

Bundesrachiv (Hg.): *Die Okkupationspolitik des deutschen Faschismus in Jugoslawien, Griechenland, Albanien, Italien und Ungarn (1941–1945)*, Europa unterm Hakenkreuz Bd. 6, Berlin: Hüthig 1992 (S. 60 ff., Keitel 168)

Clair, William St: *That Greece Might Still be Free. The Philhellenes in the War of Independence*, Cambridge: Open Book 2008 (S. 119 ff.)

Conrad, Sebastian: *Globalisierung und Nation im Deutschen Kaiserreich*, München: Beck 2006

Das Generalgouvernement. Reisehandbuch von Karl Baedeker, Leipzig: Baedeker 1943 (S. V, XXI)

Das Land Ober Ost. Deutsche Arbeit in den Verwaltungsgebieten Kurland, Litauen und Bialystok-Grodno, hg. im Auftrage des Oberbefehlshabers Ost, Verlag der Presseabteilung Ober Ost 1917 (S. 9)

Fallmerayer, Jakob Ph.: *Geschichte der Halbinsel Morea während des Mittelalters*, Erster Theil, Stuttgart: Cotta'sche Buchhandlung 1830; Zweiter Theil, ebd. 1836 (S. VIII, XII, XV, XI, XXXVIII)

Fleischer, Michael: *»Kommen Sie, Cohn.« Fontane und die Judenfrage.* Berlin: Fleischer 1998

Frank, Hans, zit. nach: I. Geiss. & W. Jacobmeyer (Hg.): *Deutsche Politik in Polen 1939–1945. Aus dem Diensttagebuch von Hans Frank, Generalgouverneur in Polen*, Opladen: Leske 1980 (S. 24, 50)

Frommelt, Reinhard: *Paneuropa oder Mitteleuropa. Einigungsbestrebungen im Kalkül deutscher Wirtschaft und Politik 1925–1933*, Schriftenreihe der Vierteljahreshefte für Zeitgeschichte, Nr. 34, Stuttgart: DVA 1977 (S. 44)

Gabrys, Juozas (unter dem Pseudonym C. Rivas): *La Lituanie sous Le Joug Allemend 1915–1918. Le plan annexioniste allemand en Lituanie*, Lausanne; Librérie Centrale des Nationalités 1918

Gobineau, Arthur de: *Versuch über die Ungleichheit der Menschenracen*, Bd. 1–5, Stuttgart: Frommann, 1907

Goldstein, Slavko: 1941. *The Year that Keeps Returning*, New York: NYRB 2013 (S. 36)

Gosewinkel, Dieter: *Einbürgern und Ausschließen. Die Nationalisierung der Staatsangehörigkeit vom Deutschen Bund bis zur Bundesrepublik Deutschland*, Göttingen: Vandenhoeck & Ruprecht 2001

Gross, Stephen G.: *Export Empire: German Soft Power in Southeastern Europe 1890–1945*, Cambridge: University Press, 2015

Günther, Hans F. K.: *Rassenkunde des jüdischen Volkes*, München: Lehmanns 1930 (S. 22 ff., insbes. 26); *Kleine Rassenkunde des deutschen Volkes*, München: Lehrmanns 1934 (S. 142 ff.)

Heidegger, Martin: *Die Technik und die Kehre*, Pfullingen: Neske 1962 (S. 10 ff., 32); *Aufenthalte*, Frankfurt a. M.: Vittorio Klostermann 1989 (S. 5, 14 f., 16, 18 ff., 24 ff., 33)

Heidegger, Martin & Erhart Kästner: *Briefwechsel 1953–1974*, hrsg. von H. W. Petzet, Frankfurt a. M.: Insel 1986 (S. 22)

Heinen, F. A.: *Gottlos, schamlos, gewissenlos. Zum Osteinsatz der Ordensburg-Mannschaften*, Düsseldorf: Gaasterland 2007

Heinemann, Isabel: *»Rasse, Siedlung, deutsches Blut«. Das Rasse-und Siedlungshauptamt der SS und die rassenpolitische Neuordnung Europas*, Göttingen: Wallstein 2003

Herzfeld, Michael: »The Absent Presence: Discourses of Crypto-Colonialism«, in: *The South Atlantic Quarterly*, Volume 101, Number 4, Fall 2002, S. 899–926

Hitler, Adolf: Niederschrift vom 20. Oktober über die Instruktion (…) zu den Okkupationszielen im Generalgouvernement, in: *Nacht über Europa. Die faschistische Okkupationspolitik in Polen (1939–1945)*, Köln: Pahl-Rugenstein 1989 (S. 133); Rede vom 30. Juli 1927, Dok. 159, in: *Hitler. Reden Schriften Anordnungen Februar 1925 bis Januar 1933*, Band II, München: Sauer 1992 (S. 413); *Mein Kampf. Eine kritische Edition*, hg. von Ch. Hartmann et al. im Auftrag des Instituts für Zeitgeschichte München, Berlin 2016 (S. 93, 1637, 1641, 1657, 1679, 1687); Reichstagsrede vom 06. Oktober 1939, in: Max Domarus: *Hitler. Reden 1932 bis 1945*. Kommentiert von einem deutschen Zeitgenossen, Dritter Band, Leonberg Pamminger 1988 (S. 1383)

Ihrig, Stefan: *Atatürk in the Nazi Imagination*, Cambridge: The Balknap Press 2014; *Justifying Genocide. Germany and the Armenians from Bismarck to Hitler*, Cambridge: Harvard Univ. Press 2016

Kästner, Erhart: *Ölberge, Weinberge. Ein Griechenland-Buch*, Frankfurt a. M.: Insel 1953 (S. 11, 13, 19, 23, 24, 31, 40, 43, 76, 93, 160, 198)

Kappert-Gonther, Kirsten & Ottmar von Holtz: »Elemente postkolonialer Erinnerungslandschaften«, in *die tageszeitung*, 06. 02. 2019

Kauffman, Jesse Curtis: *Sovereignty and the Search for Order in German-Occupied Poland, 1915–1918*, Dissertation, Ann Arbor 2008

Kopp, Kristin: *Germany's Wild East. Constructing Poland as Colonial Space*, Ann Arbor: Univ. of Michigan 2012

Kronauer, Jörg: *»Wir sind die Herren des Landes«. Der deutsche Griff nach Griechenland – Geschichte einer Unterwerfung*, Hamburg: konkret 2016

Kundrus, Birthe: *»Dieser Krieg ist der große Rassenkrieg«. Krieg und Holocaust in Europa*, München: Beck 2018

Kuntze, Paul H.: *Das Volksbuch unserer Kolonien*, Leipzig: Dollheimer 1938 (S. 7, 26 ff.)

Laak, Dirk van: *Über alles in der Welt. Deutscher Imperialismus im 19. und 20. Jahrhundert*, München: Beck 2005

Liudevicius, Vejas Gabriel: *War Land on the Eastern Front*, Cambridge: University Press 2004

Loulas, Kostas: »Deutsch-griechische Beziehungen im Schatten des Ersten Weltkrieges«, in: W. Schultheiß & E. Chrysos (Hg.): *Meilensteine deutsch-griechischer Beziehungen*, Athen: Stiftung für Parlamentarismus und Demokratie des Hellenischen Parlaments 2010

Ludendorff, Erich: *Kriegserinnerungen 1914–1918*, Berlin: Mittler 1919 (S. 138, 142)

Madajczyk, Czeslaw: *Die Okkupationspolitik Nazideutschlands in Polen 1939–1945*, Berlin: Akademie 1987

Mazower, Mark: *Inside Hitler's Greece. The Experience of Occupation 1941–44*, New Haven: Yale University Press 1993

Müller, Rolf-Dieter: *Hitlers Ostkrieg und die deutsche Siedlungspolitik. Die Zusammenarbeit von Wehrmacht, Wirtschaft und SS*, Frankfurt a. M.: Fischer 1991

Naumann, Friedrich: *»Asia«. Athen Konstantinopel Baalbek Damaskus Nazaret Jerusalem Kairo Neapel*, Berlin: Verlag der »Hilfe« 1899 (S. 13, 14, 32, 137)

Oltmer, Jochen: *»›Verbotswidrige Einwanderung nach Deutschland‹: Osteuropäische Juden im Kaiserreich und in der Weimarer Republik«*, in: *Aschkenas. Zeitschrift für Geschichte und Kultur der Juden*, 17/2007, H. 1, S. 97–120

Opitz, Georg E.: Obrist Lieutenant Heidegger … (Benaki Museum, Athen), abgebildet in: R. Baumstark (Hg.): *Das neue Hellas. Griechen und Bayern zur Zeit Ludwigs I.*, Bayrisches Landesmuseum, München: Hirmer 1999 (S. 238)

Orlowski, Hubert: *Polnische Wirtschaft: Zum deutschen Polendiskurs der Neuzeit*, Wiesbaden: Harrassowitz 1996

Pelster, Theodor: *Lektüreschlüssel für Schüler. Theodor Fontane, Effi Briest*, Stuttgart: Reclam 2004

Pelt, Mogens: *Tobacco, Arms and Politics. Greece and Germany from World Crisis to World War, 1929–1941*, Copenhagen: Museum Tusculanum 1998

Picker, Henry: *Hitlers Tischgespräche im Führerhauptquartier*, München: Goldmann 1979 (S. 69)

Rathenau, Walter: »Höre, Israel«, http://ghdi.ghi-dc.org/pdf/deu/234_Walther_Rathenau_Israel_47.pdf

Reche, Otto: »Memorandum«, in: Burleigh, Michael: *Germany Turns Eastward. A Study of Ostforschung in the Third Reich*, London: Pan 2002 (S. 152)

Rosenberg, Alfred: *Der Mythos des 20. Jahrhunderts. Eine Wertung der seelisch-geistigen Gedankenkämpfe unserer Zeit*, München: Hoheneichen 1934 (S. 52)

Rosenberg, Alfred: Rede anlässlich des Presseempfangs zur Einrichtung des Reichsministeriums, 18. 11. 1941; Schreiben an alle obersten Reichsbehörden, 03. 12. 1942, beide zit. nach Zellhuber, Andreas: *»Unsere Verwaltung treibt* *einer Katastrophe zu …« Das Reichsministerium für die besetzten Ostgebiete und die deutsche Besatzungsherrschaft in der Sowjetunion 1941–1945*, München: Vögel 2006 (S. 249, 253)

Sammaddar, Ranabir: *A Post-Colonial Enquiry into Europe's Debt and Migration Crisis*, Singapore: Springer 2016

Slyomovics, Susan: *How to Accept German Reparations*, Philadelphia: Univ. of Minnesota Press 2014

Smechowski, Emilia: *Wir Strebermigranten*, Bonn: BPB 2019 (S. 59)

Stathopoulos, Michael: »Die Rechtsordnung Griechenlands in der Zeit Ottos«, in: W. Schultheiß & E. Chrysos (Hg.): *Meilensteine deutsch-griechischer Beziehungen*, Athen: Stiftung für Parlamentarismus und Demokratie des Hellenischen Parlaments 2010 (Zitat Maurer S. 59)

Stenographischer Bericht über die Verhandlungen der deutschen constituierenden Nationalversammlung zu Frankfurt am Main, hg. von Franz Wigard, zweiter Band, Frankfurt a. M.: Sauerländer 1848 (S. 1137, 1143 ff.)

Stenographische Berichte über die Verhandlungen des Reichstags IX. Legislaturperiode, III. Session 1894/95, Band 139, Berlin 1895 (S. 1277 ff.)

Streit, Christian: »Die sowjetischen Kriegsgefangenen in der Hand der Wehrmacht«, in: W. Manoschek (Hg.): *Die Wehrmacht im Rassenkrieg. Der Vernichtungskrieg hinter der Front*, Wien: Picus 1996

Terkessidis, Mark: *Kulturkampf. Volk, Nation, der Westen und die Neue Rechte*, Köln: Kiepenheuer & Witsch 1995

Thum, Gregor: »Mythische Landschaften. Das Bild vom ›deutschen Osten‹ und die Zäsuren des 20. Jahrhunderts«, in: Ders.: *Traumland Osten. Deutsche Bilder vom östlichen Europa im 20. Jahrhundert*, Göttingen: Vandenhoeck & Ruprecht 2006

Winckelmann, Johann J.: *Gedanken über die Nachahmung der griechischen Werke in der Malerei und Bildhauerkunst*, zweite vermehrte Auflage, Dresden: Verlag der Waltherischen Handlung 1756 (S. 21)

Wippermann, Wolfgang: *Die Deutschen und der Osten. Feindbild und Traumland*, Darmstadt: Primus 2007 (S. 39 ff.)

Wojtczak, *Maria: Literatur der Ostmark. Posener Heimatliteratur (1890–1918)*, Poznan: Wydawnictwo Naukowe UAM 1998.

Zu Kapitel 4

»100 Jahre nach dem Ende des deutschen Kolonialreichs: Erklärung des bundesweiten Netzwerks zur Dekolonisierung der Erinnerungskultur«, Berlin, 23. November 2018, http://www.berlin-postkolonial.de/cms/index.php/orte/9-news/kurzmeldungen/134-resolution-100-jahre-ende-deutscher-kolonialismus

Bienkowski, Piotr: »Authority and the Power of Place: Exploring the Legitimacy of Authorized and Alternative Voices in the Restitution Discourse«, in: L. Tythacott & K. Arvanitis (Eds.): *Museums and Restitution. New Practices, New Approaches*, Farnham: Ashgate 2014

Ivanov, P. & K. Weber-Sinn: »Shared Research. Zur Notwendigkeit einer kooperativen Provenienzforschung am Beispiel der Tansania-Projekte am Ethnologischen Museum Berlin«, in L. Förster et al. (Hg.): *Provenienzforschung zu ethnografischen Sammlungen der Kolonialzeit*, Elektronische Publikation 2018, https://edoc.hu-berlin.de/handle/18452/19769

Mignolo, Walter D. & Catherine Walsh: *On Decoloniality. Concepts, Analytics, Praxis*, Durham: Duke 2018 (S. 114, 126 f.)

Said, Edward: *Kultur und Imperialismus. Einbildungskraft und Politik im Zeitalter der Macht*, Frankfurt a. M.: Fischer 1994

Sternfeld, Nora: *Das radikaldemokratische Museum*, Berlin: De Gruyter 2018

Terkessidis, Mark: *Kollaboration*, Berlin: Suhrkamp 2015

Young, James E.: »The Counter-Monument: Memory Against Itself in Germany Today«, in: *Critical Inquiry*, Vol. 18, No. 2 (Winter, 1992)